# Mes expériences à Nan Shan et Port Arthur avec les cinquièmes fusils de Sibérie orientale

Nikolaï Alexandrovitch Tretiakov

(Editeur : F. Nolan Baker)

(Traducteur : AC Alford)

**Writat**

Cette édition parue en 2024

ISBN : 9789359942223

Publié par
Writat
email : info@writat.com

# Contenu

# PRÉFACE

En 1909, parut dans le journal militaire russe « Voenny Sbornik », douze articles sous la plume d'un éminent officier russe.

L'écrivain, lieutenant-général (alors colonel) Tretiakov, en tant que commandant de la section ouest des défenses, avait joué un rôle important et vaillant dans la lutte historique pour la possession de Port Arthur.

Son récit, dont cet ouvrage est une traduction, a présenté à ses compatriotes, dans un langage simple et intime, ses expériences à Nan Shan et dans la forteresse assiégée. L'impression créée dans toute la Russie fut profonde et immédiate.

Jamais un appel plus touchant et direct à juger ses héros vaincus avec sympathie et équité n'a jamais été lancé à une nation. À six mille milles de la patrie, le régiment de l'auteur, le 5e fusiliers sibériens, et bien d'autres, se sont battus jusqu'à la mort pour Dieu et le tsar. Cette histoire simple est un témoignage approprié de leur dévouement militaire. C'est pourquoi nous le proposons aux lecteurs anglais, assurés que chaque page doit rapporter la conviction que nous avons ici l'histoire réelle de la ligne de combat – comme peut-être rien d'autre dans notre langue ne la donne.

Nous suivons le sort de l'unité du général, nous vivons avec ses hommes au milieu des décombres ensanglantés de leurs tranchées sur la colline du 203 mètres , perdant toute pensée sur la conduite générale de l'attaque et de la défense de la forteresse - en un mot, nous sommes transportés des ossements secs de l'histoire militaire aux réalités vivantes du champ de bataille.

Pour le soldat, ces annales fournissent des exemples après exemples, profondément intéressants et instructifs, de causes et d'effets militaires. En théorie une affaire de spécialiste, nous voyons ici mis à nu les fondements sur lesquels repose la guerre de siège scientifique. La volonté de mourir du fantassin rend possible le rôle du tireur et du sapeur : son sang cimente leur travail.

Du point de vue historique, ces pages illustrent l'incident rare d'un écrivain du camp vaincu donnant au monde l'occasion de comparer son récit avec celui du vainqueur – non pas des années après le conflit, mais alors que l'épée est encore à peine rengainée. Celui qui étudie la guerre appréciera sans aucun doute pleinement la valeur d'une telle histoire contemporaine.

Rasplata » de Semenov, nous nous lamentons amèrement sur « ce qui aurait pu être ». Le contraste psychologique est maintenant devant nous : un commandant qui critique rarement, mais qui, au contraire, nous montre chacun faisant joyeusement de son mieux pour fabriquer des briques sans paille.

Le soldat britannique reconnaîtra en lui un frère d'armes dont le caractère modeste et la retenue joyeuse au milieu de l'adversité doivent faire appel à ses instincts nationaux.

Ce n'est peut-être pas le lieu d'entamer une discussion critique sur la stratégie et la tactique du conflit, mais nous ne pouvons nous empêcher de rappeler au lecteur que lors de ce grand siège, nous avons assisté au spectacle remarquable d'une armée se sacrifiant pour assurer à sa flotte le commandement de la mer. Aucun témoignage plus éloquent de la valeur de ce commandement pour une puissance insulaire n'a jamais été présenté.

En conclusion, nous ajoutons une courte notice biographique de l'auteur, et nous profitons de cette occasion pour remercier avec gratitude son aide la plus aimable et la plus précieuse dans la traduction et l'illustration de l'ouvrage.

* * * * *

Le lieutenant-général Nikolaï Alexandrovitch Tretiakov est né dans le gouvernement Simbirsky en 1856. Formé à Moscou, il passa par l'École militaire de Constantine et l'Académie du génie avant d'être inscrit en 1875 au 6e bataillon de sapeurs en tant que sous-lieutenant.

Au début de la guerre russo-turque, il accompagna ce bataillon au front et, se portant volontaire pour servir dans le 4e bataillon devant Plevna, participa à ce fameux siège et fut le premier à entrer dans la forteresse turque par la route de Grivitsa . ce qu'il fit à la tête d'une compagnie de sapeurs. Il a été récompensé pour ses services par la 3e classe de l'Ordre de Stanislav et la 3e classe de l'Ordre d'Anne, ainsi que le grade de capitaine d'état-major.

À la fin de la guerre, le capitaine d'état-major Tretiakov passa par l'Académie des ingénieurs Nicolas et fut ensuite nommé au commandement d'une compagnie dans un bataillon de sapeurs stationné à Kiev. Conservant ce poste pendant huit ans, il atteint le grade de lieutenant-colonel en 1893 et, la même année, est envoyé en Extrême-Orient à la tête d'un bataillon du génie de Sibérie orientale. Pendant le soulèvement des Boxers, il contribua à fortifier la position de Nan Shan et assista à la prise des forts de Taku , puis se joignit à l'avancée sur Pékin. Le général Lineivitch a marqué son appréciation du bon travail accompli dans cette campagne par le lieutenant-colonel Tretiakov en le recommandant pour « l'épée d'or ». Cet honneur fut suivi d'une nomination au commandement du 5e régiment de fusiliers de Sibérie orientale et, pendant les deux années suivantes, il s'engagea dans la protection du chemin de fer de Pékin contre les attaques des Hunhutz et fut de nouveau décoré, cette fois de la 3e classe. de l'Ordre de Vladimir.

À la fin de la guerre russo-japonaise, le tsar lui confère la très convoitée « Croix de Georges », la 1re classe de l'ordre de Stanislav, la 1re classe de l'ordre d'Anne et le grade de major-général. À son retour en Russie, il commanda la 3e brigade de sapeurs à Kiev jusqu'à ce que, promu au grade de lieutenant-général, il devienne inspecteur général du génie dans le district de Kiev.

FNB

NOTE. — Les notes et explications tout au long de cet ouvrage sont du traducteur ou de l'éditeur.

# CHAPITRE I

Arrivée du 5e Régiment à Chin-chou— Rumeurs de guerre—Déclaration de guerre—Restauration des fortifications sur la position Nan Shan—Veille des Japonais—Premiers signes de l'ennemi—Une reconnaissance en force—Combats au nord de Chin- chou, le 16 mai.

L'état-major du 5e fusiliers de Sibérie orientale, avec les 2e, 3e et 4e compagnies, arriva à Chin-chou le 1er avril 1903. Le régiment, depuis trois ans, était stationné en divers points de la mer Jaune, engagé dans la protection contre les attaques des Hunhutz les voies ferrées reconstruites par notre bataillon ferroviaire en collaboration avec les 1ers sapeurs de Sibérie orientale, l'unité que je commandais pendant la campagne des Boxers.

Le régiment commença à s'installer à Chin-chou et à y transférer ses bagages depuis Novokievsk , après quoi, les hommes ayant d'abord été logés, de grands bâtiments furent construits pour loger les chevaux et les véhicules de transport, tous deux en un état splendide, malgré l'usure de la campagne qui vient de se dérouler. Nos charrettes à deux roues étaient toutes en bon état ; les chevaux que j'avais achetés aux Allemands à Tientsin, lorsqu'ils proposaient à la vente un lot magnifique d'animaux, importés à grands frais d'Autriche et d'Amérique, et bien que ne nous coûtant qu'environ 80 roubles [1] par tête, on ne pouvait pas parler trop d'eux. J'ai remis nos anciens petits chevaux à notre détachement d'éclaireurs à cheval [2] qui, à cause d'un malentendu, était dépourvu de tout. Ainsi, unité la mieux équipée de toutes nos forces en Chine, nous passâmes tout l'été 1903 à Chin-chou.

Tout au long de cet été, nous avons été inquiétés par les Hunhutz , et non seulement les éclaireurs ont été constamment engagés dans des affrontements avec ces brigands, mais nous avons également été obligés d'envoyer de forts détachements, car la police et les éclaireurs réunis se sont révélés insuffisants pour les combattre. Les autorités nationales savaient très peu de choses sur tout cela, puisque les commandants locaux s'abstenaient d'envoyer des rapports sur les bandes Hunhutze . Voyant que la police ne pouvait pas y faire face, j'ai personnellement pris toutes les mesures en mon pouvoir contre eux ; mais quand je parlais au commandant de la possibilité de prendre de nouvelles mesures, en lui disant que je ne comprenais pas pourquoi il ne faisait pas appel aux troupes régulières, la réponse était toujours la même : « Mon cher colonel, les autorités pensent que nous ne faisons rien. pas du tout, ou bien nous soupçonner de pusillanimité ; il y a déjà eu quelques désagréments, et le gouverneur civil a catégoriquement refusé de faire aucun rapport au vice-roi. Le peuple devait donc payer un tribut de plus en plus élevé par tête, et les Hunhutz menaçaient nos postes militaires ainsi que ceux de la police chinoise. En fin de compte, nous avons eu contre eux des batailles rangées régulières, et les éclaireurs et divers régiments de la péninsule de Kouan-toung, ainsi que le 5e régiment, ont perdu un nombre considérable de morts et de blessés.

« Quel est leur petit jeu ? » nous avons demandé.

"Ah!" disaient certains ; "Les Chinois disent qu'il y a des Japonais parmi eux."

« Mais que recherchent les Japonais ?

« Ils disent qu'ils vont *nous combattre* . Nos gens de Shanghai nous disent que les officiers japonais ne parlent aux nôtres que de politique : « Vous, disent-ils, devez prendre la Perse sous votre protection ; mais nous aurons la Corée, que nous essayons d'obtenir depuis des siècles.

A la fin de l' été, nous reçumes l'ordre de préparer les quartiers de toutes les compagnies de notre régiment (sauf le 6e, qui était à Pi-tzu-wo), et en août elles arrivèrent toutes. Dès le premier instant de la concentration du régiment, il nous apparut clairement que les relations avec le Japon étaient devenues tendues et qu'une rupture pouvait être attendue. Peu de temps après, nous avons entendu la rumeur selon laquelle le 3e bataillon allait nous rejoindre, puis nous avons appris qu'ils formaient une 7e division de fusiliers à Port Arthur. Les officiers parlaient de guerre, mais comme, selon ceux qui devraient le savoir, les Japonais ne pouvaient mettre en campagne que 300 000 hommes, nous nous sentions tous assez confiants. Cependant, lorsqu'on apprit que la division du général Kashtalinski se dirigeait vers le Yalu, nous n'éprouvâmes pas tout à fait la même assurance, car il serait très difficile de défendre Port Arthur avec seulement deux divisions. Les officiers français, nous l'avons entendu, étaient très surpris que nous ne pensions pas sérieusement à la guerre alors que nous en étions réellement à la veille. Il faut avouer qu'en contemplant l'aspect paisible de Port Arthur, nous avons effectivement oublié que nous vivions au bord d'un volcan.

Le réveil eut lieu dans la nuit du 8 au 9 février, lorsque je fus réveillé et reçus un télégramme du général Glinski, en l'ouvrant, je me frottai les yeux en lisant :

« La flotte japonaise est à cinquante milles de la côte et se dirige vers Port Arthur. Soyez sur vos gardes. »

« Eh bien, pensai-je, il n'y a rien à craindre ; notre flotte va bientôt en finir avec la leur.

Je ne sais pourquoi, mais nous avons toujours cru à l'invulnérabilité de notre flotte, d'autant plus que nous avions appris que l'Amirauté avait refusé d'acheter à l'Argentine les deux splendides croiseurs cuirassés *Nisshin* et *Kasuga* , affirmant que nous étions assez forts sans eux. (C'est peut-être une idée fausse, mais je parle de ce que nous avons entendu à l'époque.)

Après avoir fait venir le commandant du 1er détachement de reconnaissance, je lui ai dit de se diriger vers la baie de Kerr et la péninsule de Taku Shan , pour surveiller le rivage. Je me suis alors allongé et je somnolais ! quand ils m'ont rappelé. Un autre télégramme du général Glinski ; il ne contenait que trois mots : « Guerre déclarée. Glinski. Cela ne m'a pas beaucoup inquiété. « Laissez-les venir en premier et détruire notre flotte, et ensuite ils pourront atterrir en Corée du Sud », me suis-je dit.

J'envoyai cependant le détachement et avec lui dix éclaireurs à cheval pour faire office d'infirmiers. Tôt le matin, je me dirigeai vers la position de Nan Shan, où, comme je m'y attendais, toutes les tranchées et batteries étaient en ruine, et en hiver, quand le sol était aussi dur que la roche, il serait extrêmement difficile de restaurer les fortifications. En revenant de position, j'ai rencontré un officier sortant de Port Arthur, qui m'a dit que trois de nos cuirassés avaient été soudainement détruits par des destroyers japonais. [3]

Cette nouvelle a été pour moi un grand choc. Un débarquement était désormais possible, non seulement en Corée du Sud, mais même sur nos arrières, et il était absolument indispensable d'accélérer le renforcement de la position. Mais maintenant nous n'avions plus rien avec quoi travailler, et j'ai donc dû rassembler tous les outils disponibles dans la ville, ce qui, grâce à l'aide du capitaine Preegorovski , un officier très intelligent et énergique, a été fait avec une rapidité remarquable. Je réprimandai les équipes de travail qui se mirent au travail pour restaurer les tranchées avancées, mais la terre gelée ne céda pas, et les pelles ne servèrent qu'à rejeter les mottes de terre détachées par les pioches.

Nos premières recrues et réservistes sont arrivés le 16 février et ont dû tous être soigneusement entraînés. D'après nos plans de mobilisation, toutes les compagnies du régiment, à l'exception de la 1ère [4], devaient être à la disposition du commandant, et les ordres furent donnés en conséquence, et les 5e et 6e compagnies furent immédiatement appelées, cette dernière ayant tout cela. temps été engagé avec les Hunhutzes . La ville de Chin-chou devint si peuplée que je cantonnai environ la moitié des compagnies dans des casernes derrière la position de Nan Shan, et fis transférer les bagages du régiment à Port Arthur, où j'avais loué une maison privée pour les entreposer, les autorités ayant refusé de le faire. donnez-nous des bâtiments gouvernementaux.

Des éclaireurs à cheval furent envoyés pour surveiller le rivage sous le commandement du major Pavlovski, commandant du district de Gandzalinski , et une section de fusils lui fut également attribuée sous l'enseigne par intérim [5] Shiskin de la réserve, car il s'était plaint que les Hunhutz étaient devenus assez audacieux pour menacer ses quartiers. Nous surveillions nous-mêmes la baie de Kerr et les baies voisines en établissant des postes et une chaîne d'éclaireurs à cheval, la pratique de la chasse aux Hunhutz étant abandonnée.

Commence alors une période d'activité telle que je n'en ai jamais connue auparavant dans l'ensemble de mon service. Nous fortifiâmes les positions, amenâmes des provisions, instruisîmes les recrues et les réservistes, dont plus de la moitié du régiment était alors composé, et enfin guettions l'ennemi, ce qui exigeait pour cette dernière tâche deux cents hommes par jour. Tout cela rendait la situation du régiment très difficile, d'autant plus que l'ennemi était libre d' effectuer un débarquement entre Chin-chou et Port-Arthur et de nous couper de la forteresse. C'est pour ces raisons que je considérais notre situation non seulement difficile, mais dangereuse.

Le 3e bataillon est arrivé le 2 avril. C'était un bon groupe d'hommes. Je les cantonnai dans la ville, et disposai les anciennes compagnies dans les villages situés en face de la position.

Le major [6] Schwartz, officier du génie, était attaché à nous pour nous aider dans les fortifications, et avait emporté avec lui de l'argent pour louer des ouvriers. A partir de cette époque aussi, nous avons commencé à pratiquer Nous manœuvrions sur la position tandis que l'ennemi nous laissait encore un court répit dont nous tâchions de profiter au maximum.

À soixante verstes [7] de Port-Arthur, sur l'isthme joignant la partie sud de Kuan-tung au continent au-delà, et occupant la moitié de la largeur de l'isthme, se trouve un terrain élevé coupé en longueur et en travers par un certain nombre de ravins profonds. qui marquent la position bien connue de Nan Shan.

Lors de la dernière campagne de Chine [8] , il y avait un danger de voir les troupes chinoises se diriger vers Port Arthur depuis le nord, cette position fut transformée en une vaste série de batteries fortifiées par le colonel – aujourd'hui général – Kholodovski , et lorsque le bataillon de sapeurs de que je commandais alors, arriva sur la position pour achever sa fortification, tous les points de commandement se trouvèrent couronnés par des batteries armées de gros canons. Nous nous mîmes alors au travail pour construire des tranchées pour l'infanterie, travail déjà partiellement réalisé sur le flanc droit, après quoi nous construisîmes deux redoutes devant les batteries en positions avancées, et une redoute centrale près de la batterie n° 13.

Toutes ces fortifications, aujourd'hui presque entièrement en ruines, devaient faire partie de notre ligne de défense actuelle . J'en reçus le commandement et Schwartz et moi-même nous mimes au travail pour restaurer les forts. On m'a dit que le 5e régiment devrait défendre la position contre les Japonais, et j'ai tout de suite reconnu que nous n'avions pas assez d'hommes. Après avoir soigneusement calculé l'effectif minimum requis pour tenir ces ouvrages, je suis arrivé à la conclusion que pour une défense plus ou moins réussie , il fallait avoir au moins trois régiments. (La péninsule avait 3 verstes de diamètre, [9] avec 2 verstes d'eau peu profonde sur chaque flanc, augmentant jusqu'à 8 verstes à marée basse.)

FOSSES À FUSILS.

Devant la position, et à 2 verstes de celle-ci, se trouvait Chin-chou, ville entourée d'une vieille muraille chinoise, longue de 3½ verstes, et à l'épreuve des tirs d'artillerie de campagne. Il serait extrêmement difficile de prendre d'assaut le mur face aux tirs d'artillerie provenant de la position principale, et comme il offrait également une bonne couverture contre les tirs de fusils et d'artillerie de l'ennemi, il fut décidé d' occuper la ville comme poste avancé. En fait, il couvrait le devant de la position, et il serait difficile d'attaquer les hauteurs au-delà sans l'avoir d'abord pris. La situation se compliquait cependant, car il fallait au moins deux compagnies pour la défense de la ville, ce qui ne nous laissait que neuf compagnies pour la position principale.

On nous a ordonné de nous défendre jusqu'à la dernière goutte de sang. Lorsque j'expliquai au général Fock la difficulté de défendre la position avec un régiment qui n'était même pas au complet, il répondit : « Savez-vous que si j'étais à votre place, je dirais à mon commandant : « Partez ». Je n'ai que deux compagnies , et je saurai mieux mourir avec *elles* qu'avec tout un régiment. pas alors comprendre.

Il était en fait impossible de défendre avec succès cette position. La flotte ennemie pouvait apparaître sur les deux flancs et à l'arrière. Notre adversaire, en outre, disposait d'un nombre largement supérieur, et ses batteries finirent par se disperser en un cercle qui commandait la masse encombrée de nos canons sur les hauteurs de Nan Shan, tandis que l'absence d'un nombre suffisant de pare-bombes et de couvertures pour les réserves complétait la situation. difficultés de la position des défenseurs. Nous avons construit des boulangeries de campagne et creusé des puits sur la position et, comme la possibilité d'un débarquement sur nos arrières s'est avérée, nous avons reçu l'ordre de fortifier l'arrière ainsi que l'avant, ce qui signifie en réalité que la position a pris la nature de une forteresse.

J'avais indiqué que la position située immédiatement au sud de la position de Nan Shan était incomparablement meilleure. Nous aurions pu y rencontrer l'ennemi, alors qu'il était en train de défiler à travers l'isthme, sur un front large et avec une artillerie nombreuse et bien placée, nos flancs sur cette position étant protégés de toute action de la part de l'ennemi. la flotte ennemie. L'idée du général Kholodovski l'emporta cependant, peut-être parce que les travaux nécessaires à sa réalisation étaient presque terminés (on ne réalisait pas que restaurer les fortifications et en construire de nouvelles était pratiquement une seule et même chose). Quoi qu'il en soit, les discussions constantes sur la position Nan Shan l'ont rendue si populaire que pour beaucoup, son nom même est devenu une « mascotte ». La vue et le champ de tir étaient certainement splendides, et j'ai pris grand soin de veiller à ce que les défenseurs sentent que la position pouvait être tenue avec succès, et je me suis assuré qu'ils avaient confiance en leur capacité de le faire.

Continuant sans cesse à fortifier la position, le 5e Régiment surveillait le rivage à 30 verstes au nord par des détachements de scouts à cheval et d'infanterie, employant parfois les compagnies régulières pour ce service. Nous recevions chaque jour par fil l'ordre d'être en alerte et de guetter un atterrissage, et je faisais tout mon possible pour ne pas être surpris. J'envoyai la moitié du détachement à cheval à Pi-tzu-wo, point le plus probable pour un débarquement, et tous les éclaireurs à cheval du 14e régiment furent envoyés dans la même localité pour surveiller la côte. Une section d'une compagnie, sous la direction d'un officier, et dix éclaireurs à cheval furent envoyés à Godzarlin [10] pour surveiller Terminal Point. Dans la baie de Kerr et la baie Deep se trouvaient le lieutenant Vaseeliev avec le 1er détachement d'éclaireurs d'infanterie et dix éclaireurs à cheval, et sur un promontoire de la baie de Sulivan, un poste de vingt-cinq tireurs d'élite et six éclaireurs à cheval, tandis que les rives de la baie de Chin-chou étaient gardés par les hommes qui occupaient la ville. De Godzarlin jusqu'à la position j'avais distribué un poste volant de la 2e moitié des Scouts Montés, dont j'avais dix avec moi pour des tâches d'ordre.

A cette époque, le régiment était disposé comme suit : dans la ville de Chin-chou, la 10e compagnie sous le major Goosov , le 3e détachement d'éclaireurs sous le capitaine Koudriavtsev et une force mixte de soixante hommes sous le lieutenant Golenko, un officier qui s'était distingué. contre les Hunhutz . La 3e Compagnie occupait le village de Lu-chia-tun, devant le centre de la position, tandis que la 2e Compagnie était dans le village de Ma-chia-tun, devant le flanc droit, et la 6e Compagnie dans le village de Ma-chia-tun, devant le centre de la position. village de Ssu -chia-tun, derrière le flanc gauche, le reste étant cantonné derrière le centre de la position. Le major Schwartz, accompagné d'une douzaine d'hommes, était cantonné dans des abris au centre de la position. Tous les bagages du régiment et des officiers étaient stockés à proximité de la position et à Port Arthur. Le lieutenant-colonel Eremeiev , qui s'était volontairement engagé dans le régiment depuis la réserve et que j'avais personnellement connu à l'Académie et à l'École du génie, je le nommai commandant de la ville.

Dès que les hommes du régiment furent installés dans leurs différents quartiers, les travaux sur la position furent poussés avec une hâte fébrile. Chaque jour, des milliers de Chinois [11] et de soldats y travaillaient ; ils apportaient des matériaux de construction, construisaient des obstacles, creusaient des puits et les soldats suivaient simultanément un entraînement au mousquet et sur le terrain ; et tout cela à une époque où l'on s'attendait à chaque instant à un atterrissage soit devant soit derrière. Comme le régiment pourrait devoir résister à un siège régulier, nous nous sommes mis au travail pour fabriquer des pare-éclats pour stocker la nourriture, les fournitures et les munitions pour armes légères, même si les moyens dont nous disposions étaient très limités. Nous n'avions pas plus de 60 000 roubles en main , c'est pourquoi nous n'avons fabriqué que deux pare-éclats, ni l'un ni l'autre remarquablement longs ni larges, et avons commencé la construction de quatre puits, sans toutefois beaucoup d'espoir de trouver de l'eau. Le froid nous a malheureusement gêné. Le sol était très gelé et nos pelles et nos pioches, dont nous n'avions qu'une quantité limitée, ne cessaient de se briser. Les compagnies qui occupaient la ville travaillèrent également dur pour la mettre également en état de défense . Il fut proposé de renforcer les caponnières existantes et les angles de l'enceinte de la ville, et de construire des pare-bombes pour protéger les réserves contre les éclats.

L'ennemi attendait évidemment quelque chose et nous nous sentions chaque jour plus en sécurité. Nous avons improvisé une salle de spectacle à partir d'une des pièces de la caserne, l'avons décorée du mieux que nous pouvions et y avons installé un gramophone ; c'est pourquoi nos dîners et nos dîners se passèrent dans un style très joyeux. Nous avions l'habitude de recevoir beaucoup de gens pour voir le poste et nous les recevions avec plaisir, car nous recevions d'eux des nouvelles de ce qui se passait dans le monde extérieur. Bien sûr, on ne peut pas être sûr que l'information soit exactement exacte, mais, telle qu'elle est, elle émane généralement du personnel. La majorité de nos informateurs étaient d'avis que nous ne devrions jamais voir un coup de feu tiré et que toute l'action de la guerre se limiterait aux combats maritimes et à l'occupation de la partie sud de la Corée par les Japonais, ces derniers ne pouvant jamais lever le feu. plus de 300 000 hommes et, lorsque nos cuirassés seraient réparés, nous briserions leur flotte et ils seraient obligés de conclure des conditions. Personne ne doutait que notre flotte *détruirait la marine japonaise, car nos commandants navals étaient plus actifs que les Japonais, nos marins infiniment meilleurs en artillerie et, enfin,* le blindage de nos navires était beaucoup plus solide, car il était « recuit ». [12] Nos experts navals nous ont raconté tout cela. Aucune attention n'a été accordée au fait que les Japonais possédaient cinq cuirassés de première classe alors que nous n'en avions que deux [13] , et que les torpilleurs, dont les Japonais possédaient une centaine, n'avaient pas encore prouvé leur pleine puissance d'action indépendante. Nos informateurs n'ont pas précisé comment ils avaient acquis leurs connaissances, mais ils ont toujours insisté particulièrement sur la bravoure de nos marins.

« Peu importe si vous voyez des marins ivres à terre, ni la grossièreté avec laquelle les officiers peuvent répondre à toute remarque qui leur est adressée à terre ; sur leurs navires, ils cultivent une discipline de fer.

Si quelqu'un affirmait que la flotte japonaise était considérablement plus forte que la nôtre, nos conteurs de contes de fées répondraient avec mépris, surtout s'il s'agissait d'un homme de la marine : « Vous en savez beaucoup ! À votre avis, pourquoi le gouvernement a-t-il refusé d'acheter les *Nisshin* et *Kasuga* à l'Argentine ? Parce que nous sommes assez forts sans eux ; sinon ils n'auraient pas refusé un tel achat. Et nous, les auditeurs, satisfaits de tels arguments, avons rapidement ri, plaisanté et raconté des histoires. J'étais toujours assis en bout de table, et c'était pour moi un plaisir d'écouter les histoires et de regarder les visages heureux de ceux qui m'entouraient, dont beaucoup n'avaient alors aucun pressentiment du destin qui les attendait.

Tout en fortifiant la position, nous avons fait quelques expériences sur l'effet des tirs de fusil dirigés contre des cibles abritées par des parapets meurtriers, par rapport à ceux contre des cibles à découvert. Il arrivait toujours qu'à une distance de 200 mètres, l'effet était considérablement plus important contre les cibles percées de meurtrières, tandis qu'à des distances plus longues, ce sont ces dernières qui souffraient le plus. Comme nous courions en outre le risque d'éclats d'obus hostiles, nous avons également expérimenté ce type de tir, et avons constaté que 20 obus à une distance de 1 verste mettaient hors de combat la moitié des défenseurs du terrassement, lorsqu'ils se trouvaient en position. l'ouvert sur le glacis. Il fut donc décidé de faire des meurtrières partout et de doter les détachements de couvertures aériennes en planches, ce qui, avec l'accord du général Fock, fut réalisé les jours suivants.

Des officiers supérieurs visitaient fréquemment le poste. Le général Kondratenko est sorti avant que nous commencions à travailler et a déclaré que nous devions occuper la ville le plus fortement possible. Les généraux

Fock et Nadyein étaient fréquemment avec nous, restant parfois deux ou trois jours. Le général Fock causa beaucoup avec les officiers, donnant son avis sur la manière de défendre la position et le terrain qui lui faisait face. Il songeait à rencontrer l'ennemi devant la position, près des villages situés au nord du mont Sampson, et nous sortions souvent en reconnaissance avec lui et étudiions minutieusement le terrain, mais bien qu'il ait insisté sur la nécessité de le fortifier, nous n'avait aucun moyen de le faire. Le général, semble-t-il, n'avait confié aucun travail aux régiments de sa propre division. Seul le 5e régiment continuait à travailler, et plus le moment de notre rencontre avec l'ennemi approchait, plus nos travaux de campagne devenaient avancés et forts. À en juger par ce que j'ai entendu des officiers supérieurs, il *n'était pas* prévu de défendre obstinément la position de Nan Shan ; c'est pourquoi ils ne nous laissèrent pas assez d'argent pour la fortifier, et ils n'envoyèrent aucune artillerie. Mais plus notre rencontre avec l'ennemi se rapprochait, plus j'étais convaincu que la position *serait* obstinément défendue.

D'après certaines remarques du général Fock, il semblait qu'il n'était pas nécessaire de se défendre obstinément . Le général, par exemple, m'a dit un jour : « Vous savez qu'il faut moins d'héroïsme pour défendre cette position que pour s'en retirer. Ceux qui ne comprennent pas la véritable situation commencent à traiter le général Fock de traître !

En effet, il était impossible de ne pas craindre un débarquement des Japonais à l'arrière de la position simultanément à un débarquement à Pi-tzu-wo, et cela était si évident qu'il fut ordonné de fortifier la position à l'arrière. Le régiment était en mauvais état et je me sentais découragé de ne pas pouvoir mettre en œuvre bon nombre des suggestions du général Fock quant à la fortification de la position et aux moyens de la défendre.

Attachant une grande importance à l'effet rasant des obus, le général Fock insista pour que la ligne défensive se poursuive jusqu'au pied des collines de Nan Shan. Sans faire une seule exception, sans tenir compte du fait que les pentes des collines étaient longues et douces et constituaient un obstacle des plus difficiles à un attaquant, et sans oublier aussi complètement qu'en descendant nos tranchées jusqu'au pied de Sur les collines, nous avons exposé nos compagnies au feu des collines opposées, et avons ainsi aidé les assaillants, il est resté fidèle à son point de vue et a insisté pour que nous étendions notre ligne sur une façade totale de 8 verstes. En parlant d'eux, il appelait notre niveau supérieur de tranchées « nids d'hirondelles » et ajoutait toujours : « Vous êtes bien sûr heureux d'installer votre régiment sous le ciel ! Je fis aussitôt remarquer au général qu'il avait complètement ignoré le fait que les hauteurs constituaient un obstacle naturel et difficile à franchir, que chaque inégalité du sol (et il y en avait beaucoup) mettait l'ennemi à l'abri de nos tirs, et ce coup de feu éclatant sur un frôlement n'aurait aucun effet ; que nous n'avions qu'un seul régiment pour défendre la position, et que nous devions prendre nos dispositions en tenant compte de cette circonstance désagréable. Là-dessus, le général Fock s'emporte, s'écriant que seuls les traîtres placent leurs hommes sous le feu de l'artillerie ennemie, et que l'intervalle entre les hommes dans les tranchées doit être de 20 pas, ou certainement pas moins de 10 pas, et alors il y aura pas de nids d'hirondelles à occuper. Je répondis que si nous placions nos troupes inexpérimentées, dont la majorité étaient des recrues et des réservistes, à 20 pas d'intervalle, chacun se sentirait isolé et jeté devant un ennemi qui avance sans aucun soutien, et cela pourrait prouver que dans le il se trouverait au moment où il en aurait besoin sans le soutien moral de son commandant. En même temps je ne perdais pas l'occasion de dire que nous n'avions que onze compagnies dans le régiment, et que si elles étaient réparties sur une façade de 8 verstes j'aurais une ligne de défense très faible , susceptible d'être percée. à la moindre pression, et si je ne gardais qu'une seule compagnie en réserve, ce qui est absolument indispensable, j'aurais alors une grande brèche dans la ligne absolument inoccupée ; Une défense obstinée était-elle possible dans ces circonstances ? Bien sûr, j'ai compris que le général Fock, en lançant sa ligne de tir bien en avant, souhaitait diminuer les pertes dues aux tirs de fusils et d'obus de l'ennemi. Certes, c'était important et tout à fait réalisable au début de la bataille. Si je n'avais eu que quelques réserves pour renforcer les points menacés, je n'aurais même pas eu de quoi résister à l'intervalle de 20 pas. Mais il n'y eut pas de réserves pour le 5e régiment, bien que le général Nadyein me dise que je devrais être soutenu et que le 15e régiment serait posté près de Ta-fang- shen [14] ; mais quand je lui ai demandé : « Alors, quand j'en ai besoin, je peux les utiliser ? il a dit : « Vous voulez alors commander une division entière, n'est-ce pas ? Dans l'ensemble, le plan d'action de Nan Shan ne m'était donc pas très clair. Une chose était enfin claire — je l'ai apprise du général Kondratenko — : nous devions défendre la position jusqu'à notre dernière goutte de sang, et j'ai préparé à cette fin officiers et hommes. Nous avons commencé à faire des cuisines de campagne dans les tranchées ; nous avons amené des provisions sur place et les avons mises à l'épreuve des bombes, avons dégagé le terrain pour bivouaquer dans des endroits à l'abri du feu ennemi et construit des abris pour les hommes dans les tranchées elles-mêmes et dans les fortifications.

L'ennemi ne fit aucun signe, le temps était splendide et nous continuâmes paisiblement notre travail de construction d'une couverture contre les tirs d'obus et de préparation d'obstacles.

Dès la fin de février, les navires ennemis apparaissaient constamment dans les baies Deep et Kerr ; Heureusement, nous y avions déjà installé un téléphone et l'avions relié à la station d'observation navale, dont le vaillant et entreprenant lieutenant de marine Ditchmann était responsable. Il y a eu un certain nombre de tirs de la part des navires japonais et une tentative d'atterrissage depuis l'une de leurs canonnières, mais nos hommes les ont repoussés. Compte tenu de cela, les éclaireurs du lieutenant Kragelski furent renforcés par l'ajout de quelques éclaireurs à cheval sous le commandement du lieutenant Sietchko et, le 7 mars, le major Stempnevski (jun.), avec la 7e compagnie, fut envoyé à Kerr Bay. Deux canons de montagne, commandés par le lieutenant Naoomov , furent envoyés avec la 7e compagnie. Ce détachement était formé à partir du 5e Régiment ; les chevaux furent retirés du transport, les canons que nous avions apportés de Chine et les conducteurs étaient nos propres hommes, mais les officiers et les détachements de canons furent envoyés de Port Arthur.

Le général Nadyein voulut se renseigner personnellement sur la situation des deux baies et, le 23 mars, je l'accompagnai dans la baie de Kerr. Alors que nous étions encore à quelque distance, nous aperçûmes trois grands navires japonais et cinq destroyers. En arrivant, nous trouvâmes la 7e compagnie et nos deux canons sur la position. Ils étaient disposés à pouvoir balayer l'entrée de la baie de Kerr et à s'opposer à l'avancée de l'ennemi s'il effectuait un débarquement à l'extrémité de la péninsule de Taku Shan , où nous avions deux faibles postes avancés. Les obus japonais s'élançaient jusqu'au ravin derrière lequel la compagnie s'était abritée, et les artilleurs japonais tiraient même sur des individus isolés s'ils s'exposaient un instant.

On nous apprit que notre artillerie (deux petits canons de 32 mm formant la section sous le commandement de Naoomov ) avait fait d'excellents exercices sur les destroyers ennemis, qui s'étaient en conséquence retirés de la baie. Le général Nadyein est arrivé à la conclusion que l'ennemi avait l'intention de débarquer dans la baie et m'a donné quelques ordres au cas où cela s'avérerait être le cas. Il y avait 12 verstes de la baie à la position, et 24 verstes jusqu'à l'extrémité de la péninsule de Taku Shan . En cas de débarquement, je devais soutenir la 7e Compagnie et les détachements de reconnaissance avec un bataillon. S'ils avaient voulu forcer un débarquement en force, l'ensemble du 5e régiment n'aurait pas pu l'empêcher. S'opposer à un débarquement est une affaire très difficile, et ici la côte accidentée ajoutait considérablement aux difficultés du défenseur. Les baies s'enfonçaient jusqu'à la côte et les collines rendaient l'intercommunication extrêmement difficile. Après avoir attiré les défenseurs jusqu'en un point au large par une petite feinte d'atterrissage, ou en menaçant d'atterrir en force, l'attaquant pouvait, en un quart d'heure, s'élancer brusquement d'un autre point, où il pouvait alors atterrir sans aucun obstacle. opposition de la part du régiment défendant le rivage. C'est pour cette raison que nous n'espérions pas empêcher un débarquement, mais pensions que la défense de la position retarderait considérablement l'avancée de l'ennemi sur Port Arthur.

Je redoutais surtout un débarquement dans la baie de Dalny , parfaitement adaptée à une telle entreprise. Un tel débarquement diviserait la force de la garnison et libérerait l'ennemi de la nécessité d'une attaque sur la position de Nan Shan. Sous le couvert des gros canons de la flotte, un débarquement était possible à tous les endroits où la profondeur de l'eau était suffisante pour que les grands navires se rapprochent suffisamment pour permettre un tir efficace des canons.

Après avoir inspecté la baie et le détachement, nous, accompagnés de tirs de gros canons navals, sommes revenus à la position intacte. Le lendemain, la 7e compagnie et les détachements de reconnaissance repoussèrent une petite tentative de débarquement, pour laquelle les officiers furent recommandés pour des ordres élevés, qu'ils ne reçurent cependant jamais. Le lieutenant Ditchmann a coulé un des navires ennemis ; Je suis moi-même allé dans la baie de Kerr et j'ai vu deux mâts sortir de la mer.

A cette époque, *c'est-à-dire* le 24 mars, la position de Nan Shan était armée d'artillerie et nous attendions l'ennemi le cœur léger, pensant que notre artillerie était composée de 56 mm. et 6 pouces. les canons courts étaient supérieurs aux pièces de campagne ennemies. Cependant, lorsque nous continuions à nous plaindre qu'un régiment ne suffisait pas à défendre toute la position, nos commandants nous rassuraient en disant que l'ennemi n'attaquerait pas la position de tous les côtés à la fois, mais qu'il choisirait un point spécial pour l'assaut. Je n'ai pas demandé d'explications, cette opinion me paraissant suffisamment fondée. Vers le 2 avril, le général Smirnov sortit et, sous une terrible tempête de pluie, inspecta toute la position ; il parut surpris que la position soit également fortifiée au sud. Je lui ai expliqué que nous prévoyions une attaque par l'arrière, car l'ennemi pourrait atterrir derrière Dalny . M'ayant dit que je devais construire une grande redoute derrière la position, afin de couvrir une retraite, le général se rendit à Dalny .

Dans la nuit du 4 mai, l'un de nos éclaireurs a reçu un rapport du major Pavlovski selon lequel une escadre japonaise était apparue au nord de Terminal Point [15] et débarquait une armée. Le 5 au matin, on rapporta qu'une flotte japonaise de trente-neuf transports, [16] couverte par trois grands navires de guerre, dont l'un battait pavillon de l'amiral, débarquait des troupes près de l'embouchure de la rivière Tascha . et dans une baie au nord ; environ un bataillon aurait déjà débarqué. Nous en avons immédiatement informé les autorités supérieures, après quoi le régiment a occupé ses positions et ne les a quittées ni de jour ni de nuit.

Le capitaine Andreievski reçut l'ordre de surveiller de près les mouvements de l'ennemi, et à partir de ce moment et jusqu'à la fin du siège, nos corps à cheval furent en contact avec les Japonais. Une force nombreuse, avec cavalerie et canons, avait été débarquée, et peu après nous reçumes un télégramme annonçant qu'un débarquement avait également eu lieu près de Pi-tzu-wo.

Dans la nuit du 5 mai, trois hommes blessés du détachement de scouts à cheval, deux du 14e régiment et un des nôtres, furent amenés. L'ennemi avait envoyé sa cavalerie magnifiquement montée de la rive est à la rive ouest en direction de la voie ferrée. On racontait qu'un bataillon, auquel s'était ajouté un détachement d'éclaireurs à cheval, avec lequel nous n'avions jamais eu contact, avait débarqué à la gare de Shih- san -li-tai, venant de l'armée du général Kouropatkine .

Le général Fock décide d'effectuer une reconnaissance en force, personne ne connaissant l'effectif exact des troupes débarquées. La cavalerie ennemie, en nombre très considérable, renforcée par l'infanterie et les Hunhutzes , [17] nous cachait complètement les points de débarquement et les premiers mouvements des Japonais. On rapporta qu'ils se dirigeaient vers Shih- san -li-tai et que leur lieu de débarquement avait été fortement fortifié.

Vers le soir du 8 mai, tous les régiments de la division, sauf le 15 qui était avec Stessel à Port Arthur, et moi avec mes deux bataillons, nous nous déplaçâmes le long de la route menant au lieu du débarquement, et tous durent passer la nuit. dans des positions qui leur ont été indiquées le long de cette route. Une fois arrivés aux destinations qui leur étaient assignées, les régiments reçurent de nouveaux ordres de poursuivre leur marche de nuit, dont le but était apparemment de balayer l'étendue du pays au sud-est de la station Shih- san -li-tai (cette opération fut appelée « Manœuvre » dans l'ordre). L'ennemi, d'une force inconnue, se trouvait quelque part entre Chang-chia-tun et Shih- san -li-tai. Jusqu'au moment où nos régiments avaient occupé leurs positions, nos éclaireurs n'avaient rien signalé de digne de confiance sur l'ennemi, et je m'attendais à les rencontrer à chaque minute. Le 5e Régiment, comme tous les autres probablement, reçut l'ordre : « A 1 heure du matin de quitter ses bivouacs et de se trouver à l'aube à la hauteur n° Untel. » Je ne savais pas quoi faire; toutes nos cartes avaient les noms des villages effacés, les contours étaient à peine marqués, aucune des hauteurs des différentes collines n'était indiquée, et comment trouver, la nuit, une certaine hauteur inconnue n° un tel, qui pourrait être à 10 bonnes verstes d'où nous étions, c'était trop pour moi. Je dois ajouter aussi que nous n'avions pas de guides avec nous ; aucune somme d'argent ne pouvait les acheter. Je me rendis donc chez le général Fock avec mes doutes. L'état-major s'était déjà endormi, et la fatigue et la certitude de la bataille à venir les avaient tous rendus très irritables. Quoi qu'il en soit, à l' honneur de l'état-major, ils se rendirent pleinement compte des difficultés de la marche de nuit et un ordre fut immédiatement envoyé, repoussant l'heure de l'avancée jusqu'à 3 heures du matin, alors qu'ils savaient que l'aube allait juste commencer. se lever, oubliant cependant que l'aube arrive très vite et qu'il fait assez sombre jusqu'au moment où le soleil se lève réellement. Il fut décidé que le chef d'état-major dirigerait lui-même la première colonne. De retour à mon état-major, je donnai les ordres nécessaires et essayai de dormir un peu, mais je n'y parvins pas, car les pensées alarmantes se succédaient. Faut-il réussir à atteindre la hauteur n° Untel ? Et si l'ennemi tombait soudainement sur nos arrières depuis Chang-chia-tun, ou sur nos flancs depuis Shih- san -li-tai, ou sur les pays environnants (tout était tout à fait possible) ? Il était douteux que nous puissions réussir notre retraite vers nos positions de Nan Shan, d'autant plus que la route de Chang-chia-tun à Chin-chou avait été laissée absolument sans protection par nous. Ces pensées étaient justifiées étant donné que l'ennemi avait débarqué de quarante transports au nord de Terminal Point, sous notre nez, et, en supposant qu'il y ait un bataillon dans chacun, cela signifiait quarante bataillons pour nos onze ou douze.

A 2 heures du matin, je me suis levé. Tout le monde dormait profondément. En arrivant aux bivouacs des hommes, je les vis servis avec une livre de viande et une grande quantité de pain ; ils n'avaient pas de thé, car l'ordre avait été donné de ne pas allumer de feu, et il était clair que le général Fock s'attendait à une confrontation avec l'ennemi. Vers 3 heures du matin, les bataillons prirent les armes, mais, en l'occurrence, il y eut un certain retard, et le chef d'état-major ne se présenta qu'à 5 heures, lorsque nous participâmes enfin.

LIEUT.-COLONEL BIELOZOR, TUÉ À LA BATAILLE DE NAN SHAN.

Je reçus le commandement d'un détachement composé des deux bataillons du 5e régiment et d'une batterie sous les ordres du lieutenant-colonel Romanovski . Nous partîmes assez bien, mais l'ennui était que le cheval du chef d'état-major était particulièrement bon, et que la colonne tombait considérablement derrière lui ; le pays était très traversé et couvert par un réseau routier régulier, et de surcroît très mauvais. Le chef d'état-major, ouvrant la marche avec sa carte, oublia de laisser des guides au carrefour, de sorte que la colonne s'arrêta devant un carrefour, ne sachant quelle direction prendre. Nous avons perdu beaucoup de temps à cause de ces arrêts, mais nous avons néanmoins conservé la bonne direction. (Je ne mentionne pas l'ordre de marche, car c'était comme d'habitude : tirailleurs, avant-garde avec éclaireurs montés et corps principal.)

Au nord et au nord-ouest se trouvait notre écran d'éclaireurs, et comme ils se montraient constamment à l'horizon, nous nous demandions sans cesse : « Ne sont-ils pas les éclaireurs de l'ennemi ? Deux heures s'étaient déjà écoulées depuis notre départ, et nous étions descendus dans une large vallée, lorsque le lieutenant-colonel Bielozor , commandant le 2e bataillon, s'approcha de moi et attira mon attention sur les mouvements particuliers de notre artillerie. Au lieu de nous suivre, elle s'était éloignée sur une hauteur située sur le flanc gauche de notre ligne de marche ; derrière elle se trouvait une chaîne de tirailleurs venant de l'arrière de notre colonne, et derrière cette ligne des compagnies compactes. Ne comprenant pas ses agissements, je galopai jusqu'à la batterie, et au milieu des colonnes en mouvement, non accompagné de son état-major, j'aperçus le général Fock. A peine avais-je réussi à le rejoindre qu'il m'a crié : « Quel genre de commandant de compagnie avez-vous ? Voyez comment il laisse cette batterie passer devant lui ; c'est un parfait imbécile ! De tels officiers sont une malédiction pour nous ! Je répondis que je rattraperais immédiatement la compagnie, mais je voulais savoir ce qui se passait, car la batterie sous mes ordres partait quelque part et je n'en avais pas été informé. «C'est sa bonne position», répondit le général en désignant la colline vers laquelle se dirigeait l' artillerie . "Alors on va s'arrêter là ?" «Non», répondit le général Fock; "Nous allons plus loin sous le couvert de cette batterie."

Je vis alors que, loin devant la batterie, nos colonnes denses avançaient, attaquant apparemment quelqu'un . Le régiment qui avançait à gauche de ma colonne avait envoyé une ligne de tirailleurs sur le flanc d'un côté de notre avance, et j'appris qu'ils avaient remarqué une colonne ennemie dans un creux de notre flanc gauche. Il s'avéra qu'il s'agissait d'une compagnie de ce régiment qui s'était avancée sur Shih- san -li-tai depuis le sud et occupait la position couvrant Chin-chou du côté de Shih- san -li-tai.

« Formez une réserve pour les assaillants et, avec une compagnie, occupez la colline vers laquelle se dirige la tête de votre colonne », ordonna le général Fock. J'ai galopé pour obéir à cet ordre.

Cette avance dura une heure. Nous avons occupé une succession de positions, mais il était très visible que nos hommes ne profitaient pas pleinement du terrain, mais essayaient plutôt de ne pas perdre le contact les uns avec les autres. Tout était bien quand les officiers les maintenaient ensemble, mais que se passerait-il s'ils n'étaient pas là pour le faire ? Nos hommes ne sont pas habitués à agir de leur propre initiative, et une longue ligne d'escarmouches ne permet pas aux officiers de diriger leurs hommes par la voix et l'exemple. C'était une chance que nous soyons les défenseurs et non les attaquants !

Tout en étant occupé de ces pensées, j'entendis « l'assemblée » sonnée par nos clairons ; nos hommes restèrent sur place, mais les commandants se précipitèrent vers le général, qui les avait appelés par ce signal. L'ennemi n'avait pas été rencontré ; il était à Chang-chia-tun, ou peut-être au nord de Shih- san -li-tai. L'opération avait été réfléchie dans le moindre détail par le général. Pour moi, c'était remarquable dans la mesure où nous avions manœuvré sous le nez de l'ennemi, tout en le laissant avec mépris également à l'arrière. Après une courte halte, nous sommes revenus à la position avec les hommes chantant fort. [18]

Après cette expédition, nous reçumes un ordre qui me fit comprendre avec quelle exactitude le général Fock évaluait la situation. Ses instructions étaient claires et pleinement conformes à la réalité des choses. Voici quelques paragraphes caractéristiques de l'ordre : « Que Dieu nous préserve de ces commandants qui attendent des ordres dans le feu de la bataille : ils n'en recevront pas, alors qu'ils se sortent cette idée de la tête. » Ou encore : « Je demande à tous les commandants de compagnie et de bataillon, dès qu'ils rencontrent l'ennemi, de relever la tête, d'ouvrir les yeux et de fermer les oreilles. Croyez-moi, vos yeux sont tout : vos oreilles ne vous aideront pas beaucoup, même si, malheureusement, ce n'est pas une idée généralement acceptée. Même un vieux capitaine de vingt-deux ans de service va, pendant les manœuvres , se mettre à dresser les oreilles comme un lièvre pour capter quelque ordre de son commandant ; mais son commandant est mort, ou est lui-même occupé à autre chose. Ces règles d'or méritent une place dans tout livre de tactique et dans tous les règlements sur la direction générale d'une action.

Immédiatement après notre retour, nos éclaireurs nous apportèrent la nouvelle que l'ennemi se trouvait près de la station Shih- san -li-tai en petit nombre et massé sur les rives de la baie, un peu au sud de Chang-chia-tun. C'était vers le 11 mai, et à partir de ce moment nos éclaireurs eurent des escarmouches quotidiennes avec l'ennemi.

Le général Fock reste fidèle à sa décision d'affronter l'ennemi devant la position de Nan Shan. Nous ne connaissions qu'approximativement la force de l'ennemi, c'est pourquoi il décida d'effectuer une autre reconnaissance en force et fit de nouveau avancer ses forces vers les villages de Chang-chia-tun et Shih- san -li-tai, bloquant ainsi la ligne de front. l'ennemi avance vers le sud le long de la route de Pulantien et Nan Shan . Tous les régiments de la 4e division de fusiliers, sauf le 15e, étaient employés ; nos huit compagnies étaient à l'avant-garde ; les 3e et 4e à Shih- san -li-tai, et les 6e et 8e, et le 3e détachement d'éclaireurs à Chang-chia-tun, notre 3e bataillon étant placé dans l'intervalle entre ces deux détachements. Les postes que nous occuperons ont été bien étudiés au préalable. Les compagnies se sont retirées et ont pris position. Dans la nuit du 15 mai et dans la matinée du 16, d'autres troupes avec des canons partirent, deux batteries furent placées près du pont ferroviaire sur la route de Pi-tzu-wo, et une (celle de Romanovski ) avec la demi-batterie régimentaire. sous les ordres du sous-lieutenant Sadykov sur les collines au-dessus de Shih- san -li-tai. Après que nos bataillons eurent occupé leurs positions, un ordre vint du général Fock que notre 3e bataillon, sous le commandement du colonel Dounin , devait retourner à la position. Afin de ne pas donner à l'ennemi une chance de travailler derrière nous, j'ai reçu l'ordre de déplacer la 7e compagnie et le détachement d'éclaireurs avec les deux canons du lieutenant Naoomov à travers l'espace compris entre la rive de la baie de Kerr et le mont Sampson jusqu'aux anciennes fortifications chinoises. et de former la moitié de la 9e compagnie en réserve pour la 7e, mais moi-même je restai en poste avec trois compagnies.

Le 16 mai, au lever du jour, je me rendis à la batterie n° 13 [19] et j'eus une excellente vue de l'engagement [20] et des mouvements de nos troupes. Nos compagnies et nos canons étaient déjà en position sur le flanc gauche. Les autres régiments se dirigeaient vers le pied du mont Sampson en direction du sud-ouest, et la tête de la colonne venait d'atteindre la colline, lorsque de violents tirs de fusils éclatèrent, et la batterie du lieutenant-colonel Romanovski et des bœufs sur la gauche. commença à parler. En cinq minutes, le feu de ces batteries était devenu affreux, et une épaisse fumée les cachait complètement à ma vue (cette fumée était provoquée par l'éclatement d'obus japonais). Au bout d'une demi-heure, lorsque la queue de notre colonne principale eut dépassé le mont Sampson, les batteries du flanc droit ouvrirent le feu. Les tirs se sont poursuivis pendant une heure sur les deux flancs et nous avons suivi le déroulement du combat avec la plus grande attention. J'avais très peur que l'ennemi tente de contourner nos arrières, mais la 7e compagnie resta silencieuse et son commandant rapporta qu'aucun mouvement n'était perceptible devant son front. Le feu sur le flanc gauche commença à se ralentir, et des charrettes et des civières furent aperçues venant de cette direction. Une demi-heure plus tard, j'ai remarqué la batterie de Romanovski sur la route de Shih- san -li-tai, suivie de notre batterie de bœufs, tous deux se dirigeant vers nous au pas. Un officier du flanc gauche est arrivé et a annoncé que nous battions en retraite, mais il n'avait pas vu l'infanterie japonaise, ayant seulement observé que les Japonais avaient balayé notre batterie avec des obus, la faisant ainsi taire et la forçant à se retirer derrière la colline. Au moment même où les batteries du flanc gauche se déplaçaient, je vis que les réserves occupaient une épaule du mont Sampson face au village de Shih- san -li-tai. Des lignes denses de tirailleurs s'étendaient tranquillement sur la crête de cette crête, permettant aux canons, puis aux tirailleurs de notre flanc gauche, de les traverser. J'en conclus que l'ennemi pressait notre droite et que le général Fock pensait que nous ne pouvions pas tenir notre position et avait donc renforcé son flanc gauche, qui n'avait pas encore été assailli par les Japonais. Au bout d'une heure supplémentaire, nos lignes en retraite apparurent derrière le mont Sampson, et les canons près du pont ferroviaire ouvrirent un feu terrible. Les tirs de fusils et de canons derrière le mont Sampson continuèrent, tantôt plus faibles, tantôt plus forts, jusqu'à ce qu'enfin les lignes de réserves, passant par le flanc gauche, se rassemblèrent rapidement et commencèrent à battre en retraite sur notre position. Je m'attendais à voir les Japonais à leur poursuite, mais aucun n'est apparu. Enfin , les batteries du flanc droit se retirèrent et nos compagnies les suivirent, mais les Japonais ne poursuivirent toujours pas. C'est alors que je vis le tableau d'une retraite vraiment merveilleuse, dans laquelle nos hommes marchaient en colonne comme aux manœuvres . Le flanc gauche avait déjà atteint notre position lorsque le général Nadyein arriva, blessé à la main, et le lieutenant-colonel Romanovski, blessé à la jambe. La situation a naturellement donné lieu à de nombreuses interrogations et conjectures. Il paraît que le sous-lieutenant Sadykov, qui commandait notre batterie de bœufs, était lui-même allé au secours du lieutenant-colonel Romanovski et commandait sa demi-batterie jusqu'à la fin de l'engagement.

---

# CHAPITRE II

Récit ultérieur des actions de Chang-chia-tun et de Shih- san -li-tai. — Escarmouches préliminaires autour de Chin-chou. — Bataille de Nan Shan, 26 mai 1904.

Nos régiments se dirigèrent vers Ta-fang- shen , tandis que les troupes ennemies se retrouvèrent face à la position de Nan Shan, toutes prêtes et préparées à les affronter sous une pluie d'obus et de balles. Cependant ils ne se manifestaient pas encore, et tout gardait son aspect habituel. Dans la nuit du 17 mai, on apprit aux postes avancés que l'ennemi avait occupé le col près du pont ferroviaire et refoulait nos détachements avancés avec de petits corps d'infanterie, un feu croisé ayant été maintenu toute la nuit. Ensuite, un bruit arriva du flanc gauche selon lequel l'ennemi pressait la ligne d'avant-poste de ce côté ; pour preuve, quelques blessés furent apportés. Il devint ainsi évident que les Japonais se rapprochaient de la position de Nan Shan. Les rapports reçus dans la matinée indiquaient clairement que les Japonais avaient occupé toutes les hauteurs situées devant la position de Nan Shan et étaient occupés à s'y fortifier. Nous n'avons cependant pu voir aucun signe précis d'eux, car ils faisaient attention à ne pas s'aventurer hors de l'abri des collines en face, sauf que vers midi nous avons pu localiser des travaux de terrassement sur la colline près de Shih- san . li-tai à environ 7 verstes de notre position. En y regardant de plus près, nous discernâmes un peu plus près certains ouvrages, qui étaient sans doute des tranchées d'infanterie, et sur lesquelles nos canons à longue portée ouvrirent immédiatement le feu. Nos obus n'atteignirent pas la ligne la plus éloignée, mais réussirent aussitôt à arrêter les travaux dans les tranchées les plus proches. Le feu sur les ouvrages ennemis fut maintenu, par intermittence, toute la journée.

Considérant qu'un régiment ne suffisait pas pour défendre l'ensemble de la position ainsi que le terrain situé devant, je demandai au général Fock de m'envoyer deux détachements d'éclaireurs d'infanterie des 13e et 14e régiments. Ma demande étant accordée, la ligne d'avant-poste, la nuit suivante, se composait de quatre détachements d'infanterie et d'un détachement de cheval. Toute la nuit, des tirs croisés furent entretenus avec les postes japonais, qui pressèrent tellement nos hommes que je dus renforcer la ligne sur le flanc droit par une demi-compagnie (approvisionnée par la 2e compagnie). Notre ligne d'avant-poste s'étendait comme suit : des rives de la baie de Chin-chou jusqu'au mur de la ville de Chin-chou, avec des patrouilles à une certaine distance en avant du mur, de la ville à la gare de Nan Shan, et de là jusqu'à Hand. Baie. Pendant la nuit, les Japonais nous chassèrent des vieilles fortifications chinoises au-delà de la baie de Kerr, nous infligeant quelques pertes : quelques tués et de nombreux blessés. Nos adversaires ont lancé un écran si solide que nos hommes n'ont pu le pénétrer à aucun moment pour voir ce qu'ils faisaient derrière eux, et comme nous étions ainsi laissés dans l'ignorance complète de leur nombre et de leurs dispositions, j'ai dû être guidé par les connaissances acquises lors de l'action de Chang-chia-tun, informations que je ne peux mieux faire que de donner dans les mots du lieutenant-colonel Saifoolin , qui commandait une partie de notre flanc droit, et de qui j'avais l'histoire suivante des fiançailles:

LIEUT.-COLONEL SAIFOOLIN, COMMANDANT LE 2ÈME BATAILLON, 5ÈME RÉGIMENT.

« Nos compagnies étaient disposées dans l'ordre suivant : moi, avec la 8e compagnie, j'occupais une colline près d'une tour en ruine sur le côté gauche de la nullah le long de laquelle passe la route de Godzarlin ; la 6e compagnie occupait la crête du côté droit de cette nullah ; et le 3e détachement de reconnaissance, sous les ordres du capitaine Koudriavtsev , occupait une colline à l'extrême droite de la ligne et quelque peu en avant de la 6e compagnie. Les éclaireurs à cheval étaient envoyés au front comme tirailleurs. A peine le jour était-il levé, que nos éclaireurs rapportèrent que l'ennemi se déplaçait en force considérable le long de la route venant de Godzarlin et plus près ; Suite à ce rapport, nous avons vu, devant notre flanc droit, des lignes japonaises denses, avec leur flanc gauche reposant sur le mont Sampson, et le tir a commencé immédiatement à très longue portée. L'ennemi ne se précipita pas dans son avance, mais développa un tir de fusil si terrible qu'un grand nombre de nos hommes furent mis *hors de combat* . N'ayant aucune compagnie en réserve, j'ai envoyé du secours à un bataillon du 14e régiment, qui était formé sur nos arrières, et une compagnie de ce bataillon (commandée par Souvorov), postée seule derrière notre flanc droit, a commencé à se déplacer. jusqu'à nous, mais s'est arrêté et a commencé à tirer sans rejoindre notre ligne. Cela dura pendant une heure, pendant laquelle les troupes ennemies avancèrent sans contrôle jusqu'à être à 400 pas ou moins de nos éclaireurs et de la 6e compagnie ; leur effectif étant d'une quinzaine d'entreprises. Pendant ce temps, une quarantaine de compagnies japonaises tournaient notre flanc gauche. Nos pertes dans la 6e compagnie et parmi les éclaireurs étaient déjà considérables. Dans le premier cas, le commandant a été blessé et le sergent-major et trente hommes ont été tués ; tandis que parmi ces derniers, environ la moitié étaient *hors de combat* , y compris le commandant. Ne voyant aucun signe de renforts, nous envoyâmes demander ce qu'il fallait faire. A ce moment-là, l'ennemi commença également à tourner notre flanc droit. Personne ne nous venait en aide, nos compagnies fondaient et l'ennemi continuait d'avancer. Je donnai l'ordre de nous retirer et, sous un feu épouvantable, nous arrivâmes presque jusqu'au pont de chemin de fer, où notre artillerie nous couvrait, ouvrant un feu si meurtrier sur les lignes ennemies qu'elles s'arrêtèrent puis se mirent à l'abri dans le champ. plis du sol. L'ordre fut alors donné d'une retraite générale, après quoi nous nous retirâmes derrière la ville et finalement vers la position principale.

A Shih- san -li-tai, sur le flanc gauche, eut lieu un terrible combat d'artillerie avec des résultats plutôt désastreux pour nous. Dans la batterie de Romanovski, tous les officiers furent mis hors de combat, et lui-même fut blessé, ainsi que presque tous les hommes des détachements de canons, de sorte qu'il n'y avait personne pour apporter des munitions, et les volontaires de la 3e compagnie durent être envoyés. appeler pour. Les choses en arrivèrent à un tel point que Romanovski lui-même chargea un fusil ; l'adjudant de brigade, qui avait été envoyé avec un ordre, fut tué par un obus. Mais l'ennemi n'étant pas fort en infanterie sur ce flanc, ne pressa pas d'avance, de sorte que nos pertes dans la 12e compagnie ne furent que de quatre hommes, et dans la 3e seulement quelques autres. [21]

Il semble y avoir eu un malentendu à propos de cette retraite. Le lendemain, je me rendis au quartier général de la division avec mon rapport et, pendant cette visite, le général Fock fit appeler le général Nadyein , qui commandait le détachement engagé à Shih- san -li-tai. [22]

« Pourquoi avez-vous pris votre retraite ? » dit le général Fock en se tournant vers lui.

"Sur votre ordre, Votre Excellence", répondit le général Nadyein .

"Quel ordre? Je n'ai jamais donné d'ordre.

Le général Nadyein présenta alors une note, signée par le lieutenant-colonel Romanovski , dans laquelle il était clairement indiqué que le général Fock avait lui-même ordonné la retraite. Le lieutenant-colonel Romanovski , appelé, a déclaré que le général Fock lui avait effectivement ordonné d'écrire la note. Le général Fock ne comprenait pas vraiment cela, mais il ordonna qu'à l'avenir, dans les occasions importantes, seuls les ordres signés par lui en personne soient obéis.

LE GÉNÉRAL STESSEL INSPECTANT L'UN DES FORTS.

Le 21 mai, le général Stessel prit position. Il était apparemment très mécontent du résultat de l'engagement tardif, et lorsqu'il apprit que le major Gomsiakov , commandant de la 6e compagnie, avait été blessé sur le champ de bataille, son mécontentement ne connut aucune limite ; il s'adressa à la 6e compagnie en termes sévères, destitua du commandement de la compagnie l'officier supérieur suivant, le capitaine Sichev , et déclara qu'il ne devait être recommandé pour aucune récompense.

En fait, ni la compagnie ni l'officier ne méritaient cette réprimande. Le major Gomsiakov avait été emmené dans une charrette chinoise et on lui avait ensuite procuré un cheval pour le conduire au poste de secours. Cependant, ne pouvant monter à bord, on envoya chercher un chariot-ambulance ; mais, entre-temps, il renvoya les hommes qui l'avaient amené, en disant qu'ils étaient nécessaires dans la ligne de tir, et il attendit l'arrivée du chariot avec un soldat de l'armée. Corps Médical. Vers ce moment-là, la retraite commença et le major Gomsiakov donna son épée à l'homme et lui dit de s'en aller, en disant : « Vous ne pouvez pas m'aider, et si vous restez, ils vous tueront, et peut-être qu'ils vous voudront en votre compagnie. .» Le major

Gomsiakov fut fait prisonnier par les Japonais et mourut des suites de ses blessures.

Les combats de Shih- san -li-tai et de Chang-chia-tun nous ont coûté environ 100 hommes en tués et blessés.

Après avoir inspecté la position, le général Stessel se dirigea vers Chin-chou, qui était déjà attaqué par l'ennemi du côté nord. Lorsque nous franchissions les portes , les balles avaient commencé à siffler dans les rues, mais le général, étant allé jusqu'au vieux temple chinois, fit demi-tour et revint sur place sans se blesser.

Nos hommes dormaient dans les tranchées et les batteries, la ligne d'avant-poste étant constituée d'un écran d'éclaireurs et d'une ligne de sentinelles détachées des compagnies occupant les tranchées. Je redoutais une attaque de nuit, qui pourrait très bien réussir en raison de notre manque de défenseurs, et j'avais d'autant plus peur que l'ennemi ne se pressait pas, mais semblait étudier minutieusement les défenses . Il fallait donc être extrêmement vigilant.

Tôt le matin du 22 mai, nous avons entendu des tirs nourris de fusils s'ouvrir sous les murs de la ville. [23] Nous ne pouvions pas voir l'ennemi depuis cette position, mais le commandant de la ville m'informa par téléphone que les Japonais se préparaient à un assaut. Je ne craignais pas que la ville soit prise, puisque nous y avions 400 hommes et avions rempli soixante sacs de sable de poudre prête à exploser lorsque l'ennemi s'approcherait des murs. En outre, à la demande du commandant, j'avais renforcé la garnison avec la moitié de la 9e compagnie commandée par le major Sokolov. Bien qu'il soit impossible de prendre la ville sans une préparation d'artillerie lourde, il serait tout à fait possible de la contourner et de procéder à l'attaque de la position voisine depuis le flanc droit. Nous avons donc suivi tranquillement le déroulement de l'action et surveillé les cibles de notre artillerie, mais aucune n'est apparue. La première attaque contre la ville a été facilement repoussée, mais l'ennemi s'est retranché du côté nord-ouest, où il a été complètement couvert par le mur de la ville sous les tirs venant de la direction de la position. A partir de ce moment, le crépitement des fusils autour de la ville ne cessa plus. En tant que point avancé de la position, la ville commençait certainement à remplir le rôle qui lui était assigné dans les opérations.

Il est vraiment dommage que nous n'ayons pas pris de mesures en vue de défendre obstinément la position de Nan Shan. Même en supposant qu'une défense aussi déterminée était risquée, puisque les troupes ennemies pouvaient effectuer un débarquement au sud de la position et nous couper ainsi de Port Arthur, elles auraient, en revanche, dû courir elles-mêmes des risques considérables en débarquant. sous nos yeux. En effet, ils avaient déjà lancé contre nous des forces considérables depuis le nord, et il leur aurait peut-être été difficile d'envoyer une autre force (environ deux divisions) contre la garnison de Port Arthur. Par conséquent, je dis avec la plus grande assurance que si nous avions décidé de défendre obstinément la position de Nan Shan et d'avoir armé nos batteries de canons lourds, complétant nos canons de position par, disons, une brigade d'artillerie de campagne, nous aurions tenu l'ennemi. longtemps avant Nan Shan et l'ont peut-être contraint à recourir à des opérations de sape. Pendant le temps ainsi gagné, la garnison de la forteresse aurait pu mettre ses ouvrages dans un meilleur état de défense que celui dans lequel ils se trouvaient effectivement laissés faute de temps.

L'ennemi lança des assauts constants contre la ville, mais toujours sans succès. [24] Un jour, les sapeurs japonais ont lancé une énorme charge de coton à canon jusqu'aux portes, mais nos tireurs ont tué ceux qui essayaient de la placer et ont amené la charge dans la ville. Poursuivant ses opérations, l'ennemi plaça une batterie sur les pentes des collines dominant la ville et fortifia les hauteurs proches de Shih- san -li-tai. Le soin apporté à cela nous a surpris. Nous essayâmes d'entraver le travail par le feu, mais la portée était bien trop grande pour nos canons.

Le 22 mai au soir, un canon Schneider-Canet de 6 pouces fut amené sur position et je décidai de le placer dans la redoute centrale, où il commanderait les baies des deux flancs. Commençant aussitôt à le placer dans la position qui lui était assignée, une compagnie entière travailla jour et nuit les 23 et 24 au montage du canon, et le 25 il était sur le point d'être placé sur son affût, lorsqu'un violent bombardement commença et considérablement gêné. le travail.

Depuis notre retraite des positions de Shih- san -li-tai et Chang-chia-tun jusqu'à la position de Nan Shan, nous n'avons guère eu un instant de paix ; de petites affaires nocturnes constantes dans la ligne d'avant-poste et l'attente nocturne d'une grande attaque nous obligeaient à avoir la moitié de nos hommes en alerte. Je ne me suis jamais déshabillé ni ôté mes bottes ; les messages continuaient à arriver et me laissaient à peine le temps de fermer les yeux. La tension était telle que nous étions épuisés.

Le 25 au matin, l'ennemi commença un terrible bombardement. Nous étions tous à nos postes et répondions par de lourds tirs d'artillerie, subissant cependant peu de dégâts lors de ce bombardement ; aucun de nos canons ne fut touché, bien qu'il fût impossible de travailler à monter notre gros canon de position. Nous avons eu plusieurs touchés , dont Boochatski , commandant la 11e compagnie, qui a été grièvement blessé.


Je dois mentionner un incident avec un cerf-volant. Pourquoi il fut amené sur cette position, je l'ignore, car nous pouvions parfaitement observer les mouvements de l'ennemi du haut de notre colline, et sans courir le risque d'être projetés à terre. L'équipe qui l'a apporté, avec M. Kourelov , un homme très courageux, a décidé de le faire voler au plus fort du bombardement. Le cerf-volant atteignit une grande altitude et, bien sûr, attira immédiatement l'attention des Japonais, de sorte qu'une grêle d'obus éclata au-dessus des têtes du détachement audacieux et, pour éviter des pertes inutiles, je leur ordonnai d'amener le cerf-volant. Dieu merci! ni aucun homme du détachement ni M. Kourelov n'ont été touchés.

LA BATAILLE DE NAN SHAN [25]

J'ai passé la nuit du 25 au 26 avec mon adjudant et officier d'ordonnance sur la batterie n° 13 dans un véhicule à l'épreuve des bombes, placé en hauteur, mais capable néanmoins de nous protéger des tirs d'artillerie de campagne de l'ennemi. Tout était calme le soir, mais vers minuit l'ennemi commença à se déplacer ; nos avant-postes rapportèrent qu'ils entendaient des coups de canon, et nos postes du flanc droit furent repoussés par l'avancée de l'infanterie. Le temps était épouvantable : il pleuvait à verse et il y avait du tonnerre dans l'air. Prévoyant que l'ennemi attaquerait sur notre flanc droit et, en cas de succès, encerclerait la ville, et ne voulant pas lui faire cadeau des quatre cents hommes qui m'étaient indispensables sur la position, j'envoyai un ordre au commandant, le lieutenant-colonel Yermeiev , de ne pas se laisser encercler, mais de se retirer de la ville sur la position pendant que les portes sud étaient libres, et d'occuper les tranchées sur notre flanc gauche. L'ennemi a attaqué la ville vers 3 heures du matin, mais, sans succès, a commencé à l'encercler lorsque le commandant est passé par la porte sud et s'est frayé un chemin vers la position. Une section, qui tardait à franchir la porte, sauta du mur, d'une hauteur de 9 pieds, et effectua sa retraite. Mais dans l'obscurité, les hommes n'atteignirent pas les positions auxquelles ils avaient été affectés et, au lieu de la totalité de la 10e compagnie, seules deux sections, dirigées par le sous-lieutenant Merkoulev , atteignirent le point qu'on leur avait ordonné de défendre. La moitié restante de la compagnie, [26] sous le commandement du major Goosov , et la moitié de la compagnie n° 9, sous le commandement du major Sokolov, occupaient les tranchées vides près de la redoute n° 8. Une partie du 3e détachement de reconnaissance occupait le niveau inférieur des tranchées de cette redoute. , mais la majorité d'entre eux parvinrent à leurs positions appropriées sur le flanc gauche.

Nos dispositions étaient les suivantes : la 2e Compagnie tenait l'extrême flanc droit de la Redoute n°2 ; le 2e détachement de reconnaissance se trouvait à proximité de la voie ferrée et dans la redoute n°1 ; le coin au-delà était inoccupé ; la 12e compagnie était près de la carrière, et la 3e plus loin dans les tranchées ; derrière eux les 8e et 4e compagnies et le 1er détachement de scouts, et la 6e compagnie dans la redoute n°8 ; plus loin derrière le ravin se trouvaient les 5e, 7e et la moitié de la 10e compagnies ; et vers les rives de la baie de Chin-chou , deux détachements d'éclaireurs des 13e et 14e régiments étaient dans des tranchées. Près de la batterie n° 15 se trouvaient la 3e compagnie, le 14e régiment, et une section de notre 7e compagnie ; le terrain entre les détachements d'éclaireurs et la batterie n° 15 était absolument sans défense. Quatre mitrailleuses sous les ordres du sous-lieutenant Lobyrev étaient à la disposition de la 7e compagnie sur les falaises près du rivage, et quatre mitrailleuses navales, sous les ordres de l'aspirant Shimanski, étaient placées derrière notre 1er détachement de reconnaissance. Les forts à l'intérieur de la position, qui auraient pu être combattus individuellement, et ainsi augmenter l'obstination de la défense , étaient sans défenseurs : la redoute centrale, la batterie n° 13, et de nombreuses tranchées étaient absolument inoccupées faute d'hommes. J'avais en réserve la 11e compagnie du 5e régiment, et deux compagnies du 13e régiment, tandis que j'avais détaché les officiers suivants pour commander des sections de la position : flanc droit jusqu'à la batterie n°1, major Stempnevski ; le centre : 12e, 3e, 8e et 4e compagnies ; — lieutenant-colonel Bielozor ; flanc gauche : 6e compagnie, 1er détachement de reconnaissance, 5e et 7e compagnies, et tout le flanc gauche : lieutenant-colonel Saifoolin . L'artillerie se composait de canons placés en quinze batteries, comme sur la carte I. ; Batterie n°1 étant armée de huit canons de 8,7 cm. canons de campagne.

MAJEUR STEMPNEVSKI (SEN.), COMMANDANT LA 2ÈME COMPAGNIE, 5ÈME RÉGIMENT.

Dès l'aube du 26, l'ennemi commença à bombarder la position ; et les obus volaient en masse et rapidement, surtout sur le n° 13. Quand il faisait assez clair, je regardais l'ennemi avec mes lunettes. Ses batteries s'étendaient en ligne ininterrompue depuis la baie de Chin-chou jusqu'à la baie de Hand, et quelques batteries - apparemment composées de canons lourds - se trouvaient sur les pentes des collines derrière la ville. L'ennemi n'a pas économisé ses munitions. Quatre canonnières, et peut-être des destroyers avec elles, se rapprochèrent de la côte dans la baie de Chin-chou, et deux grands navires gisaient près de l'entrée de la baie, à l'arrière de notre position. Ces navires tiraient des obus très lourds. Il n'y avait encore aucun signe de l'infanterie ennemie, mais le feu des canons était si terrible qu'il nous obligea à nous retirer dans nos blindés. A proximité se trouvait un seau d'eau ; craignant qu'il ne soit réduit en miettes, j'ordonnai de le mettre à l'abri, et un des hommes venait de l'atteindre, lorsqu'un éclat d'obus éclata près de lui, et l'eau se répandit sur le plancher, le bombardier Ptooski étant blessé en la tête, et j'ai moi-même eu une égratignure à la jambe. L'abri étant rempli de fumée, nous éprouvâmes quelques difficultés à respirer, et la plupart d'entre nous sortirent donc dans la redoute. De là, je vis les lignes des tirailleurs ennemis autour de notre flanc droit ; nos 4e et 8e compagnies avaient ouvert le feu, mais les lignes avançaient néanmoins lentement sur nous, laissant au sol derrière elles de petits points noirs. Notre feu était apparemment très efficace ; nous n'avions pas mesuré toutes nos distances en vain. A huit heures, un gros navire apparut dans la baie, sur notre flanc droit ; "Eh bien", pensai-je, "la 2e Compagnie pourra l'atteindre." Imaginez ma joie lorsque j'ai vu qu'il tirait sur l'ennemi et que j'ai reconnu notre *Bobr*, mais malheureusement, il n'a pas continué à tirer longtemps, mais il a repris la mer. Il était environ 9 heures du matin lorsque la ligne d'escarmouche ennemie fut aperçue près de la gare de Nan Shan et derrière les monticules proches des villages les plus proches, juste devant toutes les compagnies du 2 au 8. Les tirs des fusils se transformèrent en un râle et un rugissement continus. Un infirmier du lieutenant-colonel Bielozor vint me voir avec un rapport dans lequel il avait écrit ce qui suit :

« L'ennemi est devant nous et nous attaque, mais savez-vous qu'il y a près de nous 700 mètres de tranchées absolument inoccupées ? Nous avons besoin d'aide.

J'ai vu moi-même que les Japonais dirigeaient leur attaque contre notre 8e Compagnie. La ligne étant arrêtée avant toutes les autres compagnies, j'envoyai la moitié de la 11e compagnie vers le point menacé. J'avais alors en réserve trois compagnies, le 11e de mon propre régiment et deux compagnies du 13e. Les compagnies ennemies atteignirent les barbelés devant les 8e et 4e compagnies, mais, trouvant leur avance bloquée, elles se retirèrent en désordre, se mettant à l'abri dans les replis du terrain et ouvrant de là un feu formidable. J'étais désormais certain que nous n'avions rien à craindre de l'infanterie japonaise. A ce moment-là, un autre ordre arrivait du lieutenant-colonel Bielozor , demandant des renforts immédiats, mais, lui ayant déjà envoyé la moitié de la 11e compagnie, j'étais sûr que cela suffisait. A ce moment, la ligne d'escarmouche ennemie devant la 2e Compagnie occupait les extrémités sud d'un petit village, et comme cet endroit offrait une excellente couverture, je vis qu'il y avait un danger que l'ennemi rassemble des forces considérables derrière lui et submerge la 2e Compagnie. , d'autant plus qu'il n'y avait que 400 pas du village à la position. Cependant, en voyant qu'une telle attaque serait prise en flanc par le feu de la 2e compagnie, je me sentis un peu plus soulagé. L'infanterie ennemie était désormais répartie en demi-cercle autour de toute la position, comme son artillerie, et le crépitement des tirs de fusils était absolument incessant. En outre, nous vîmes que les troupes composant son flanc droit étaient descendues dans l'eau dans la baie de Chin-chou et effectuaient un mouvement tournant à travers l'eau ; mais cette avance fut stoppée au bout de quelques instants par nos tirs de canons et de fusils (à très longue portée cependant). Selon toute vraisemblance, les hommes de cette colonne furent presque tous tués, aucun mouvement ne pouvant être détecté parmi les corps japonais gisant dans l'eau : tous étaient immobiles. [27] Les tirailleurs ennemis se rapprochaient et se retiraient à nouveau ; mais pendant ce temps nos hommes, après avoir repoussé l'attaque de l'infanterie, souffraient gravement des tirs d'artillerie. J'ai appris que le lieutenant-colonel Radetski avait été tué.

Vers onze heures, le commandant de la 6e compagnie me rapporta que sa tranchée avancée était complètement détruite par les tirs d'artillerie venus de la mer et du front, et qu'il était impossible d'y trouver un abri. C'était une grave nouvelle. J'ai remarqué un mouvement considérable parmi les troupes ennemies devant notre flanc gauche, et une masse d'hommes a commencé à se déplacer du centre vers le flanc gauche. Les troupes du flanc droit de l'ennemi, stationnées depuis quelque temps dans les eaux de la baie de Chin-chou, commencèrent à avancer. Pour défendre ce flanc (gauche), j'avais : la 7e Compagnie, la moitié de la 10e Compagnie, la plus grande moitié du 3e Détachement Scout de notre régiment (le reste s'était replié dans les tranchées près de la Redoute n°8), deux Détachements Scouts de les 13e et 14e régiments, sous le commandement des lieutenants Bandaletov et Roosoi , et près de la batterie n° 15, la 3e compagnie du 14e régiment, sous les ordres du capitaine Ouchakov, avec une section de la 7e compagnie. Nous avions suffisamment d'hommes pour repousser une attaque, mais les pertes de la 5e compagnie m'avaient causé une certaine anxiété. Afin donc de renforcer la 5e Compagnie, j'envoyai la moitié restante de la 11e Compagnie dans les tranchées à gauche de la Redoute n° 8, de manière à enfiler les troupes ennemies attaquant la 5e Compagnie, et plus tôt encore je avait envoyé la compagnie du capitaine Rotaiski dans une soi-disant tranchée profonde à proximité . Ces mesures suffisent à empêcher l'ennemi de percer au point tenu par la 5e compagnie. J'ai bâti de grands espoirs sur nos quatre mitrailleuses, postées derrière le flanc gauche de la 7e Compagnie (voir page 43 ). Ils constituaient une puissance formidable, équivalente pratiquement à celle d'une compagnie entière, et ils étaient, en outre, habilement dissimulés dans de petites fosses. J'ai immédiatement envoyé un rapport. (J'avais transmis des rapports sur tout ce qui s'était passé sur le terrain ainsi que les rapports des différents commandants.)

Vers midi, le feu des fusils ennemis cessa brusquement, et son artillerie se tut également. Profitant de cela, je descendis sur la route depuis la batterie n°13 pour rencontrer deux artilleurs venant de la position. Nous remarquâmes le général Fock et son adjudant sur la route. Le major Visoki a rapporté que les artilleurs avaient beaucoup souffert et que les réserves de munitions étaient épuisées. Comme ils n'avaient pas de fusils, je les ai renvoyés de la position, et ainsi, dès midi, nous nous sommes retrouvés sans artillerie. Juste avant cette brusque cessation temporaire du feu, j'avais déjà remarqué depuis la colline comment nos tirs d'artillerie s'apaisaient et avec quelle cruauté les obus ennemis réduisaient en pièces nos artilleurs ; en fait, l'impuissance de nos canons devint apparente dès que commença la canonnade ennemie.

Il est impossible d'imaginer à quoi ressemble un tel incendie. Un flot incessant d'obus éclatait sur chaque batterie et sur la batterie n° 13, où l'on ne pouvait que s'asseoir tout contre le terrassement, en osant de temps à autre jeter un coup d'œil par-dessus pour observer ce qui se passait. Lorsque l'incendie fut devenu franchement diabolique, nous nous réfugiâmes dans la cabine supérieure à l'épreuve des bombes, une relique de la guerre de Chine. Cela nous offrait une protection suffisante contre les petits obus et il était possible d'y écrire, d'envoyer des rapports et de recevoir des rapports des infirmiers, mais les tirs des navires nous faisaient craindre pour notre sécurité. Un seul obus aurait suffi à nous ensevelir tous sous les ruines de notre abri. Tous les ravins étaient littéralement criblés d'éclats d'obus. Notre malheureuse artillerie était tellement occupée à lutter contre les canons ennemis qu'elle ne prêtait aucune attention aux navires qui menaçaient les fortifications de notre flanc gauche. Cependant, cela n'était pas surprenant, car les batteries elles-mêmes ne ressentaient pas le feu des navires ennemis. Leurs canons de face rugissaient également, aussi, par instinct de conservation, ils ripostèrent d'abord avec autant d'énergie qu'ils le pouvaient. L'ordre que j'avais envoyé à la batterie n°4 de diriger son feu sur les navires ennemis n'était visiblement pas parvenu au commandant de la batterie. Notre feu commença à se ralentir, et finit par cesser, à cause des pertes et, dans beaucoup de batteries, faute de munitions. Dans la batterie n° 9, tous les hommes ont été tués sauf un, et il a continué à tirer seul avec chaque canon à tour de rôle. Il chargea tour à tour les fusils et les tira jusqu'à ce qu'un obus vienne à bout de ce héros. Malgré tous mes efforts, je n'ai pas réussi à connaître son nom. « Paix à tes cendres, héros inconnu, fierté et gloire de ton régiment ! [28]

La plupart de nos canons étaient indemnes, bien que deux pièces au centre de la position fussent démontées, ainsi que tous les canons de la batterie n° 15, contre lesquels tiraient les navires ennemis.

Pendant une heure, un silence de mort régna sur toute la position. En descendant vers la ligne inférieure des tranchées, j'ai essayé d'atteindre le général Fock, qui avait été aperçu, comme je l'ai dit, sur la route de la batterie n° 10, mais il était parti quelque part, et je ne l'ai plus revu. ; il est possible qu'il ait longé les ravins jusqu'à la gare de Ta-fang- shen .

Les soldats de la 5e compagnie tombés à l'arrière dirent qu'elle avait mal tourné avec cette compagnie, qu'elle avait quitté la tranchée avancée et occupé la redoute n° 9 et les ravins voisins. Les hommes de toutes les autres tranchées et forts restèrent vaillamment fidèles à leurs postes. Après une heure de silence, les tirs reprirent, les fusils craquèrent et les fusils rugirent. Je suis allé à ma station d'observation. L'ennemi nous a littéralement balayés sous une pluie d'obus. Un obus a éclaté juste au-dessus de la tête de deux de mes aides-soignants qui se tenaient derrière moi, tuant l'un sur le coup et blessant l'autre à la tête. Peu de temps après, notre magasin de munitions pour armes légères près de la batterie n°10 a pris feu.

Peu après, des signes de désordre affligeants se produisirent sur le flanc gauche (la section défendue par la 5e compagnie) : les hommes se retirèrent et revinrent, sans s'arrêter, vers l'arrière de la position ; mais je n'ai reçu aucun rapport du commandant de la 5e compagnie. Je remarque alors que le feu ennemi se concentre sur les 5e et 7e compagnies. Bien que j'avais prévu une attaque sur ces points, je ne craignais pas que l'ennemi y fasse une percée, car la compagnie Rotaiski et la redoute n° 8, avec ses tranchées, la rendaient impraticable. Néanmoins, je ressentis le besoin d'une réserve plus importante, et je signalai au général Fock que je n'aurais aucun homme avec lequel reprendre la bataille si l'ennemi nous repoussait de nos positions avancées. J'ai vivement demandé des renforts ; mais le général Fock, guidé, je suppose, par l'hypothèse générale selon laquelle les renforts sont toujours demandés avant d'être nécessaires, et pensant peut-être que je faisais des montagnes avec des taupinières, n'a pas prêté aucune attention à ma demande, ou bien n'a pas prêté attention à ma demande. nous ne souhaitions pas la satisfaire, et notre position devint critique. Nos éclaireurs sur le flanc gauche, ainsi que les 5e et 7e compagnies, étaient démoralisés, surtout la 5e.

La compagnie du 13e régiment du capitaine Lubeemov , qui était avec moi dans la réserve, avait disparu quelque part, de sorte que le capitaine Teemoshenko , que j'avais envoyé pour la conduire à l'endroit où j'avais décidé qu'elle devait se rendre (sur le flanc gauche, en l'intervalle entre notre 7e compagnie et la compagnie du capitaine Ouchakov, près du n° 15), ne le trouva pas et revint. Ainsi, je n'avais plus une seule entreprise sous la main. [29] On apprit ensuite que la compagnie de Lubeemov avait reçu d'un ordre un ordre censé venir de moi et qu'elle avait pris position près de nos 5e et 7e compagnies, sur le flanc gauche. Il n'avait pas réussi à atteindre sa position *correcte (voir* dernière page ), car personne n'était là pour le diriger. Je ne blâme cependant pas le capitaine Lubeemov ; il avait obéi à ses ordres, mais s'était dirigé vers le flanc droit, au lieu du gauche, du capitaine Ouchakov. Le capitaine Teemoshenko aurait dû indiquer le bon endroit, mais il n'a pas réussi à trouver la compagnie. Là où le capitaine Lubeemov avait tort, c'était en modifiant sa position sans mes ordres.

Peu de temps après, vers seize heures, un officier arrive et m'annonce que les 6e et 7e compagnies du 14e régiment viennent à mon secours. Je reçus une note du général Fock, dans laquelle il m'ordonnait de n'employer ces compagnies que pour couvrir une retraite, et non de les employer dans les tranchées. Je compris alors que le général Fock n'allait pas m'aider à tenir le poste, ce qu'il aurait pu faire sans trop de difficultés, puisque je n'avais besoin que d'un bataillon supplémentaire en réserve.

Le lieutenant-colonel Bielozor est alors envoyé demander des renforts. Bien que je ne voyais aucune attaque de son côté, compte tenu de l'urgence de la demande, et afin d'être tout à fait en sécurité sur notre flanc droit (où un village voisin était fortement tenu par les Japonais et où le remblai de la voie ferrée pouvait masquer un grand nombre de personnes) , de l'ennemi), je décidai d'envoyer une demi-compagnie du 14e régiment sous les ordres du capitaine Kousmin , excellent officier que je connaissais bien.

Vers six heures, les balles commencèrent à siffler au-dessus de nos têtes dans le numéro 13, et, mon trompettiste étant blessé, je le conduisis moi-même dans le pare-bombes pour qu'on le soigne. Sur le flanc gauche, des hommes en veste jaune [30] se déplaçaient en groupes et cinq minutes ne s'étaient pas écoulées lorsque le sous-lieutenant Sadykov entra dans l'abri et annonça que le flanc gauche battait en retraite. Je me suis précipité dehors et j'ai vu que les uniformes jaunes affluaient et que les éclats d'obus éclataient sur les 7e et 5e compagnies, tandis qu'un feu croisé intense se poursuivait. Les tirailleurs japonais s'étaient couchés à leur place et rien ne prévenait de leur avance soudaine. Voyant que nos éclaireurs se retiraient et que tous les autres pouvaient battre en retraite avec eux, moi, n'ayant aucun ordre de battre en retraite de la position, j'ai galopé vers la réserve et j'ai ordonné à une compagnie et demie du 14e régiment, envoyé par le général Fock, pour avancer contre les Japonais apparaissant près de l'ouvrage n° 10. Alors que nous descendions, nous sommes tombés sur un feu brûlant venant des collines voisines .

Je pensais pouvoir arrêter la retraite et lancer une contre-attaque derrière la réserve, puis, après avoir pris la batterie n°10, réorganiser le flanc gauche.

Lors de la cour martiale qui suivit, le général Fock déclara que je n'aurais pas pu ordonner à la réserve d'aller à la rencontre des Japonais ; mais il s'est trompé, trompé par le capitaine Rotaiski , qui, déposant, a déclaré avoir vu les Japonais me poursuivre et m'avoir vu leur échapper par la fenêtre d'un hangar. Je n'ai jamais franchi aucune fenêtre, mais j'ai monté à cheval et j'ai galopé pour arrêter ceux qui fuyaient. Les Japonais ont alors tiré sur moi depuis les collines au-dessus du hangar. Ce n'est pas moi, mais un officier japonais, qui sautai par la fenêtre, qui fut rattrapé par quatre hommes de réserve et tué dans le hangar, comme preuve de quoi son épée fut présentée au commandant du 14e régiment.

*C'est moi qui ai donné* l'ordre d'attaquer , car le commandant de la réserve s'est précipité vers moi et m'a demandé : « Que devons-nous faire ? « Attaque », répondis-je en lui indiquant qui attaquer et où . Après cela, j'ai galopé après les soldats en retraite et je me suis enroué en criant « Arrêtez, arrêtez, mes hommes ! Mais ils me crièrent à leur tour : « Votre Excellence, nous avons reçu l'ordre de battre en retraite. » Je ne pouvais pas imaginer qui avait donné cet ordre. Cependant, comme à ce moment les Japonais nous virent battre en retraite derrière les collines de Nan Shan et ouvrirent un terrible feu d'obus, il fut absolument impossible d'arrêter nos hommes. Une balle d'obus a touché l'oreille de ma jument et l'a presque rendue folle. J'ai réussi à rallier mes hommes dans une position en arrière, choisie plus tôt par moi, à environ une verste des collines de Nan Shan, et quand ils se sont arrêtés, j'ai regardé en arrière vers les collines et j'ai vu deux corps d'hommes courir dans la vallée ; il s'agissait probablement des 5e et 7e compagnies.

Le n° 13 était aux mains des Japonais, qu'on voyait sur les hauteurs, tirant sur les hommes en retraite, qui se cachèrent rapidement dans les profonds ravins. J'occupai alors à l'arrière la position mentionnée ci-dessus, fit venir un bataillon du 14e régiment et prolongeai la ligne jusqu'à la station de Ta-fang-shen . J'ai trouvé le bataillon en question dans un ravin derrière la position. Du reste du 14e régiment, je n'ai vu aucun signe ; ils étaient probablement quelque part à l'arrière, à l'abri. Le commandant de nos éclaireurs est venu me voir ici avec nos couleurs .

Attendant à cet endroit l'attaque de l'ennemi, nous entendîmes des tirs nourris à droite de la position de Nan Shan, et les canons ennemis se tournèrent sur nous et sur le flanc droit. Nos compagnies sur ce flanc ont traversé vers Ta-fang- shen , et je leur ai ordonné de se concentrer 1 verste derrière Ta-fang- shen sur la route. Pour une raison quelconque, les Japonais ont décidé de ne pas nous attaquer. Il faisait déjà bien nuit lorsque je me rendis au poste en feu de Ta-fang- shen pour y veiller à la disposition de nos troupes. Soudain, il y a eu une terrible explosion et j'ai été couvert de fragments de planches, de poutres et de briques brûlantes. Comment mes camarades et moi avons échappé à la mort dépasse ma compréhension. La station a explosé à la demande de l'état-major du général Fock, probablement sur ses ordres. Un officier, le major Saliarski, et vingt hommes furent tués par cette explosion insensée.

La nuit était tombée lorsque les 14e et 5e régiments reçurent l'ordre de se retirer, et moi, laissant quelques patrouilles à cheval pour surveiller les mouvements de l'ennemi, je me rendis avec les éclaireurs à cheval à Nankuanling . En avançant le long de la route, je rencontrai notre 7e compagnie et vis toute la 4e division campée dans la large vallée. J'y retrouve les compagnies du 5e régiment qui s'étaient retirées et je leur ordonne de signaler leurs pertes. Un très grand nombre de nos camarades ne répondirent pas à l'appel, le premier retour faisant état d'une perte en tués et blessés de 75 officiers et 1 500 hommes. C'était affreux de voir les rangs amincis de mon vaillant régiment ; mon cœur saignait pour mes officiers, qui fermaient la marche dans la retraite, mais l'esprit de ceux qui restaient semblait toujours aussi bon. Je me sens obligé de rendre hommage à nos camarades tombés au combat et de mentionner certains de leurs actes héroïques.

Le lieutenant Kragelski refusa de battre en retraite et fit ses adieux à chacun de ses hommes lorsqu'ils le dépassèrent. Le capitaine Makoveiev , commandant la 8e compagnie, avait déclaré qu'il ne reculerait jamais, et il tint parole, car il resta dans les tranchées et ne fut tué qu'après avoir épuisé toutes les cartouches de son revolver. Le major Sokolov, commandant la 9e compagnie, refusa également de battre en retraite et sabra plusieurs Japonais avant d'être tué à la baïonnette.

L'ensemble du flanc gauche attribuait la retraite à la réception d'un ordre, et c'est pourquoi je me mis à l'ouvrage pour examiner l'affaire jusqu'au fond. Vers six heures, le général Fock envoya un officier avec l'ordre de se retirer. Bien qu'il ne soit pas venu me voir personnellement, cet officier a probablement envoyé un ordre - qui n'a pas réussi à me joindre - et s'est lui-même rendu sur le flanc gauche et a transmis l'ordre de se retirer aux détachements de reconnaissance des 13e et 14e régiments. Cet ordre parvint au commandant de la 7e compagnie par l'intermédiaire du sous-lieutenant Merkoulev , en outre, le premier vit l'infirmier sur un cheval noir crier et agiter son épée vers l'arrière, et seulement alors ordonna à sa compagnie de se retirer. Le fait que cet ordre de retraite ait été donné a été confirmé par tous les officiers et hommes, ainsi que par l'enseigne Kaminar (5e régiment).

J'ai déposé la lettre que m'avait envoyée le lieutenant Sadykov sur ce point devant la commission réunie pour enquêter sur la conduite du général Stessel. Il y fut montré que le sous-lieutenant Moosalevski était présent et entendit le général Fock donner l'ordre de retraite à mon officier d'ordonnance, le lieutenant Glieb-Koshanski , qui revint au galop avec l'infirmier sur le cheval noir pour voir l'ordre du général exécuté. Lorsque j'arrêtai les éclaireurs en retraite, le lieutenant Glieb-Koshanski et son ordonnance galopèrent jusqu'aux collines de Nan Shan, et ces derniers atteignirent la batterie n° 10 par un ravin alors que les Japonais étaient déjà en position (ce héros ne revint jamais). Notre 7e compagnie et celle du capitaine Rotaiski étaient toujours à leur poste et ne commencèrent à se retirer qu'après réception de l'ordre.

Lorsque ceux qui étaient à Port Arthur furent rassemblés à Saint-Pétersbourg de tout l'Empire pour témoigner au procès du général Stessel, je ne donnai que des détails sur la bataille de Nan Shan en répondant aux questions qui me furent posées. La conclusion à laquelle on arrivait était la suivante : les détachements d'éclaireurs du 14e Régiment, ébranlés à ce moment par la retraite précipitée de ceux du 13e Régiment, commencèrent à abandonner leurs tranchées vers quatre heures, moment où je les vis se retirer en un éclair. corps. Le lieutenant Roosoi n'avait plus que dix hommes dans la tranchée, mais les autres compagnies, *c'est-à-dire* les 7e et 5e de notre régiment et la compagnie du capitaine Rotaiski , restaient sur place. Le lieutenant Glieb-Koshanski et l'infirmier arrivèrent au galop avec un rapport au général Fock au moment où je quittais le numéro 13 et que j'étais monté à cheval, et il était donc tout à fait possible que l'infirmier sur le cheval noir ait réellement galopé jusqu'à la position. et j'ai reçu l'ordre de me retirer avant d'avoir arrêté les éclaireurs en retraite. Quoi qu'il en soit, il a été prouvé de manière concluante que les Japonais sont apparus dans la batterie n°10 et dans les autres ouvrages intérieurs de la position avant que les 7e et 5e compagnies ne commencent leur retraite.

Et c'était ainsi. Lorsque le détachement d'éclaireurs du 13e régiment, sous les ordres du sous-lieutenant Bandaletov , et une partie des éclaireurs du 14e régiment commencèrent à se retirer (à cause des tirs de flanc des canonnières, et *non* à cause des tirs de fusil des Japonais, dont les tirailleurs ne se sont pas approchés à moins de 600 mètres), l'ennemi, profitant de la couverture naturelle, les a poursuivis et, longeant les ravins et les cours d'eau, a occupé les tranchées que nous avions libérées, ainsi que la batterie n° 10 et les points plus éloignés. Cependant, comme les Japonais n'étaient pas nombreux, ils ne purent percer le centre , la 5e compagnie étant dans le ravin profond, la 6e dans la redoute n°8 et la compagnie Rotaiski dans une vallée profonde. Ces compagnies n'auraient pas pu laisser passer les Japonais, et je répète que les lignes japonaises étaient bien en vue d'où je me trouvais et n'ont pas bougé jusqu'à ce que les éclaireurs apparaissent derrière nous.

D'après les témoignages des officiers, voici ce qui s'est passé sur le flanc droit. Après l'échec de l'attaque contre les 8e et 4e compagnies, l'ennemi poursuivit un feu furieux de canons et de fusils, mais ne s'approcha pas de nos tranchées. Cela a continué jusqu'à ce que la retraite des 5e et 7e compagnies ait réellement commencé. Lorsque la retraite du flanc gauche fut remarquée depuis la redoute n° 8 et que les Japonais commencèrent à balayer notre flanc droit à partir du n° 5, le major Goosov y rassembla tous les officiers pour une consultation sur ce qu'il fallait faire. Après quelques hésitations, il fut décidé de battre en retraite ; et la nouvelle de cette décision a été envoyée à d'autres sociétés. Cependant, les 4e et 8e compagnies, se souvenant de l'ordre de ne pas retraiter, refusèrent de donner suite à cette décision. Notre vaillant colonel Bielozor commandait, les commandants de compagnie étant le capitaine Shastin de la 4e compagnie et le capitaine Makoveiev de la 8e. Lors du retrait de la 6e Compagnie de la Redoute n°8, les 3e, 4e, 8e et une partie de la 12e Compagnie se trouvèrent dans une position désespérée. Il y avait des Japonais à l'arrière, des mitrailleuses japonaises sur le numéro 5 et un grand corps de Japonais devant, prêts à attaquer, ce qu'ils firent bientôt. Apercevant leurs camarades sur les hauteurs, là où se trouvaient nos batteries, ainsi que dans la Redoute n°8, l'ennemi en face s'avança à l'attaque, mais nos vaillantes compagnies arrêtèrent momentanément leur course désespérée par une volée qui couvrit le terrain de centaines de tirs. l' ennemi est tué et blessé. Puis, faisant face à l'ennemi qui attaquait ses derrières, ils le contraignirent à se mettre à l'abri derrière les collines. Les Japonais sur la colline firent signe aux compagnies de se rendre avec des mouchoirs blancs, mais ils ne reçurent que des salves en réponse. Profitant de l'action indécise des Japonais sur leurs arrières, le lieutenant-colonel Bielozor décide de tenter de tirer ses hommes de ce combat inégal et donne l'ordre de se retirer. Sous un feu nourri, les hommes se déplaçaient le long des tranchées vers l'arrière de la position, souffrant gravement des tireurs d'élite sur les collines. À certains endroits, les hommes ont dû sortir des tranchées, qui étaient remplies de morts et de mourants, mais les compagnies ont finalement réussi à atteindre la batterie n°1. A partir de là également, le lieutenant-colonel Bielozor et le capitaine Shastin aperçurent des colonnes japonaises essayant de couper nos compagnies, qui se retiraient du centre de la position.

L'ennemi avançait depuis les rives de Hand Bay. Nos braves officiers songèrent aussitôt à couvrir nos hommes en empêchant ce mouvement de retournement, malgré l'ennemi posté sur les collines, et à cet effet ils rassemblèrent leurs hommes, les arrêtèrent et ouvrirent un feu de volée sur les Japonais. Ces derniers ont riposté et ont à leur tour déversé un feu brûlant de fusils et de mitrailleuses. Cette lutte effroyable s'est poursuivie pendant un certain temps jusqu'à ce qu'aucun de nos hommes ne soit resté en vie. Ils tombèrent tous dans ce combat inégal, se défendant enfin non seulement avec leurs baïonnettes, mais même avec leurs poings. Le lieutenant-colonel Bielozor a perdu connaissance à cause d'une perte de sang et est tombé ; tandis que le capitaine Shastin tomba également, dangereusement blessé à la poitrine. Tous deux furent récupérés par les hommes de la Croix-Rouge japonaise et sauvés grâce à un officier japonais qui donna l'ordre de ne pas les tuer. [31] Notre flanc droit se retirait simultanément avec notre gauche au moment où les Japonais commençaient à les enfiler depuis les collines.

Ayant reçu l'ordre de suivre le régiment jusqu'à Nan- kuan -ling, je bivouacai avec la 4e division de fusiliers, y laissant mon détachement d'éclaireurs à cheval. C'était à 22 ou 23 heures

Chemin faisant, j'appris par certains officiers d'artillerie que le général Nadyein m'avait, au moment critique, envoyé deux bataillons (si seulement ils m'avaient atteint !), mais que le général Fock leur avait ordonné de revenir. A la cour martiale, ce fait n'a pas été prouvé.

Si cependant le général Fock avait décidé d'attaquer le flanc gauche de l'ennemi, où ils étaient déjà à court d'obus et étaient engagés avec nos compagnies, avec même ses deux régiments, et s'il avait déployé toute son artillerie contre ce flanc, , l'ennemi aurait sans aucun doute été stoppé et la victoire aurait pu être de notre côté.

On raconte qu'à la cour martiale, le général Fock déclara qu'il voulait attaquer. Quel dommage que ce souhait soit arrivé trop tard !

Il faut guetter les premiers signes d'hésitation du soldat afin de pouvoir juger du moment opportun pour engager les réservistes, au lieu de les maintenir à des kilomètres derrière la ligne de tir, comme cela semble nécessaire selon le principe du général Fock : " Retenir en arrière ". vos réserves le plus longtemps possible, car elles sont toujours demandées et envoyées trop tôt. Dans l'ensemble, c'est bien, mais en même temps, les réserves doivent être utilisées exactement au bon moment. Je comprends le sens de ce principe, mais pour ne pas se tromper en l'adoptant, il est indispensable de suivre de très près le déroulement de l'action.

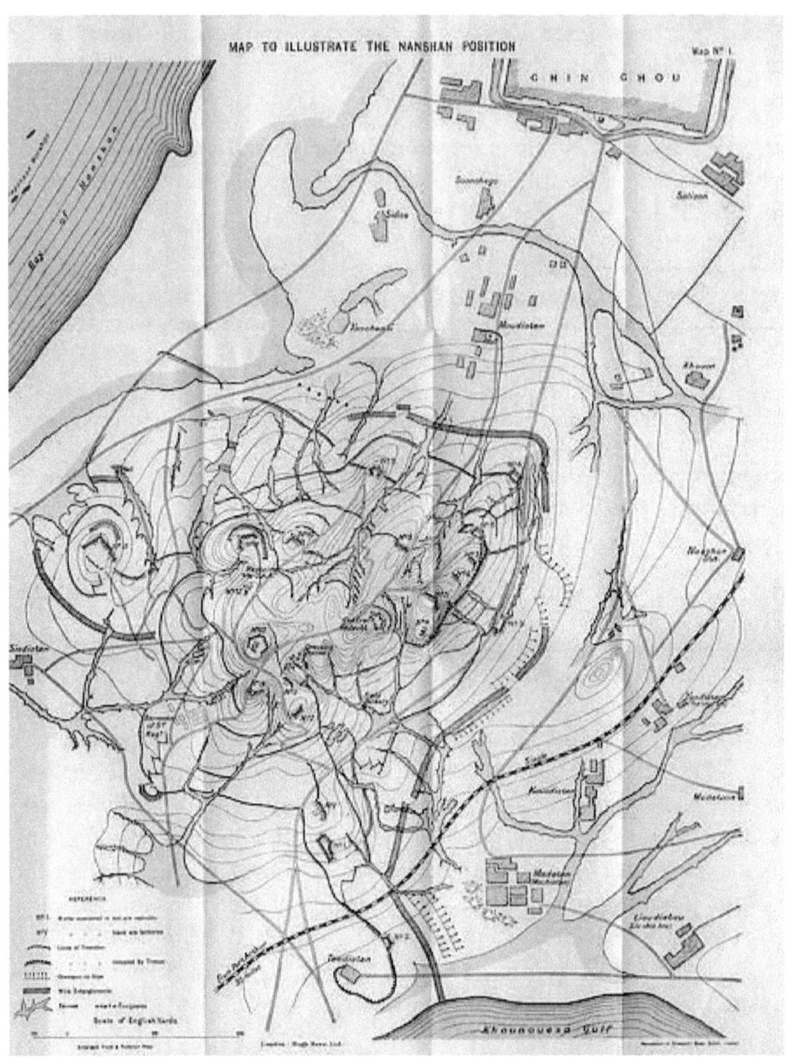


CARTE POUR ILLUSTRER LA POSITION DE NAN SHANCarte N°.
1.

carte russe.Londres : Hugh Rees, Ltd.

*Geogl de Stanford . Estabt ., Londres.*

Il a été déclaré à la cour martiale que tout le bataillon du 14e régiment du lieutenant-colonel Golitsinski avait été envoyé à cette position par le général Nadyein , mais ne l'avait jamais atteint, occupant à la place les tranchées que j'avais creusées au-delà de Ta-fang- shen sur le bord de la mer, au cas où l'ennemi tenterait d'effectuer un mouvement tournant dans les eaux de Hand Bay. C'était à plus d'une verste de la position, en arrière de son flanc droit.

Pourquoi ils voulaient un bataillon là-bas, je ne comprends vraiment pas. Je ne sais rien de cette étrange manœuvre , et je n'ai jamais vu le bataillon, mais il aurait joué un grand rôle si je l'avais eu avec moi au centre .

Il ne peut y avoir deux commandants dans une même partie d'un champ de bataille, et nous en avions trois : le général Fock, le général Nadyein et moi-même.

# CHAPITRE III

Alarme nocturne pendant la marche vers Nan- kuan -ling — Disparition du train de bagages — Poursuite de la retraite vers Port Arthur — Occupation et fortification de la « Position des Passes » — Attaques japonaises sur la position les 26, 27 juillet et 28 — Prise de Yu-pi-la-tzu et de Lao- tso Shan. — Retraite générale vers de nouveaux postes, 29 juillet.

J'avais à peine fait deux verstes du bivouac, que nous entendîmes des coups de feu derrière nous. Un instant après, un bruit vague nous parvint, bientôt reconnu distinctement comme le grondement d'un wagon à bagages. Une minute plus tard, il nous avait dépassés à toute vitesse. Derrière elle galopait une batterie de campagne dispersant ou détruisant tout ce qui se présentait sur son passage, et après la batterie arrivait une masse déferlante de chariots, d'hommes à cheval, de chevaux sans cavalier et d'hommes non armés, et, pour aggraver les choses, quelqu'un poussa le cri alarmant de « Cavalerie japonaise ! Cavalerie japonaise !

Le vacarme et la confusion étaient épouvantables, et depuis les bivouacs derrière nous, des coups de feu et des volées se faisaient entendre. Avec les autres officiers près de moi, je me suis précipité à l'arrière de la colonne pour rétablir l'ordre. J'ordonnai également à notre fanfare de se mettre en marche et, grâce à Dieu, ses accents martiaux remirent confiance aux fugitifs : le bruit cessa et les hommes devinrent tout à fait calmes et sereins.

Le groupe a joué jusqu'à Nankuan - ling [32] et cela nous a épargné de nouvelles paniques.


Ayant été indiqué où bivouaquer, j'envoyai au train à bagages chercher du pain, du thé et du sucre, mais hélas ! les bagages étaient introuvables. Que fallait-il faire ? Nos hommes n'avaient eu ni nourriture ni boisson de toute la journée. Des tentes et des capotes avaient été laissées sur le champ de bataille, de sorte que les hommes n'avaient avec eux que leurs fusils et leurs cartouches. Nous avons commencé à chasser pour nous nourrir.

Je l'ai envoyé, bien sûr, à la gare. Nous avons vu par la fenêtre que toutes les pièces étaient remplies d'officiers de tous les régiments, et que l'état-major de la 4e Division était également là. Ayant pénétré de force dans le buffet, je m'approchai du lieutenant-colonel Dmétrevski , chef d'état-major de la 4e Division, qui, en réponse à ma question : « Où a été envoyé notre train de bagages ? m'a dit qu'il avait été envoyé directement à Port Arthur sur ordre du général Fock, et il ne pouvait pas dire où il se trouvait maintenant. Les commandants des 13e, 14e et 15e régiments étaient également présents. Je demandai au premier 200 pouds [33] de pain, dont j'en vis une quantité chargée sur des chariots placés à proximité. En une heure, nous les avions déchargés et distribués le pain, chaque homme recevant environ 4 livres. J'en avais un morceau à peu près de ce poids, ainsi que tous les autres officiers ; de viande, il n'y en avait absolument pas.

Tous les aliments disponibles au buffet avaient été mangés avant notre arrivée, mais j'ai réussi à me procurer du sel pour parfumer mon pain.

Après avoir dormi trois heures à même le sol, nous nous relevâmes pour reprendre notre marche. Personne ne nous a agressés pendant la nuit ; la matinée était froide et brumeuse.

D'après « l'ordre de marche », nous aurions dû être en tête de colonne, mais un régiment nous a devancés, et nous avons dû attendre près d'une heure avant de partir.

Vers midi, nous atteignîmes un col dans les collines, bien bordé de tranchées, et, après avoir fait une courte halte dans le col lui-même, nous continuâmes notre marche en marchant d'un bon pas.

À la demande du général Fock, la route de montagne avait été réparée plus tôt et nous rendait maintenant un excellent service, mais, malgré notre effort, nous n'avons pas rattrapé nos bagages, et toute la journée nous n'avons eu que le pain. acquis à Nankuan - ling auprès du 14e Régiment. Nous passâmes la nuit dans un défilé pittoresque et nous nous couchâmes forcément le ventre vide.

Le 28 mai, nous avons rattrapé un énorme train de bagages en provenance de Dalny [34] , accompagné des habitants masculins de la ville, avec leurs femmes, leurs enfants et leurs objets ménagers. Comme les chevaux dans les wagons étaient misérablement petits, le train dut s'arrêter, bloquant la route d'un bout à l'autre.

Nous contournâmes par une route secondaire étroite et atteignîmes le soir le grand col de Shipinsin , [35] où nous retrouvâmes enfin nos bagages.

Maintenant, de bonne humeur, nous bivouaquâmes, préparâmes nos soupers, les mangâmes avec voracité et dormîmes du sommeil du juste.


Le lendemain, 29 mai, nous commençâmes à gravir le col que, grâce à nos excellents chevaux, notre train de bagages traversa rapidement, et bien qu'à minuit nous nous égarions à cause de mauvaises cartes, nous arrivâmes finalement aux abords de Port. Arthur et nous nous arrêtâmes au village de Pa-lic- chuang , où nous avions reçu l'ordre de nous reposer trois jours.

Le général Stessel rendit visite au régiment le lendemain. Les compagnies se formèrent rapidement près des bivouacs, et le général les contourna tous et les remercia de leur splendide conduite . Les hommes se sentaient extrêmement encouragés, beaucoup d'entre eux ayant eu la terrible impression que nous avions commis un crime en livrant Nan Shan à l'ennemi.

Le général Stessel appela au front tous les blessés restés dans les rangs, pour leur parler et leur donner des éloges et des récompenses sous la forme de la croix de Saint-Georges. Il y en avait pourtant tellement (plus de 300) que le général crut impossible d'obtenir autant de croix ; il ordonna donc au médecin de les inspecter et de séparer les blessés graves des blessés légers. Il y en avait soixante de la première catégorie , et ils reçurent en conséquence la croix de Saint-Georges. Ceux-ci furent les seuls à recevoir des récompenses pour la bataille de Nan Shan, les blessés légers ne recevant rien pour leur bravoure – et ils étaient très nombreux.

J'ai déjà mentionné le fait que nos hommes repartirent avec seulement leurs fusils, la plupart des tentes et des capotes ayant été laissées sur le champ de bataille. Heureusement, juste avant la bataille, nous avions transporté le gros de nos provisions à Port Arthur, où elles avaient été déposées dans la maison du capitaine Preegorovski , louée à cet effet. Nous avons fait sortir sans délai tout ce que nous voulions de Port Arthur et distribué le nécessaire aux hommes. En même temps, nous chassâmes avec nous un grand troupeau de bétail, comptant environ 200 têtes.

J'ai oublié de mentionner que nos inquiétudes militaires ordinaires sur la position de Nan Shan avaient été augmentées par l'inquiétude due à un ordre de rassembler tout le bétail appartenant aux habitants et de le conduire à l'arrière de la position. Quelques fonctionnaires, munis d'argent, furent envoyés à cet effet, mais comme ils ne pouvaient atteindre leur objectif sans l'assistance du régiment, toute la charge du travail nous incomba.

Malheureusement, l'ordre a été donné alors que l'ennemi était déjà en contact avec nous, mais nous avons réussi à rassembler environ 1 000 têtes et à les conduire à l'arrière de l'armée, presque jusqu'à Port Arthur.

Après trois jours de repos, nous nous dirigeâmes vers Port Arthur et nous arrêtâmes dans un village près de la colline de Serotka [36] , formant la réserve de la 4e division, qui prit position Shuang-tai- kou , Yu-pi-la-tzu, Chien. Shan et Lao- tso Shan. [37]

VUE SUR LE PAYS A LA POSITION DES COLS. AU LOIN, SUR LA GAUCHE, ON VOIT LES SOMMES DU CHIEN SHAN.

p. 66]

La 4e Division avait été renforcée par un détachement de compagnies mixtes de la 7e Division, sous le commandement du colonel Semenov, et c'est ce détachement qui occupa Laotso Shan . Je ne sais pas exactement ce qu'ils avaient fait de mal, mais je me souviens qu'on disait communément qu'il ne fallait pas compter sur les compagnies mixtes, ce qui n'a rien d'étonnant, puisqu'elles n'avaient pas de renforcement de troupes aguerries. Les commandants des compagnies ne connaissaient pas leurs propres hommes, et les hommes ne connaissaient pas non plus leurs commandants. Personne ne se sentait responsable des actions des différentes unités. Cette organisation fut considérée comme une grave erreur de la part du général Kondratenko ; mais quoi qu'il en soit, la position en question a été occupée par nous depuis le moment de son occupation, le 31 mai, jusqu'au 28 juillet, malgré le fait qu'elle n'avait pas été fortifiée auparavant.

Pendant ce temps, le 5ème Régiment fut divisé en deux parties, et je reçus le commandement du flanc gauche de la défense , et commençai à fortifier la position sur la colline des 174 mètres et le pays en face, ainsi que le côté ouest de la colline. Feng- huang Shan [38] depuis la Grande Route Mandarin jusqu'à la Baie des Huit Navires. Le détachement du capitaine Sakatski était stationné le long de la côte de ce dernier , et deux autres détachements étaient sur les rives de la baie Louisa, tous deux sous mon commandement, le premier ayant avec lui quatre petits canons navals sous les ordres de l'aspirant Doudkin .

Nos 6e et 7e compagnies occupèrent et fortifièrent Feng- huang Shan depuis la Grande route Mandarin jusqu'au détachement du major Sakatski . Nos trois détachements d'éclaireurs occupèrent et fortifièrent les collines du 174 mètres et du quartier général, ainsi que la hauteur 426. [39] Les 3e et 9e compagnies occupaient 174 mètres. Hill, tandis que les 2e et 4e détenaient une colline de 203 mètres . Ils travaillèrent tous dur à leurs fortifications sous la surveillance de leurs officiers, conformément aux ordres que je leur avais donnés.

174 Meter Hill devait être fortifié aussi solidement que possible, car, une fois capturé, l'ennemi pourrait balayer notre front occidental extrêmement faible, occuper la vallée qui s'étend en direction de la Nouvelle Ville et commander cette dernière ainsi que la baie.

Les autres compagnies du régiment étaient cantonnées dans diverses positions à proximité . Dans les moments où les régiments avancés derrière Feng- huang Shan étaient menacés, le 5e régiment servait de réserve aux différentes sections de la ligne avancée.

Notre travail avançait lentement, car nous disposions de très peu d'outils.

En plus de fortifier la position, j'ai dû construire des abris pour les réserves et des magasins de munitions pour armes légères dans la forteresse elle-même.

J'ai désigné pour ce travail deux compagnies de la 7e Division, en utilisant tout le matériel que nous pouvions trouver dans la ville. N'ayant pas d'officier sapeur avec moi, je devais personnellement surveiller partout, aussi bien sur les positions avancées que dans la ville. Ce fut d'une grande aide que les officiers du 5e Régiment soient, grâce à une pratique constante, d'excellents sapeurs.

Nous ne pouvions obtenir des outils qu'avec beaucoup de difficulté et auprès de sources diverses. La plupart d'entre eux nous ont été remis par le colonel Grigorenko, commandant du génie dans la forteresse, et par les autorités ferroviaires.

Le nombre d'hommes qui m'était donné pour exécuter le travail qui m'avait été ordonné était insuffisant, aussi je demandai si je pouvais employer tout mon régiment. J'ai reçu la permission au début de juin et j'ai transféré l'état-major du régiment à Division Hill, où nous nous sommes installés très confortablement, en dressant un immense chapiteau et en mettant notre cuisine de campagne en état de marche.

Les généraux Kondratenko, Smirnov et Stessel venaient nous voir assez fréquemment. Notre travail progressa rapidement, car nous avions surmonté la difficulté des outils, mais nous avions très peu de brouettes, etc., pour transporter la terre.

Une défense opiniâtre étant déterminée, il fallut construire un grand nombre de pare-éclats ainsi que des abris pour nous et nos cuisines ; et pour cela il nous fallait une quantité abondante de poutres et de planches.

Outre cette activité, nous devions constamment envoyer des détachements vers les positions avancées tenues par les régiments de la 4e Division.

D'autres régiments empruntaient continuellement les outils que j'avais rassemblés, mais ne les rendaient pas.

J'effectuais fréquemment de longues tournées de reconnaissance personnelle , au cours desquelles je me familiarisais avec les positions avancées et leurs fortifications.

Il semble que le général Fock s'attendait à ce que les Japonais attaquent très probablement notre position à travers la plaine située entre les collines et la mer. En tout cas, il accorda la plus grande attention à fortifier cette partie particulière de la position. Pour moi, cependant, il était très clair à quel point il serait difficile d'attaquer une position fortifiée à découvert sous un tir efficace d'armes à feu et de fusils. Sans même tenir compte de l'amour des Japonais pour les combats en colline, il était évident que les collines étaient de loin le meilleur point d'attaque, et ces collines auraient souhaité être défendues uniquement par des détachements d'éclaireurs.

Ici, les défenseurs ont été privés de leur arme la plus puissante, à savoir. des tirs de fusil et d'artillerie lointains, voire rapprochés. Quant aux assaillants, la supériorité numérique et la puissance d'initiative donnaient aux Japonais un énorme avantage dans les collines, d'autant plus que notre position était très étendue, couvrant environ 8 verstes pour cinq régiments de trois bataillons chacun (environ 10 000 hommes). Les canons japonais purent d'ailleurs démolir nos tranchées, tandis que notre artillerie ne trouvait aucune cible.

Lorsque j'inspectai la position au début de juillet, je remarquai que la position de Shuang-tai- kou (entre les collines et la mer) était magnifiquement fortifiée (les tranchées étaient profondes, avec un magnifique champ de tir), mais les collines ont été laissés entièrement sans fortifications.

Je suis descendu à Yu-pi-la-tzu, où se trouvaient deux détachements d'éclaireurs – de quel régiment, je ne me souviens plus. Il n'y avait pas de tranchées et, surtout, aucune couverture contre les tirs d'armes à feu. Ce fut une grave erreur, car tous les tirs d'artillerie de l'ennemi pouvaient être dirigés sur Yu-pi-la-tzu et nos hommes chassés de là, après quoi les Japonais pourraient occuper la colline sans perte.

Après avoir gravi la colline, un magnifique panorama s'offre à nos yeux. Le pays tout entier, jusqu'à Dalny et la baie au-delà, s'étendait devant nous comme les lignes sur la paume de la main, et pendant la journée, chaque mouvement de l'ennemi pouvait être noté.

LE QUARTIER DE YU-PI-LA-TZU.

La colline Yu-pi-la-tzu était un point très important. Si nous le perdions, nous devrions nous retirer vers la passe Shipinsin . [40] Mais l'ennemi ne pressa pas les choses. Ayant été à portée de tirs de fusils à longue portée depuis les collines (comme il fallait s'y attendre, il ne prêta aucune attention aux basses terres), il creusa des tranchées et se mit au travail pour élaborer ses plans avec délibération.

Dès son premier contact avec nous, au début de mai, jusqu'au 26 juillet, il pressa notre flanc droit et nous obligea à changer de position, et le 26 commença son attaque sur toute la partie des collines.

Le 5e Régiment est mobilisé pour agir en soutien. Quelque temps auparavant, notre 3e bataillon avait été envoyé sur le flanc droit à Laotso Shan , où nous avions perdu deux excellents officiers, le capitaine Koudriavtsev et le lieutenant Popov.

Le 3e Bataillon dut supporter le poids de la retraite de Laotso Shan car, comme on s'y attendait, les compagnies mixtes du flanc droit ne se distinguèrent pas au moment des combats.

Le 20 juillet, mon 2e bataillon reçut l'ordre de se rendre à la station 11e Verst [41] au quartier général de la 4e division, et il s'y rendit en conséquence, sous le commandement du major Stempnevski (jun.).

Lorsque l'ennemi commença son attaque décisive le 26, je fus déplacé vers le haut avec le 1er bataillon, qui était alors commandé par le major Stempnevski ( sen. ), un splendide officier polyvalent. Je suis arrivé le matin avec mon bataillon et j'ai trouvé tous nos commandants avec l'état-major divisionnaire : les généraux Stessel, Fock et Kondratenko. La bataille faisait rage sur toute la ligne.

Comme toutes les positions étaient divisées en sections et que chaque section avait son commandant, j'étais libre de devenir spectateur de tout ce qui se passait. Nous sommes allés en train jusqu'à la 11e Verst, et venions à peine de descendre des voitures, lorsque le 1er Détachement de Scouts, sous les ordres du lieutenant Kostoushko , reçut l'ordre de se déplacer sur la colline Yu-pi-la-tzu, où les défenseurs avaient été décimés par les tirs d'artillerie incessants.

Le 1er bataillon fut ensuite déplacé vers le col de Shipinsin , où, à en juger par les tirs d'artillerie, une attaque déterminée était en préparation, et seules nos 7e et 8e compagnies restèrent avec l'état-major du régiment.

Le général Fock dirigeait toute la défense .

Les combats des 26 et 27 juillet ne nous ont pas coûté très cher, à l'exception des blessures graves reçues par le lieutenant Kostoushko (une blessure à la poitrine et plusieurs autres blessures à l'épaule et au côté gauche). Cet officier s'était jeté, avec une partie de ses éclaireurs, sur l'ennemi, qui s'était déjà emparé de quelques-unes de nos tranchées sur la colline Yu-pi-la-tzu. C'était dans la nuit du 27 au 28 juillet.

Vers le soir du 26, le général Stessel avait envoyé un télégramme à la ville disant que toutes les attaques japonaises avaient échoué ce jour-là.

Le 27, la bataille reprit de nouveau sur toute la ligne. Lao -tso Shan fut balayé par le tir de canons très lourds, probablement de 6 pouces, à en juger par la taille des éclats d'obus. Il était très difficile pour notre artillerie de faire face à ces canons, car ils étaient non seulement très éloignés, mais aussi bien cachés.

N'ayant rien à faire, je me rendis à mon 1er bataillon, qui était stationné en réserve sur la pente du col Shipinsin . Presque aucun obus n'éclatait près de nous ; ils sont tous tombés, brisant les parois rocheuses d'un ravin situé derrière.

Notre batterie sur le col lui-même était littéralement balayée par les obus japonais, et il y avait un rugissement continu de tirs de mousqueterie, sous lesquels nos hommes étaient cependant parfaitement calmes et plaisantaient même sur le mauvais tir des artilleurs japonais. Même si cela a duré toute la journée, la défense a tenu bon tout le temps.

TRIPLE PEAK, OÙ LES HOMMES SE TENENT. AU DISTANCE,
SUR LA GAUCHE, EST LA COLLINE YU-PI-LA-TZU.

Cependant, les choses se sont mal passées pour nous sur la colline Yu-pi-la-tzu. Les Japonais ont grimpé ses flancs anormalement abrupts jusqu'au sommet de la colline elle-même. Tous les abris avaient été détruits par des tirs d'artillerie, et un coin d'une casemate s'était effondré et avait écrasé le commandant, le lieutenant-colonel Goosakov , dont chacun ressentait vivement la perte. (Il est opportun de mentionner ici qu'il fut le seul officier d'état-major qui m'a aidé à organiser la défense de la position arrière qui couvrait notre retraite de Nan Shan.) A cette période du conflit, les défenseurs se concentraient derrière les pierres et les tranchées en ruine, avec l'ennemi n'est qu'à quelques pas d'eux.

Les officiers d'état-major crièrent qu'il fallait abandonner Yu-pi-la-tzu, car sa défense ultérieure ne ferait que nous causer d'énormes pertes, car les tranchées ne protégeaient plus contre les effets du Shimose et des éclats d'obus. Cependant, comme la majorité s'opposait à l'abandon de cette colline importante, qui constituait un excellent point d'observation, les commandants décidèrent de reconstruire les tranchées pendant la nuit et de poursuivre la défense .

A quatre heures de l'après-midi, notre 8e compagnie fut envoyée sur la colline Yu-pi-la-tzu avec autant d'outils que possible, pour reconstruire les anciennes tranchées et en faire de nouvelles. Le capitaine Sakarov, ancien commandant de Dalny , qui y construisit le chemin de fer et le port, fut nommé aux commandes. (Après avoir quitté Dalny , cet excellent officier a décidé de quitter la compagnie de sapeurs de la forteresse de Port Arthur, commandée par le lieutenant-colonel Jerebtsov .) Les Japonais n'ont pratiquement rencontré aucun succès ce jour-là et nous avons conservé toutes nos positions.

Le 28, de très bonne heure, réveillé par une canonnade épouvantable, je me levai et me rendis au quartier général, où je trouvai tous les officiers d'état-major déjà debout. Afin de mieux surveiller le déroulement de l'action, le général Stessel, avec quelques-uns de ses états-majors, s'était rendu au sommet de la colline la plus proche, et c'est là que je m'étais rendu également. Le général Fock resta aux téléphones, gardant avec lui tout son état-major (il avait de nouveaux adjudants ; les anciens, le capitaine Kvitkin et, par la suite, le capitaine Yarsevitch , avaient rejoint leurs unités).

En arrivant au sommet de la colline, un magnifique panorama sur les collines s'offre à nous. La crête la plus proche de nous, occupée par nos troupes, était entièrement enveloppée de bouffées de fumée blanche. Par endroits, la fumée s'étendait sur une immense étendue et s'enroulait très haut dans l'air. C'est au-dessus de Laotso Shan qu'elle était la plus épaisse , car les obus les plus lourds y éclataient constamment, et le ciel était parsemé de petits nuages blancs et ronds provenant des éclats d'obus. En même temps, l'oreille attentive et bien exercée pouvait distinguer les roulements incessants et lointains des fusils, dus au crépitement des mousquetaires le long de la ligne occupée par nous.

Notre 1er bataillon n'était pas encore entré en action, mais il était visible comme un point noir près d'un zigzag sur la route menant au col de Shipinsin
.


Nous sommes restés environ un quart d'heure sur la colline, puis sommes descendus vers les téléphones (on peut mieux suivre une action à proximité des téléphones, même s'ils sont placés plus bas, comme dans ce cas). Il est dommage qu'ils n'aient pas pensé à les placer dans un endroit où il était possible de voir la bataille de ses propres yeux et d'entendre les rapports, comme par exemple au sommet de la colline que nous venions de quitter.

Le général Fock nous rencontra en bas et donna aussitôt au général Stessel tous les détails de tout ce qui s'était passé. Nos hommes avaient tenu bon partout, sauf sur la colline Yu-pi-la-tzu, où les choses allaient mal pour nous. Il était physiquement impossible de tenir là, malgré les nouvelles tranchées, à cause des tirs d'artillerie concentrés sur la colline. Il fut donc décidé d'abandonner Yu-pi-la-tzu et des ordres y furent envoyés en conséquence.

Une fois cette décision prise, le général Fock dit, de sa manière brève et tranchante : « Eh bien, il est impossible de conserver Yu-pi-la-tzu. Cela entraînerait des pertes trop lourdes. Même si les entreprises le quittaient d'elles-mêmes, cela n'aurait rien de grave ; mais abandonner Laotso Shan , ce serait une honte, équivalant presque à une trahison. Il venait tout juste de dire cela, lorsque la nouvelle arriva que Laotso Shan avait été évacué par les troupes qui le tenaient. "Maintenant, nous allons devoir faire une retraite générale", dit le général Fock, et il donna l'ordre de se retirer et de prendre une nouvelle position avec le flanc droit à Taku Shan - le centre près de la 11e Verste et le gauche sur Feng. - Huang Shan.

Afin de donner de la cohésion à la ligne, mon flanc gauche ( le détachement du capitaine Sakatski ) fut mis à la disposition de l'officier commandant le 15e Régiment. Je devais occuper sans délai l'éperon de la colline des 174 mètres , ainsi que cette colline elle-même et la colline des 203 mètres , ainsi que la colline de la Division et la crête du Pan-lung Shan qui se trouve devant elle. Le 5e régiment combla ainsi le vide que nous avions préparé depuis longtemps entre les forts Yi-tzu Shan et Ta-yang- kou Nord. L'état-major, avec le général Stessel à sa tête, se rassembla dans le bâtiment occupé par l'état-major de la 4e Division (station au 11e Verst) et y attendit tranquillement que les régiments aient pris les positions qui leur étaient assignées.

Malgré les déclarations de certains correspondants de guerre, je n'ai vu aucun signe de panique ou de désordre pendant cette retraite. Tout le monde était parfaitement calme et l'armée se replia vers ses nouvelles positions correctement et sans aucune confusion.

Tout à coup apparut dans la vallée à notre droite un train de la Croix-Rouge plein de blessés, spectacle qui impressionne toujours ; il y avait un long défilé de chariots, accompagnés des hommes de la compagnie des porteurs, des médecins et de ceux des blessés qui pouvaient marcher. Derrière ce train apparaissait une colonne de réserve. À ce moment déprimant, je me suis rappelé comment notre groupe nous avait insufflé un nouvel esprit pendant l'alarme nocturne près des collines de Nankuan- ling , et j'ai ressenti le désir de répéter l'expérience.

Ainsi, ayant obtenu la permission du général Stessel, j'envoyai chercher la fanfare qui bivouaquait près de la gare, et bientôt les sons d'une marche émouvante retentirent sur ces collines sombres de mort et de sang. L'armée en retraite se forma en colonnes et, reprenant le pas en bande, passa devant le général Stessel. Ce défilé dura près d'une heure sous les yeux mêmes de l'ennemi. Notre splendide 3ème Bataillon fut le dernier à passer, emportant avec lui le corps du Capitaine Kvitkin , ancien ADC du Général Fock. Le 5ème Régiment avait perdu au total 2 officiers et 60 hommes. Ils avaient supporté tout le poids des attaques finales japonaises et avaient couvert la retraite des autres régiments, présentant un front imprenable à chaque attaque.

Il ressort clairement des détails qui précèdent que la retraite de Laotso Shan s'est déroulée dans un ordre parfait.

Ce qui suit est une description de l'action de nos sociétés sur le Lao- tso Shan :

Les positions occupées [42] par le régiment étaient les suivantes :

Le détachement du colonel Dounin , commandant le 3e bataillon du 5e régiment, composé des 5e, 6e, 9e, 11e et 12e compagnies, ainsi que des 2e et 3e détachements d'éclaireurs du 5e régiment et de la 1re compagnie du 27e, était posté avant la bataille de Lao- tso Shan, et occupa la section allant de la vallée (près de la petite colline occupée par la 11e compagnie du 27e régiment) jusqu'à un éperon à 3/4 verste du village de Vodymin [43] et touchant le pied de Chien Shan.

Les différentes entreprises occupaient les sections suivantes :

1. La 9e Compagnie et le 3e Détachement Scout du 5e Régiment, sur le flanc droit dans la vallée.

2. A côté d'eux le 2e Détachement de Scouts, à gauche de la vallée et couvrant la batterie du lieutenant Naoomov .

3. Plus à gauche, la 12e Compagnie, 5e Régiment.

4. Sur l'extrême flanc gauche, près de Vodymin , la 11e Compagnie du 5e Régiment et, en réserve, la 1re Compagnie du 27e Régiment.

5. Les 5e et 6e compagnies du 5e régiment formaient la réserve générale.

Le 26 au matin, les Japonais ont ouvert un feu nourri sur nos positions, suivi d'une attaque vigoureuse, mais ils n'ont obtenu aucune prise ce jour-là, car nos hommes ont conservé leurs positions et les ont repoussés sur tous les points.

Le 27, les Japonais réitérèrent leurs attaques, mais n'eurent pas plus de succès que la veille, après quoi ils entreprirent une attaque de nuit.

Certaines compagnies à la droite du colonel Dounin se retirèrent sans tirer un coup de feu et si précipitamment qu'elles n'en informèrent pas les compagnies qui se trouvaient de part et d'autre d'elles.

Les Japonais se précipitèrent dans la brèche ainsi créée et, travaillant en arrière, commencèrent à lancer un feu de flanc sur les autres compagnies, qui ignoraient ce qui s'était passé et étaient restées sur leurs positions. Prises de court, ces sociétés perdirent la tête à leur tour et reculèrent, sans en informer également leurs voisins . De cette manière, l'écart s'est rapidement creusé jusqu'à s'étendre aux troupes du colonel Dounin , lorsque la situation suivante est devenue la situation suivante :

La 9e Compagnie et le 3e Détachement Scout du 5e Régiment occupent la vallée, étant en contact sur la droite avec la 11e Compagnie du 27e Régiment. Le 3e détachement de reconnaissance formait la ligne d'avant-poste, avec le 9e en réserve derrière lui.

, vers trois heures [44] au matin, le piquet de droite, qui restait en contact avec la 11e compagnie, signala qu'une retraite était en cours de ce côté.

Le capitaine Koudriavtsev , commandant la 9e compagnie, envoya un ordre sur la colline occupée par la 11e compagnie pour savoir ce qui s'y passait. L'infirmier revint immédiatement et rapporta que la 11e compagnie était partie, qu'un petit corps de Japonais occupait la colline et que des renforts arrivaient vers eux. Au début, le capitaine Koudriavtsev n'y croyait pas et voulait envoyer un homme plus fiable, mais à ce moment précis, des coups de feu retentirent depuis la colline en direction de la 9e compagnie et du 3e détachement de reconnaissance, et les doutes du capitaine Koudriavtsev furent dissipés. Il consulta le lieutenant Choulkov , commandant le 3e détachement de reconnaissance, et ils parvinrent à la conclusion qu'il serait déraisonnable d'essayer de conserver la position et de défendre la vallée avec les Japonais sur la colline au-dessus. Ils décidèrent donc de remonter avec la 9e compagnie avant le jour, alors qu'il n'y aurait pas beaucoup de Japonais sur la colline, de la reprendre, et, en ayant pris possession, de rétablir la communication avec les troupes de droite, et de combler ainsi le vide. vide qui avait été laissé dans la ligne. Arrivé à cette décision, le capitaine Koudriavtsev s'arrangea avec le lieutenant Choulkov pour qu'ils se soutiennent mutuellement, et que si l'un devait battre en retraite, il en informerait immédiatement l'autre, et, pour éviter des malentendus, seuls les messages écrits seraient acceptés. Le capitaine Koudriavtsev a alors dit au lieutenant Choulkov de rester dans sa position actuelle au sein du 3e détachement de reconnaissance et d'attendre ses ordres, tandis que lui-même, avec la moitié de la 9e compagnie, commençait à lancer l'attaque, l'autre moitié de la 9e compagnie étant laissée entre-temps sous le commandement intérimaire. Enseigne Shishkin avec ordre de le suivre en réserve.

Malgré le feu terrible que les Japonais ont lancé contre les assaillants, le capitaine Koudriavtsev et sa demi-compagnie ont atteint les tranchées et, avec un « hourra » sauvage, se sont précipités avec la baïonnette. Le coup tomba en partie sur le flanc japonais. Un combat au corps à corps s'ensuit. Malheureusement, le capitaine Koudriavtsev fut tué et le sergent-major Evlanov blessé alors qu'il gravissait la colline ; Beaucoup d'hommes furent également mis *hors de combat* , et les autres, ne se sentant pas assez forts pour vaincre l'ennemi, commencèrent à battre en retraite, emportant avec eux le corps de leur capitaine décédé. Dans l'obscurité, nos hommes ne reculèrent pas le long de leur ligne d'avancée, ni vers le 3e Détachement Scout et la réserve, mais dans la direction dans laquelle les autres compagnies s'étaient retirées auparavant. La moitié de réserve de la 9e compagnie, ne sachant pas ce qui s'était passé, mais devinant à la direction des tirs et au bruit des hommes en mouvement que la 1re demi-compagnie s'était retirée, et étant en outre accueillie par un feu nourri de fusils, commença à reculer dans la même direction. Malheureusement, l'enseigne par intérim Chichkine n'a pas pensé à raconter ce qui s'était passé au lieutenant Choulkov , et ce dernier a attendu des nouvelles du capitaine Koudriavtsev , comme cela avait été convenu. Vingt minutes ou une demi-heure s'écoulèrent ainsi. Puis, alors que le jour se levait, les tirs japonais depuis la colline devinrent encore plus violents et plus violents.

Le lieutenant Choulkov apprit l'échec de la 9e compagnie par certains soldats restés sur place lors de la retraite et qui tombèrent sur le 3e détachement de reconnaissance dans l'obscurité. Pleinement conscient du danger d' être encerclé, il ordonna aux avant-postes d'entrer et fit connaître la situation à une compagnie étendue à sa gauche. Craignant pour le sort des mitrailleuses qui se trouvaient derrière lui, le lieutenant Choulkov leur envoya une section en guise d'escorte, mais les canons avaient disparu. Dès l'arrivée de la ligne d'avant-poste, le lieutenant Choulkov commença à battre en retraite avec son commandement en corps compact, et rejoignit bientôt la réserve, derrière laquelle le colonel Dounin concentra les troupes en retraite et les mit en ordre.

La réserve était dans la vallée, et, apprenant la retraite des compagnies à sa droite, le colonel Dounin ordonna aux réserves dont il disposait d'occuper une colline voisine sur la droite, afin de retenir l'avancée de l'ennemi pendant qu'il formait une nouvelle position défensive. ligne depuis le village de Vodymin à travers la colline de Riji , [45] via la batterie de 57 mm du lieutenant Naoomov . des canons, et plus loin vers des collines sans nom. Grâce aux dispositions du colonel Dounin et au courage des officiers du détachement, ils réussirent à former la nouvelle ligne défensive au point mentionné et à refroidir les ardeurs des Japonais dans leur fougueuse avance.

Peu de temps après, l'ordre de retraite fut reçu du général Fock.

Pendant que le colonel Dounin donnait les ordres nécessaires, un autre ordre arriva du général Fock de se retirer sur la hauteur n°86. [46]

Le colonel Dounin se retira dans un ordre splendide, conduisant parfois lui-même la ligne d'escarmouche, et, couvrant une compagnie avec une autre, occupa les positions ordonnées par le général Fock, à savoir la hauteur n° 86, puis une position près du village de Hou-chia. tun, puis Saidjashalin , [47] et enfin 11e Verst. Après avoir couvert la retraite d'une partie des 13e, 14e et autres régiments, les compagnies elles-mêmes passèrent derrière Feng- huang Shan.

L'ensemble de la force, et surtout les officiers, se comportèrent d'une manière digne des plus grands éloges. En retenant les Japonais victorieux, toutes les compagnies firent preuve d'un courage remarquable ; par exemple, la 11e compagnie du 5e régiment et la 1re compagnie du 27e régiment ont tenu Vodymin pendant deux heures et demie, bien qu'encerclées sur trois côtés. Ils se frayent néanmoins un chemin, emportant avec eux une mitrailleuse laissée sur la route et trois blessés du 26e régiment. La 6e compagnie, qui a retenu les Japonais avec un tir rapide afin de permettre à ses camarades de s'échapper, a continué à tenir bon sous un feu croisé de fusils et de canons et, entre autres, a perdu son vaillant commandant, le lieutenant Popov. , qui a donné l'exemple d'un courage sans précédent à l'ensemble de son entreprise.

Après l'évacuation de Laotso Shan , l'armée prit les nouvelles positions qui lui étaient assignées, et nous restâmes près de la gare (11e Verst — quartier général de la 4e Division) et nous préparâmes à préparer nos petits déjeuners.

Mais soudain, une balle siffla, suivie d'une autre, et cela nous rappela que personne ne couvrait nos arrières. L'état-major fut dans une certaine confusion, les chariots furent hâtivement attelés et deux compagnies (je ne me souviens plus à quel régiment elles appartenaient) reçurent l'ordre de se diriger vers l'ennemi et de le retenir. Ces compagnies occupèrent rapidement une hauteur voisine, couvrant l'état-major de l'ennemi, et le feu devint général. Le sifflement des balles devenait plus fréquent, et la montée des chariots de l'état-major se pressait. Nous avons vu qu'il était inutile d'essayer de déjeuner dans un endroit aussi désagréable, et l'état-major, composé d'une cinquantaine de cosaques et accompagné du général Stessel, a commencé à entrer dans la forteresse, s'arrêtant de temps en temps pour voir ce qui se passait devant. Je suis parti jusqu'à la colline de 174 mètres et, en chemin, j'ai escaladé une éminence assez haute pour voir ce qui se passait derrière. J'y trouvai notre propre batterie placée dans des tranchées bien construites, et les canons dirigeant leur feu sur la station de la 11e Verste. Tout fut bientôt mis en ordre, et plus rien n'empêcha nos hommes d'occuper leurs nouvelles positions, sur lesquelles on apercevait déjà la fumée montante des cuisines de campagne.

Vers le soir du 29 juillet, le 5e régiment s'était installé dans ses nouvelles positions, avait dîné et était rentré pour la nuit, à l'exception des avant-postes que j'avais envoyés loin en avant dans la direction de l'ennemi. (Je l'ai toujours fait, même lorsque nos propres troupes étaient devant nous, comme à cette occasion.) J'ai placé mon état-major sur Division Hill et j'ai construit un bureau et un réfectoire pour les officiers.

La situation était très pittoresque. En face se trouvaient les crêtes de Division Hill, avec deux éminences voisines , toutes couronnées de nos tranchées, sur les pentes boisées de gauche, et vers le fort Yi-tzu Shan un petit ruisseau luisant, aux berges couvertes d'herbes minces et ondulantes. ( Voir carte IV. )

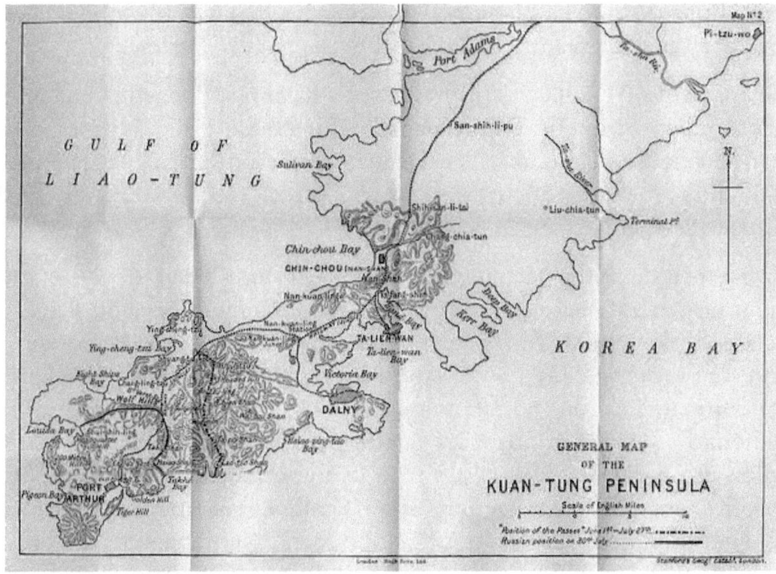

CARTE GÉNÉRALE DE LA PENINSULE DE KUAN-TOUNGCarte N °. 2.

Londres : Hugh Rees, Ltd.

*Geog ¹ de Stanford . Estab ¹., Londres.*

# CHAPITRE IV

Retraite de Feng- huang Shan, 30 juillet. Fortification d'une colline de 174 mètres . Prise de Kan-ta Shan. Attaques sur les collines avancées, 13, 14 et 15 août. Retraite sur Namako Yama et Division Hills. Pertes.

Tôt le matin du 31 juillet, j'appris que nos hommes de Feng- huang Shan s'étaient précipitamment retirés dans la forteresse sans opposer aucune résistance sérieuse à l'ennemi. C'était une nouvelle extrêmement fâcheuse, car nous devrions maintenant entrer en contact direct avec l'ennemi autour de la forteresse elle-même.

major Saratski devaient occuper la crête du Pan-lung Shan, depuis la colline du quartier général jusqu'aux redoutes du 26e régiment près du fort Yi-tzu Shan. Ce détachement s'étant révélé insuffisant pour la défense de cette section, j'envoyai nos 11e et 12e compagnies, avec quelques volontaires de notre compagnie non combattante sous les ordres du sergent-major Bachchenko . [48] J'y ai posté les quatre petits canons navals de l'aspirant Doudkin et j'ai disposé le reste du régiment comme suit : sur la colline 203 mètres, les 2e et 4e compagnies, sur la colline 174 mètres les 5e et 9e compagnies, et sur la hauteur 426, la 2e compagnie d'éclaireurs. Détachement, avec le 3e Détachement en position avancée ; sur Division Hill, les deux batteries QF des colonels Petrov et Romanovski (arrivées de Kiev) étaient postées avec nos 5e, 6e et 7e compagnies ; sur Head Quarter Hill, le 1er détachement de scouts. Les compagnies restantes étaient en réserve.

Cependant, comme la ligne occupée dépassait 6 verstes de longueur, nous avions trop peu d'hommes pour un front aussi étendu.

Je reviens maintenant à notre retraite de Feng- huang Shan.

La colline et la position près de la 11e Verste, comme celle de Taku Shan , avaient été très faiblement fortifiées par nous. Je connaissais bien les travaux de Feng- huang Shan et ceux en continuation vers le flanc droit, pour avoir acquis cette connaissance pendant et avant les combats sur la « Position des Cols ».

Ces fortifications consistaient en tranchées profondes, presque sans parapet, placées au pied même des collines qui se trouvaient derrière elles, conformément au système du général Fock. Tout près des tranchées s'élevait *un kao -liang élevé* , [49] qui bloquait complètement le champ de vision des tranchées et, comme le plan des tranchées elles-mêmes, les positions choisies pour celles-ci offraient un exemple de l'application aveugle d'un le principe [50] en soi est assez solide. L'homme chargé de la défense du flanc droit du

Feng- huang Shan n'a malheureusement pas appliqué correctement ce principe.

Dans son désir d'adhérer au principe d'une trajectoire plate, il a complètement perdu de vue le fait que chaque petit monticule, même s'il ne mesure que deux ou trois pieds de haut, présente une barrière impénétrable pour une balle volant à basse altitude. Il oubliait aussi complètement que la pente de la colline constitue à elle seule un obstacle difficile à surmonter ; et lui, de plus, ignorait les difficultés d'une éventuelle retraite des tranchées situées sur le flanc de la colline, parfois très raide, comme ce fut le cas à Feng-huang Shan.

Les tranchées du flanc droit du Feng- huang Shan furent donc placées au pied de son côté nord. Devant eux grandissait *le kao -liang* atteignant une hauteur de 5 pieds. Les régiments occupant cette position étaient répartis dans toutes les tranchées en question.

Un des officiers du 13e Régiment décrit ainsi ce qui s'est passé :

« Après s'être retiré du col de Shipinsin , le régiment occupa une partie des tranchées du Feng- huang Shan et commença à abattre le *kao -liang* , mais n'eut le temps d'en détruire qu'une ceinture d'environ 50 mètres devant les tranchées. . Ils dînèrent et passèrent la nuit relativement tranquillement. Très tôt le matin, il y eut un émoi parmi les *kao -liang* , et avant que les hommes eussent le temps de saisir leurs fusils, les Japonais étaient à 20 pas des tranchées. Nos troupes, réparties sur un large front, ne purent résister à la ruée des colonnes japonaises et se replièrent sur la colline et au-delà. Il n'y avait pas de tranchées au sommet de la colline. Voyant la retraite des troupes au centre et les Japonais en possession de leurs tranchées, les autres régiments commencèrent également à se retirer en trouvant ainsi leurs flancs exposés. Grâce à notre artillerie, les Japonais furent empêchés d'avancer plus loin et s'arrêtèrent derrière les collines qu'ils occupaient. Seuls Taku Shan et Hsiaoku Shan [ 51] sont restés entre nos mains.

Un autre officier du 13e Régiment donne la description suivante du combat :

« Après la bataille autour de Laotso Shan , nos hommes durent occuper une autre position, dont le flanc gauche était Feng- huang Shan. Le 13e Régiment occupe le tronçon allant de la Grande route Mandarin à la 11e Verste sur la voie ferrée. Nous avions les 1re, 2e, 3e, 4e, 5e, 6e, 7e et 8e compagnies en première ligne, et les 9e, 11e et 12e en réserve, la 10e compagnie formant l'escorte d'artillerie. L'ensemble du 14e régiment était en réserve derrière le 13e. La position que nous occupions était fortifiée selon le système du général Fock, *c'est-à-dire que* les tranchées étaient creusées au pied même de la colline, de sorte qu'elles n'offraient qu'un très faible champ de tir, et les Japonais pouvaient profiter d'une couverture derrière chaque groupe ou champ de tir. monticule au sol devant. De plus, devant les tranchées se trouvait *un kao - liang* d'une telle hauteur que tout le premier plan était complètement caché à nos hommes assis dans les tranchées. Nous avons fait tout ce que nous avons pu pour détruire cette chose infâme, mais nous n'avons pas eu le temps de la couper à plus de 50 pas des tranchées, et dans certains endroits même dans une moindre mesure.

« Le colonel prince Machabeli, commandant la gauche, estimant que sa réserve était trop faible, décida de la renforcer d'une compagnie, et envoya en conséquence l'ordre suivant sur la ligne de feu : « Renvoyez une des compagnies de la position à la réserve. ' [52] Le capitaine R... reçut cet ordre. De chaque côté de lui se trouvaient le major G..., commandant la 2e compagnie, et le lieutenant L..., commandant la 3e compagnie. Le capitaine R... décide de rejoindre la réserve. Malheureusement, le lieutenant L... arriva à la même conclusion et ils retournèrent tous deux dans la réserve. On ne sait pas ce que le major G... a décidé de faire, mais il a également disparu quelque part.

« Les Japonais virent ces compagnies s'éloigner et, se précipitant à l'attaque, se précipitèrent dans la brèche sans tirer un coup de feu, le haut *kao -liang* leur permettant d'approcher sans se faire remarquer jusqu'à nos tranchées. Ayant gagné ce point inoccupé, ils contournèrent les flancs et même l'arrière des autres compagnies et déversèrent un feu meurtrier. La 4e Compagnie évacue précipitamment sa position, mais la 1re et la 5e tiennent bon pendant un certain temps. Enfin, la 1re compagnie ayant perdu 101 hommes et la 5e 105, elles commencèrent à se retirer et, à leur suite, toutes les autres compagnies gravirent la colline sous une pluie de balles des Japonais occupant désormais nos tranchées. Il n'y avait pas de tranchées au sommet de la colline, alors nos hommes sont entrés dans la ville. Le colonel Machabeli a été tenu pour responsable et a en conséquence été démis du commandement du régiment.

Ce vaillant officier de campagne fut ensuite tué sur la redoute de Pan-lung Ouest dans les circonstances suivantes. Les Japonais attaquent la redoute et prennent le glacis avant. Nos hommes étaient logés à l'arrière. Le colonel Machabeli arrêta ceux qui reculaient et, après leur avoir inspiré un discours enflammé, se précipita en avant, appelant ses hommes à le suivre. Un autre instant, et les Japonais furent chassés de la redoute.

Après cet exploit, le colonel Machabeli retourna à l'arrière de la redoute et venait à peine de s'asseoir pour reprendre son souffle, qu'un des hommes accourut et rapporta que les Japonais avaient de nouveau pris le glacis avant. Une fois de plus, le colonel Machabeli rassembla ses hommes autour de lui et se jeta sur les Japonais, mais au moment où il sautait par-dessus le fossé intérieur, une balle le frappa. Nos hommes hésitèrent, vacillèrent, puis évacuèrent toute la redoute, qui resta depuis lors, ainsi que le corps du vaillant colonel, aux mains des Japonais.

* * * * *

Après la prise de Feng- huang Shan, les Japonais se reposèrent, se contentant de travaux de reconnaissance ; Pendant ce temps, nous renforcions nos positions, construisions des cuisines et faisions des tranchées de communication entre les fortifications.

Les compagnies bivouaquaient dans des endroits cachés à la vue de l'ennemi. Heureusement, nous avons eu beaucoup de pluie, ce qui nous a donné de l'eau en abondance. Les soldats creusaient des étangs à proximité de leurs bivouacs et non seulement lavaient leurs vêtements, mais s'adonnaient même au luxe de se baigner.

Nos détachements d'éclaireurs s'en sortaient le plus mal à cet égard, car ils étaient loin devant et n'avaient pas d'eau.

Nous fûmes beaucoup retardés dans notre travail par la nature rocailleuse du sol et par le manque d'outils, surtout de pioches, de bonnes haches et de pelles, dont nous avions besoin d'un très grand nombre d'outils. Il y avait une quantité suffisante de bois dans la ville, mais nous en avions besoin d'une quantité énorme sur le poste lui-même.

VUE DEPUIS LA SELLE ENTRE LA COLLINE DE 203 MÈTRES ET AKASAKA YAMA VERS LA COLLINE DE 174 MÈTRES, LE HAUT DE LAQUELLE UNE ROUTE EN ZIGZAG EST VUE. À DROITE EST MONTRÉ NAMAKO YAMA. LES TRANCHÉES À L'EXTRÊME DROITE DE LA PHOTO SONT SUR LE FLANC DROIT D'AKASAKA YAMA.

Nous avons dû prévoir des abris à raison de 50 pour cent. pour chaque compagnie pour l'hiver, outre des cuisines et des bains pour les bataillons, et des abris pour les officiers. Des provisions de bois étaient transportées sur nos animaux à bagages sur tous les points de la position, mais il y en avait à peine en suffisance pour tous les besoins des compagnies. Nous avons travaillé longtemps jour et nuit, répartissant nos hommes en trois relèves ; néanmoins nos tranchées étaient loin d'être achevées.

Outre l'énorme travail de pelle que nous devions accomplir, nous étions handicapés par la nécessité de fournir une ligne d'avant-poste très solide.

Nous n'avions aucune fortification sur la colline des 174 mètres capable de résister à une attaque directe, et une attaque de nuit pouvait toujours être couronnée de succès, de sorte que nos hommes ne dormaient pas beaucoup. Je craignais beaucoup les attaques nocturnes et je résolus donc de renforcer nos tranchées en construisant des redoutes. Cependant, comme nous l'avons déjà dit, nous disposions de peu d'outils et de peu de temps, et il y avait tellement de travail à faire qu'il était absolument impossible de se préparer à toutes les éventualités.

L'ennemi était au corps à corps et pouvait attaquer à tout moment. Nous devions donc surveiller chacun de ses mouvements, d'autant plus que nous n'avions aucune ligne définie d'obstacles barrant le chemin vers la forteresse, et que même un léger avantage obtenu la nuit pourrait donner à l'ennemi une route ouverte vers la Nouvelle Ville et, peut-être, , encore plus loin. C'est pour cette raison que je me sentais extrêmement mal à l'aise.


Pendant tout le siège, un tiers du régiment était toujours en alerte.

Cela n'aurait pas été nécessaire si nous avions eu une meilleure ligne de défense et d'obstacles, ou au moins deux fois plus de forts que nous en avions réellement. Il n'y aurait eu aucun gaspillage moral et physique, et le scorbut n'aurait pas gêné la défense de Port Arthur.

Bien que notre objectif principal fût la fortification de la colline des 174 mètres , nous ne pouvions pas faire beaucoup de travail sur les positions pendant notre séjour à Port Arthur, étant constamment envoyés vers les réserves stationnées à Ying- cheng -tzu, [53] ou vers la réserve. flanc droit, ou au centre près du col.

Nous n'avons commencé à travailler sérieusement aux fortifications qu'à partir du moment de la retraite générale vers Port Arthur, mais même alors nous étions gravement handicapés par le manque d'outils. Heureusement, l'ennemi ne nous a pas beaucoup inquiétés, mais a tourné son attention principalement vers la droite et le centre .

Le premier obus est tombé sur la ville le dimanche 7 août.

Le 8, les Japonais capturèrent Taku Shan et Hsiaoku Shan . Un certain nombre d'assauts furent repoussés par les troupes qui tenaient les collines, qui combattirent jour et nuit plusieurs jours de suite. Mais il y a une limite à la force humaine. La troisième nuit, les Japonais s'emparèrent des collines, trouvant la plupart des défenseurs endormis. Cela m'a été raconté par la suite par des hommes qui avaient participé à la défense . [54]

Après la capture de Taku Shan , nous avons remarqué (depuis les stations d'observation que nous avions organisées) des signes d'une concentration japonaise près de la baie de Louisa. En vue d'obtenir de meilleures observations, on m'ordonna d'occuper Kan-ta Shan avec une section sous la direction d'un officier. Une tranchée circulaire avait été creusée sur cette colline (je ne sais pas qui l'a construite), mais *kao -liang* entourait la colline, et sa défense était donc une affaire très difficile, car il était possible de s'approcher du sommet à couvert. du mil. En outre, Kan-ta Shan était plus proche de l'ennemi que de nous et se trouvait d'ailleurs devant la section du colonel Semenov et non devant la mienne. Cependant, me ressaisissant, j'y envoyai une section sous les ordres de l'enseigne par intérim Shishkin. Cette section pourrait facilement être coupée et détruite, c'est pourquoi j'ai posté la nuit un fort piquet derrière Kan-ta Shan pour son soutien. Dès l'instant où nous avons occupé cette colline, nous avons eu des escarmouches nocturnes avec les Japonais.

L'ennemi a commencé à nous presser de tous côtés jusqu'à ce que, le 10 août, ils capturent Kan-ta Shan par une attaque de nuit, mais l'abandonnent dans la journée, lorsque nous en reprenons possession - seulement pour une journée, cependant, car les Japonais ont repris possession. la colline la nuit suivante, et cette fois s'y fortifièrent fortement.

* * * * *

Même si nous désirions voir notre flotte croiser sur les flancs de la ligne d'investissement ennemie, notre désir restait insatisfait, car les navires n'osaient pas quitter le port , [55] la flotte ennemie étant largement supérieure, tant en nombre de navires, et dans leur qualité.

Nous avons désormais le plaisir de voir cinq grands cuirassés japonais apparaître chaque jour à l'horizon devant Port Arthur.

Les 11, 12 et 13 août, nous avons constaté des signes considérables de mouvement de la part de l'ennemi en direction de notre flanc gauche. Des trains de bagages et des corps de troupes étaient en mouvement. Ils exécutèrent leur manœuvre avec beaucoup d'habileté, exploitant pleinement toute la couverture offerte par les inégalités du terrain. Cependant, ils se montraient de temps en temps à nos observateurs postés sur les collines, et la nuit, nos sentinelles, postées loin devant, pouvaient clairement détecter les bruits des chariots en mouvement et des hommes en marche.

Il était évident que l'ennemi se préparait à attaquer la colline 174 mètres . En prévision de cette éventualité, nous fûmes renforcés par deux compagnies de jeunes matelots sous le commandement de deux de nos officiers, les lieutenants Afanaisev et Siedelnitski .

Afin d'empêcher l'ennemi de percer entre la hauteur 426 et la colline du quartier général, j'ai ordonné aux marins de creuser une tranchée reliant la hauteur 426 aux fortifications de la colline du quartier général.

Deux compagnies du 14e bataillon de réserve furent envoyées pour renforcer notre réserve. J'ai placé le major Ivanov aux commandes de la ligne de tir. La réserve était postée près des bivouacs de l'état-major régimentaire du 5e Régiment, derrière Division Hill.

Etant donné que la colline Peredovaya (Avancé) [56] se trouvait très loin en face et n'était tenue que comme poste d'observation par le 3e Détachement Scout, ce détachement avait des ordres, en cas d'attaque très déterminée, ou de détournement de ses flancs, pour se retirer sur Head Quarter Hill, où une position lui avait été préparée.

J'avais très peur que les Japonais profitent de leur supériorité numérique pour attaquer de nuit et s'emparer de nos faibles tranchées, d'autant plus que nous n'avions pratiquement pas préparé d'obstacles, n'ayant pas eu le temps de le faire. Nous n'avions réussi qu'à installer des fils de fer enchevêtrés devant les tranchées de la hauteur 426 et de la colline du quartier général.

Nous avions reçu quelques fusées stellaires pour une utilisation de nuit, et des batteries pour celles-ci avaient été stationnées sur les collines de la Division, du 203 mètres et du 174 mètres .

Les événements se sont déroulés comme je l'avais prévu. Dans la nuit du 13 au 14 août (je ne me souviens plus de l'heure exacte), un infirmier à cheval rapporta que de grands corps ennemis remontaient la route menant à Head Quarter Hill, et quelques minutes plus tard, j'entendis des tirs nourris près d'Advanced Hill.

Je me levai et me rendis avec mes aides-soignants à Division Hill, dans la réserve, trouvant chacun à son poste.

Un rapport fut alors rapporté selon lequel tous nos détachements d'éclaireurs avaient été refoulés sur la colline 174 Meter et occupaient une ligne s'étendant de cette colline en direction de Pigeon Bay.

Un terrible incendie se déclare et se propage sur tout le front. Nos fusées stellaires sifflaient, filaient haut dans les airs, et leur lumière brillante montrait tout le terrain devant elles.

Un autre infirmier accourut avec un rapport du commandant du 1er Détachement Scout selon lequel le 3ème Détachement Scout avait évacué Advanced Hill et l'avait rejoint, et qu'en conjonction, grâce aux fusées stellaires, ils avaient repoussé les Japonais, qui s'était retrouvé pris dans un enchevêtrement de barbelés sur le flanc droit du quartier général de Hill. Les pertes de l'ennemi avaient été très lourdes.

J'ai immédiatement envoyé un rapport sur ce qui s'était passé au colonel Irman, [57] mais il est lui-même venu à Division Hill peu de temps après.

La pluie commença à tomber et nous trempa jusqu'aux os. Au point du jour, le feu ralentit quelque peu, mais peu après l'artillerie ennemie rouvrit, causant de lourdes pertes à nos compagnies.

Les tirs de fusils et d'armes à feu se sont poursuivis toute la journée des deux côtés. L'ennemi a balayé les collines 174 Meter et Division avec ses canons, tandis que notre propre artillerie balayait à son tour les plaines en contrebas, car l'ennemi n'offrait aucune bonne cible nulle part.

Ayant considérablement souffert de nos tirs de fusils, l'ennemi resta discret et ne tenta pas de lancer un assaut général. Une colonne japonaise avait contourné notre flanc gauche et tenté d'attaquer la hauteur 426, mais les troupes ennemies étaient retenues par les fils de fer et entièrement anéanties par notre 2e détachement de reconnaissance, qui avait été renforcé par deux sections de la 3e compagnie de 174. Colline du compteur.


Nous avons beaucoup souffert des tirs d'artillerie de l'ennemi.

Ainsi se passa toute cette journée (14 août). Les deux batteries du colonel Petrov et du colonel Romanovski , postées sur la colline de la division, cherchaient en vain des cibles, mais l'ennemi se tenait à couvert avec une habileté remarquable.

Il y eut des alarmes constantes la nuit suivante et les tirs se poursuivirent sans cesse. L'ennemi attaqua de nouveau nos tranchées, mais se retira après avoir lourdement perdu. Afin d'être prêts à repousser une attaque de nuit, nous avions rapproché la réserve de la ligne de tir. Connaissant chaque centimètre carré du terrain, vers 22 heures, je suis parti avec le colonel Irman et deux compagnies en direction de Head Quarter Hill. Il y avait des tirs assez nourris devant nous.

Nous avancions pleins d'assurance, mais dans l' obscurité nous perdîmes la route. Nous nous orientions par le relief de collines bien connues, mais ces mêmes collines semblaient maintenant très différentes de celles que nous connaissions si bien de jour, et le bruit des coups de feu retentissait de tous côtés plus fort à mesure que nous avancions.

Nous devons maintenant avoir atteint Head Quarter Hill, mais non ! ce n'était pas là. Les tirs se firent bientôt entendre, non seulement devant et sur les flancs, mais aussi loin en arrière. Nous nous sommes retrouvés dans une situation très désagréable. « Pensez-vous que nous avons dépassé notre ligne de mire ? J'ai dit au colonel Irman. Il répondit qu'il n'avait pas la moindre idée de l'endroit où il se trouvait. Alors j'ai proposé que nous nous arrêtions et envoyions des éclaireurs.

Et si nous étions pris pour des Japonais par les nôtres et accueillis par une volée ! Ce serait vraiment gênant. Nous nous sommes donc arrêtés et avons bien regardé autour de nous, mais l'endroit nous était absolument inconnu. Pourtant, les tirs continuaient partout. C'était la position la plus stupide dans laquelle je me sois jamais trouvé. « Faisons demi-tour, Vladimir Nicholaïevitch », dis-je au colonel Irman ; « Nous atteindrons certainement un endroit que nous pourrons reconnaître, et alors tout ira bien.

Le colonel Irman a accepté et nous avons fait demi-tour. Un certain temps passa et nous distinguâmes enfin la silhouette de Namako Yama et respirâmes à nouveau librement.

Nous avons décidé de quitter la réserve derrière les pentes de la colline des 174 mètres , où les hommes se sont couchés sous les armes sur un champ labouré. Le major Ivanov s'est approché de nous et nous lui avons confié la réserve, nous partant nous-mêmes vers Division Hill pour essayer de dormir un peu.

La lumière commençait à peine à faire jour, lorsque je fus inondé de rapports provenant des collines attaquées, les Japonais ayant poursuivi leurs diverses attaques toute la nuit. Ils étaient arrivés jusqu'aux enchevêtrements de barbelés, mais, ne parvenant pas partout à passer, ils s'éclipsèrent de nouveau dans l'obscurité. Nos fusées vedettes ont rendu un excellent service tout au long.

L'aube n'était pas encore complètement levée que l'artillerie ennemie éclata. Je suis sorti de la pirogue du commandant de la 6e compagnie et j'ai commencé à observer par-dessus le parapet. Nos trois collines étaient enveloppées de fumée provenant des obus explosifs et des éclats d'obus ennemis et ressemblaient à de véritables volcans en éruption. Même si nos hommes étaient suffisamment à l'abri des éclats d'obus, les obus hautement explosifs, remplis de Shimose , ont causé d'effroyables ravages.

Un flot de blessés, à pied et sur des civières, avançait le long de la route depuis les collines. Il était évident que l'ennemi était déterminé à nous chasser d'Advanced Hill, et notre position était sérieuse. J'ai donc envoyé un rapport à cet effet.

Un message arriva du quartier général de Hill demandant des renforts et, en attendant l'arrivée des réserves, j'envoyai une section de la 6e compagnie hors des tranchées. Le général Kondratenko comprit que ce n'était pas un jeu d'enfant et nous envoya deux compagnies supplémentaires : la 2e (celle de Rotaiski ) et la 3e (celle de Levitski) du 13e régiment.

Il était difficile de conserver Advanced Hill, car c'était la dernière à être fortifiée. La profondeur des tranchées était normale, mais leur finition laissait beaucoup à désirer. Nous avions fabriqué un couvre-chef résistant aux éclats d'obus, mais n'avions pas eu le temps de tracer des traversées ou de couvrir les réserves, de sorte que nos hommes souffraient gravement des tirs d'obus ennemis, qui étaient très intenses.

Le 15 août, avant sept heures du matin, les trois collines avaient envoyé des demandes de renforts, à la suite desquelles j'envoyai immédiatement en avant les deux compagnies du 13e régiment, car je voyais des compagnies d'autres régiments venir à notre secours. Le général Kondratenko est arrivé sur les lieux vers 8 heures du matin. Après lui avoir expliqué la situation, j'ai attiré son attention sur la position dangereuse de notre poste d'observation actuel. Les balles sifflaient autour de nous dans toutes les directions.

À ce moment-là, les batteries du colonel Petrov et du colonel Romanovski , stationnées sur Division Hill, se préparaient à ouvrir le feu, même si elles avaient peu d'espoir de succès, car les batteries ennemies n'étaient pas visibles et son infanterie attaquait depuis des points qui n'étaient qu'à portée des batteries. très loin derrière le fort Yi-tzu Shan. La conséquence fut que nos hommes durent combattre l' infanterie japonaise sous un feu d'artillerie meurtrier, sans l'appui de leurs propres canons.

La situation était impossible, comme à Nan Shan.

Vers 11 heures du matin, le colonel Irman est arrivé. Des renforts sont également arrivés. Les tirs des canons ennemis étaient si terribles à ce moment-là que je me demandais comment nos hommes pourraient continuer à se défendre . Mais ils se battaient vaillamment, car on voyait comment ils sortaient de leurs tranchées, tantôt à droite, tantôt à gauche, comment les réserves postées en arrière des collines renforçaient les hommes dans les tranchées, et comment ils chargea à nouveau hors des tranchées, puis se retira derrière leur maigre couverture. La majorité de nos officiers furent blessés et des officiers d'autres unités prirent le commandement, mais, à en juger par les énormes pertes du 5e régiment, on ne pouvait s'empêcher de penser qu'il n'en restait que très peu dans les tranchées.

Le major Ivanov avait utilisé toutes ses réserves et en demandait davantage. Des rapports arrivaient de toutes parts affirmant que les tranchées avaient été complètement détruites par les obus ennemis et qu'il était impossible de tenir sous un tel feu d'artillerie. Le feu était en effet terrible, et le général Kondratenko se sentit enclin à ordonner la retraite ; mais j'envoyai deux autres compagnies sur le flanc gauche, l'une d'elles (une compagnie du bataillon de réserve) vers la réserve derrière le flanc gauche, car l'ennemi consacrait l'essentiel de son énergie vers ce côté. Et maintenant, à midi, il semblait que les Japonais avaient concentré toute leur artillerie, non seulement pour détruire complètement les défenseurs, mais pour raser eux-mêmes les collines.

Nos canons étaient toujours inactifs, incapables de localiser les positions des batteries ennemies. Cependant, comme je l'ai déjà dit, deux batteries situées près de nous se préparaient à ouvrir le feu. Cela a attiré l'attention de l'ennemi, qui a commencé à déverser sur nous un flot d'obus ainsi que de balles. L'un d'eux a fait irruption près du major Schiller, l'a tué sur le coup et a également blessé le colonel Petrov, commandant de la batterie. Le premier a été touché par une grosse écharde au sein gauche et le second à l'œil gauche (il est décédé le lendemain à l'hôpital).

Un peu avant cela, nous avions vu des signes indubitables d'une retraite prochaine.

Afin de ne pas être désavantagé, j'avais prévu une deuxième ligne de défense (174 Meter Hill, Namako Yama et Division Hill). Après avoir fait cela et inspecté nos tranchées avec le capitaine Sichev , commandant la 6e compagnie, j'ai remarqué que les tirs de fusils ennemis étaient spécialement dirigés sur nos tranchées de Division Hill. Nous n'avons pas eu longtemps à attendre la confirmation de ce fait (s'il en était besoin), car le capitaine Sichev a été blessé à la jambe, heureusement sans gravité, car la balle n'a pas touché l'os.

Ayant terminé ma ronde, je retournai auprès du général Kondratenko et vis que nos hommes s'éloignaient du quartier général de la colline, comme de la poudre s'échappant d'un tonneau, et peu après également de la hauteur 426. Une exclamation de mécontentement échappa au général. "Voir! C'est sûrement plus facile pour eux là-bas que sur la hauteur 426. Pourquoi courent-ils ? Il *faut les* arrêter ! » Le colonel Irman, qui se tenait à proximité, a pris les paroles du général comme un ordre et s'est dépêché de l'exécuter, emmenant avec lui le capitaine Iolshin de l'état-major. [58]

« Et vous, Nicolas Alexandrovitch , dit le général Kondratenko en se tournant vers moi, prenez une compagnie et attaquez son flanc gauche lorsqu'elle descendra la colline à sa poursuite. Il y avait une compagnie qui attendait non loin derrière nous, et j'aurais bientôt dû exécuter l'ordre qui m'était donné, mais j'avais à peine fait une demi-verste avec la compagnie, qu'un officier à cheval arriva au galop et me donna l'ordre de revenir immédiatement à Le général Kondratenko et remettra le commandement au lieutenant-colonel Naoomenko , qui était alors proche de moi. Quand j'atteignis de nouveau Division Hill, je vis notre armée en pleine retraite des trois collines avancées. Sur la crête des collines que nous avions occupées (hauteur 426, colline du quartier général et colline avancée) apparaissaient des lignes de tirailleurs ennemis. Nos hommes se retirèrent sans hâte, renvoyant le feu de l'ennemi, mais jonchant de cadavres le terrain qu'ils traversaient. On vit trois hommes à cheval galoper le long de la ligne en retraite ; il s'agissait du colonel Irman, du capitaine Iolshin et du colonel Zoobov , ce dernier commandant le 4e bataillon de réserve. Mais leurs efforts furent vains et la retraite se poursuivit sans arrêt.

Lorsque le colonel Irman revint, il rapporta qu'il n'avait pas pu arrêter la ligne en retraite et que les seuls hommes qui lui prêtèrent attention étaient quelques éclaireurs du 5e régiment et de la 1re compagnie du bataillon de réserve sous le lieutenant Sadykov, qu'il recommandé pour une croix de Saint-Georges.

Je considère qu'il est de mon devoir de déclarer ici que le major Ivanov a agi de la manière la plus héroïque pendant la bataille. Lorsque la 6e compagnie refusa de gravir la colline du quartier général pour aider ses camarades, le major Ivanov dit aux hommes : « Si vous ne venez pas avec moi , je me coucherai ici pour être fusillé » ; et, courant vers un espace dégagé balayé par les balles, il se coucha par terre. Alors le commandant de la compagnie accourut avec ses hommes, le souleva et lui dit que la compagnie le suivrait partout où il voudrait les conduire. Cependant, en atteignant la colline, ils découvrirent qu'elle avait été évacuée et qu'elle était désormais fermement tenue par les Japonais. Le major Ivanov a ensuite ramené la compagnie à Division Hill.

Le général Kondratenko m'a ordonné d'arrêter la retraite et de former une réserve pour notre ligne défensive ultérieure, et j'ai décidé de faire de mon mieux. Lorsque les Japonais apparurent sur la hauteur 426 et sur la colline du quartier général, notre artillerie balaya ces hauteurs avec des éclats d'obus et dégagea les sommets des calottes jaunes en un instant.

Ce fut un soulagement opportun, car les Japonais commencèrent à exercer un feu de flanc depuis les tranchées de la colline du quartier général sur les lignes de Pan-lung Shan, et notre 11e compagnie souffrit gravement de cet incendie. Les choses allaient déjà mal à Pan-lung Shan, et il était d'une importance vitale de savoir ce qu'il fallait faire ensuite. Pour en décider, le général Kondratenko a convoqué tous les commandants sur la colline de la Division. Je m'y suis également rendu dès que j'ai constitué mes réserves et je les ai postées en lieu sûr.

Le colonel Irman, le colonel Zoobov et d'autres étaient déjà là. Le bruit de la bataille s'était atténué et, pour le moment, les Japonais ne montraient aucun signe d'avance.

Notre artillerie cessa de tirer, ses cibles ayant disparu au-dessus des collines et s'étant réfugiées dans le *kao -liang* . C'était vers 14 heures

Avant d'entreprendre quoi que ce soit de plus, il fut décidé de procéder à une inspection des positions derrière nous sur Pan-lung Shan, ce que le général Kondratenko ordonna au colonel Naoomenko et à moi-même. Nous nous rendîmes immédiatement à Pan-lung Shan, d'où notre 11e compagnie, dirigée par le sous-lieutenant Lobyrev , s'était déjà retirée. J'ai demandé : « Qui vous a ordonné de battre en retraite ? et il répondit : « Major Katishev [commandant la 11e compagnie ; il avait été blessé au bras et avait été transporté à l'hôpital de campagne]. Il nous a dit de battre en retraite, car il était impossible de rester dans les tranchées, car le quartier général de Hill était aux mains des Japonais. En entendant cela, j'ai dit : « Vous ne devez jamais battre en retraite sans l'ordre d'un commandant supérieur. Revenez encore !

Le sous-lieutenant Lobyrev , un homme calme et courageux, répondit : « Cela nous est égal, nous rentrerons » ; puis, se tournant vivement vers ses hommes, il cria : « Compagnie, faites demi-tour, vers l'ancienne position, marchez ! et la compagnie fit demi-tour et réoccupa ses tranchées.

Après avoir inspecté ces tranchées, nous sommes arrivés à la conclusion qu'il était effectivement impossible d'y rester, car leur flanc gauche reposait sur la colline du quartier général et il n'y avait pratiquement aucune couverture contre les tirs de ce côté.

Nous informâmes le général Kondratenko du résultat de notre inspection, et il décida d'évacuer entièrement Pan-lung Shan jusqu'aux redoutes du flanc droit de la Division Hill. Cela a été fait vers 19 heures

Entre Pan-lung Shan et Division Hill, il y avait une position favorable à la défense , et j'avais déjà fait faire quelques travaux dessus et commencé la construction d'une grande lunette. Nous aurions dû occuper cette position avec les compagnies qui se sont retirées de Pan-lung Shan, mais comme nous n'avions pas d'outils pour achever les travaux, nous avons dû abandonner l'idée de la conserver, et toutes les compagnies ont été retirées de Pan-lung Shan et placées en réserve derrière Division Hill et Namako Yama. Les trois détachements d'éclaireurs étaient postés entre la colline 203 mètres et le fort Ta-yang- kou Nord, où ils pouvaient se reposer.

Je vais maintenant donner un compte rendu détaillé des combats sur chacune des collines attaquées.

SUR LA COLLINE TRIOK-GOLOVY ( COLLINE À TROIS TÊTES ) [59]

Le 13 août, vers 22 heures, les avant-postes furent repoussés par l'ennemi sur leurs appuis. Le 1er détachement de reconnaissance fut encerclé, mais se fraya un chemin à la pointe de la baïonnette, emmenant avec lui deux hommes grièvement blessés et deux fusils japonais.

A onze heures, les Japonais attaquent Advanced Hill, qui est tenu par une section (la 3e) du 3e détachement de reconnaissance d'infanterie, composé de 36 hommes. Favorisé par l'obscurité, l'ennemi entoura complètement la colline de tous côtés. Le sous-officier responsable, Nazarov, voyant qu'il n'y avait pas d'échappatoire, attaqua l'ennemi, et à ce moment une fusée stellaire éclata, et à sa lumière les hommes sur la colline du quartier général aperçurent les Japonais et déversèrent aussitôt une grêle. de balles, permettant ainsi à Nazarov de se frayer un chemin jusqu'à Head Quarter Hill.

Après avoir pris Advanced Hill, les Japonais gravirent Head Quarter Hill, mais furent repoussés avec de lourdes pertes. Une demi-heure plus tard, ils poussèrent le cri de « Banzai ! » et ils ont de nouveau pris d'assaut nos tranchées depuis le flanc droit, mais ce faisant, ils sont tombés sous les fils de fer et ont été presque tous anéantis.

Vers 2 heures du matin, l'ennemi réitéra l'attaque avec une grande force ; mais quelques-uns seulement atteignirent les tranchées, où ils furent frappés à la baïonnette par nos hommes. Dans cette attaque, l'obscurité a grandement aidé l'ennemi, car les réserves de roquettes étant épuisées, il n'a plus été possible d'en envoyer d'autres.

Vers le matin du 14 août, sous le brouillard et la pluie, l'ennemi tenta d'écraser nos éclaireurs, mais sans succès. Dans cette attaque, l'enseigne par intérim Zakrejevski fut blessé, le sergent-major du 1er détachement tué et plusieurs éclaireurs blessés.

Je dois mentionner un très beau travail de la part du Caporal Vagin du 3ème Détachement Scout. De sa propre initiative, il occupa avec sa section une colline qui n'avait pas été fortifiée et, par des tirs d'enfilade, il soulagea grandement la pression sur la colline du quartier général et la hauteur 426, tout en repoussant les Japonais qui attaquaient son propre parti.

Tous les sous-officiers se comportèrent comme de véritables héros, et l'un d'eux, le caporal suppléant Khaidoulin (un Tartare) du 1er Détachement Scout, voyant que les hommes de sa section avaient dépensé toutes leurs munitions lors de la troisième attaque, sauta hors de la salle. de la tranchée et a crié : « Mourons, les gars, pour le tsar et notre foi ! et préparé pour une charge à la baïonnette. Juste à ce moment-là, des munitions arrivèrent et les Japonais furent chassés par des tirs de fusils.

Dans la matinée, on a vu que les Japonais avaient capturé Advanced Hill, Kan-ta Shan et une petite colline devant la 12e compagnie à Pan-lung Shan, à partir de laquelle ils ont ouvert le feu, mais les canons Baranovski sur la hauteur 426 ont chassé. les sous couvert.

En raison d'une maladie (dysenterie), le lieutenant Choulkov avait été envoyé à l'hôpital et l'enseigne par intérim Elechevski avait été envoyée pour le remplacer.

Dans la nuit du 14 août, les réserves de munitions ont commencé à manquer et les tirs ont été arrêtés. Pensant que nous avions abandonné les tranchées, l'ennemi tenta de s'en emparer. Il fut accueilli au bord même des tranchées par quelques salves qui faillirent l'anéantir, ne laissant qu'un officier et cinq hommes, cachés derrière des pierres. A l'aube, le sergent Zmoushko , remarquant que les hommes derrière les pierres n'étaient pas morts, se mit à observer, et dès que l'officier montra la tête, il lui tira dessus. Voyant leur officier tué, les soldats repartirent en courant, mais furent tous abattus.

Le sol devant les tranchées était jonché de cadavres de Japonais. Dans la matinée (15 août), les hommes du 1er détachement de reconnaissance quittèrent les tranchées pour nettoyer leurs fusils, étouffés par les tirs continus, et leur place fut prise par une compagnie du 4e bataillon de réserve ; à ce moment cependant, les tranchées furent balayées par un incendie si terrible que les nouveaux arrivants cédèrent et commencèrent à battre en retraite. Les hommes du détachement de reconnaissance se précipitèrent vers les tranchées, mais, incapables d'endiguer la retraite, ils se retirèrent eux-mêmes derrière les pentes des collines situées à l'arrière, et de là (lorsque la colline du quartier général fut occupée par les Japonais) jusqu'à la colline de la Division. .

Le colonel Irman galopa vers les hommes en retraite et les obligea à faire demi-tour ; mais les Japonais ouvrirent un feu si meurtrier avec leurs mitrailleuses et leurs fusils qu'ils tournèrent de nouveau le dos. A ce moment-là, notre artillerie de campagne balaya les collines capturées avec des éclats d'obus, sur lesquels les Japonais se mirent à couvert et cessèrent de tirer sur les colonnes en retraite.

Je considère qu'il est de mon devoir de mentionner ici les noms de deux de nos héros. Lorsque nos hommes furent arrêtés par le colonel Irman, ils subirent de si lourdes pertes qu'ils commencèrent à nouveau à battre en retraite, à l'exception de deux hommes du 5e régiment, le caporal Trusov et le soldat Molchanov, qui pénétrèrent directement dans les tranchées japonaises ; mais voyant qu'ils n'étaient que deux, pendant que l'ennemi remplissait la tranchée, ils battirent en retraite, non avant que Molchanov n'eût tué un officier japonais. Ils furent tous deux légèrement blessés au retour, mais restèrent néanmoins dans les rangs.

SUR LA COLLINE BOKOVY ( CÔTÉ COLLINE ) [60]

Le 13 août à 22 heures, les sentinelles de la hauteur 426 rapportèrent que quatre colonnes, chacune forte de deux compagnies , avançaient sur la colline. Le sous-lieutenant Andreiev envoya immédiatement des sentinelles vers l'enchevêtrement de barbelés pour l'avertir lorsque l'ennemi descendit la pente opposée et atteignit les barbelés.

A onze heures, les sentinelles rapportèrent que les Japonais étaient à proximité. Les tirs de volée furent immédiatement ouverts et les petits canons de l'aspirant Doudkin commencèrent également à tirer, sur quoi les Japonais, après avoir subi des pertes considérables, se retirèrent derrière la colline.

A minuit, ils attaquèrent de nouveau la colline, mais furent de nouveau repoussés, et jusqu'à 5 heures du matin, ils attaquèrent sept fois sans aucun succès.

Ils ont laissé des tas de corps devant et parmi les fils de fer.

Au cours de la troisième attaque, on constata qu'une colonne de deux compagnies avait franchi les barbelés sur le flanc droit. Une section du 2e détachement de reconnaissance fut immédiatement envoyée contre eux sous le commandement du caporal suppléant Noskov, et cette section, avec les canons Baranovski , postés sur ce flanc, et deux sections de la 9e compagnie envoyées depuis la colline de 174 mètres , mirent les mettre en fuite.

Lorsque le jour se leva, 432 corps japonais furent dénombrés autour des barbelés.

Vers 7 heures du matin, la moitié des tranchées avaient été détruites par l'artillerie ennemie, de sorte qu'une section dut être retirée et postée sur le versant opposé de la colline.

À 9 h 30, les Japonais franchirent les barbelés et arrivèrent à mi-hauteur de la colline, mais ils furent accueillis par le feu des tranchées : du flanc gauche par des volées de la section du 2e détachement d'infanterie d'éclaireurs, et du flanc droit par des volées de la section du 2e détachement de reconnaissance d'infanterie. salves des marins sous le commandement du lieutenant Afanaisev ; et, ne pouvant avancer, ils se retirèrent. À 11 heures du matin, le sous-lieutenant Andreiev a été blessé et le commandement a été confié au caporal suppléant Kobrintsev . Le capitaine Rotaiski fut envoyé en renfort, mais il n'occupa pas les tranchées, restant plutôt derrière leur flanc gauche.

Au cours de la journée, l'ennemi commença à intensifier ses efforts contre la hauteur 426, et en conséquence la réserve fut appelée, mais n'arriva pas, bien que deux compagnies du 4e bataillon de réserve fussent censées avoir été envoyées.

Vers midi, alors que les 1re et 2e sections du 1er détachement étaient anéanties par des tirs d'artillerie, une demi-compagnie du bataillon de réserve, sous les ordres d'un sous-lieutenant du 27e régiment, arriva et occupa la tranchée droite, et dans la nuit une autre une demi-compagnie, avec un sergent-major, fut envoyée avec l'ordre d'occuper la selle entre Head Quarter Hill et une petite colline à sa gauche. Les tirs durent toute la journée et, dans la nuit du 14 au 15 août, l'ennemi lance deux attaques, mais ne réussit qu'une seule fois à atteindre l'enchevêtrement de barbelés, où plus des deux tiers des attaquants sont perdus.

La colline fut prise le 15 août à midi. Nous nous retirâmes des positions avancées, mais étions en conséquence considérablement plus forts sur Division Hill, Namako Yama et 174 Meter Hill, en raison des réserves concentrées là-bas.

Compte tenu de l'attaque prévue sur ces collines, nous avons dû travailler dur, d'autant plus que Namako Yama était très faiblement fortifiée. Les tranchées étaient petites et inachevées, et le sol était solide.

Si seulement ces tranchées avaient été préparées à l'avance, la situation aurait été tout autre. Combien de vies auraient été sauvées et combien d'attaques auraient été repoussées ! Il est toujours nécessaire dans une forteresse de préparer des positions défensives en temps de paix, et cela peut être fait commodément dans le cadre de l'entraînement des troupes en garnison.

Les combats sur Head Quarter Hill nous ont coûté assez cher. Les détachements éclaireurs du 5e régiment perdirent plus de la moitié de leurs effectifs : 160 hommes et un officier (le sous-lieutenant Andreiev) ; les deux compagnies navales subirent une perte de 30 hommes chacune ; le reste, représenté par les compagnies du 13e régiment et du 4e bataillon de réserve, fut réduit de pas moins de 15 pour cent. de leur force. Les 11e et 12e compagnies de Pan-lung Shan n'eurent pas beaucoup de pertes, mais trois officiers furent mis *hors de combat* : le major Katishev étant blessé, le sous-lieutenant Merkoulev et l'enseigne Moukin tués.

# CHAPITRE V

Les combats autour de la colline de 174 mètres — Capture de la colline de 174 mètres et évacuation de Connecting Ridge — Fortification de la colline de 203 mètres — Défense et capture du volcan éteint.

Nous devions travailler absolument sous le nez de l'ennemi, la plupart du temps la nuit, même si nous profitions de l'occasion pour travailler de jour lorsque le feu de l'ennemi ralentissait un peu.

C'était une bonne chose que le 5e régiment ait appris quelque chose en matière de construction de tranchées, de sorte que les officiers, et même les sous-officiers, savaient exactement comment se mettre au travail sans aucune instruction des sapeurs spécialistes, dont nous ne disposions pas. un homme celibataire.

Le général Kondratenko ne proposait pas de reprendre les collines avancées, car il ne s'agissait pas de positions d'une importance exceptionnelle et il nous aurait coûté cher de les conserver.

Après le 15 août, la situation était assez calme de notre côté, mais les balles, et même les obus, passaient assez fréquemment sur les quartiers de l'état-major du régiment. Nous avons donc dû les déplacer plus en arrière, jusqu'à une petite rivière qui longe la route allant de la ville vers la colline des 203 mètres , et comme une grande tente mess aurait été visible de très loin, nous avons décidé de ne pas en monter une.

Les Japonais ne s'en étaient pas sortis à la légère dans leurs attaques sur les collines avancées, et leurs pertes devaient se compter par milliers. Ils ont perdu particulièrement lourdement lors de la prise de la hauteur 426, où ils sont tombés aveuglément sur les enchevêtrements de câbles et ont lancé des attaques répétées. Il y avait des tas de morts entassés autour de ces enchevêtrements. Il faut noter que nous avons été chassés de ces positions par des tirs d'artillerie et non par l'infanterie japonaise.

Les événements survenus ici ont montré clairement à chacun ce que signifie réellement la prépondérance dans l'artillerie. Le camp qui fait taire les canons ennemis peut capturer ses positions sans combat particulièrement dur, car, une fois le feu ennemi maîtrisé, on peut choisir un point d'attaque, y concentrer toute son artillerie, puis le prendre d'assaut. avec des effectifs relativement faibles. Mais pour cela, une artillerie nombreuse, bien entraînée et efficace est indispensable. Gagner une bataille avec une artillerie mal entraînée ou inefficace est désormais une question extrêmement difficile. Je n'oserai pas fixer la proportion exacte de canons nécessaires pour 1 000 fantassins , mais il doit y avoir, en tout cas, au moins 6 canons pour 1 000 ( *c'est-à-dire* une batterie pour chaque bataillon complet).

Quelle erreur nous avons commise en postant notre artillerie sur les crêtes des collines ! Les Japonais nous ont punis très sévèrement pour cette erreur, mais il était alors trop tard pour changer nos dispositions.

Les batteries japonaises étaient complètement cachées et tiraient sur nos tirailleurs aussi délibérément que s'ils s'entraînaient sur leurs champs de tir d'artillerie. Ils avaient encore beaucoup de travail devant eux, bien sûr, car nous pouvions encore conserver les positions que nous avions mis du temps à fortifier, et le 5e Régiment avait encore de nombreux moments difficiles à vivre.

Il y avait beaucoup à faire sur la colline du 203 mètres pour permettre à nos troupes de tenir sous un feu véritablement infernal, auquel nos artilleurs étaient impuissants à faire face.

Depuis la prise des collines avancées jusqu'au matin du 19 août, nous avons travaillé sur nos positions presque sans être inquiétés, l'ennemi consacrant toute son attention à la colline des 174 mètres ( voir carte II. ). Convaincus que la prochaine attaque sérieuse aurait lieu sur cette colline, nous avons fait tout ce qui était en notre pouvoir pour la mettre en bon état de défense . Le flanc gauche était recouvert d'un enchevêtrement de fils métalliques, le front était renforcé par un revêtement de 3 pieds et le flanc droit avait une double ligne de tranchées dont l'étage supérieur était aveuglé.

Au sommet de la colline, de solides abris furent construits pour les artilleurs et une tranchée ronde fut creusée, avec un nombre considérable de traverses aveugles, qui n'étaient cependant pas très solidement construites.

Le sommet de la colline sur le flanc gauche (que nous appelions Connecting Ridge) était bordé de tranchées. Sur les pentes inverses de la colline, un magasin très solidement construit fut construit pour les munitions des fusils et des fusils, et un abri y fut également prévu, suffisant pour toute une compagnie de réserve. À l'arrière de la colline (174 Meter Hill), il y avait quatre mortiers de campagne, et sur la crête, pour le tir à longue portée, deux longs canons navals (je ne me souviens pas de leur calibre exact , mais je pense que c'était 150 mm.) avec des boucliers en acier, dans une batterie bien construite, et derrière la crête quatre canons à tir rapide de campagne. Sur la selle entre 174 Meter Hill et Connecting Ridge se trouvaient les deux tireurs rapides du lieutenant Tsvietkov .

La garnison de 174 Meter Hill était composée des 5e et 9e compagnies du 5e régiment (environ 300 hommes), tandis que les 6e, 10e, 11e et 12e compagnies du même régiment et une compagnie du 24e régiment se trouvaient sur Connecting Ridge.

Il y avait à cette époque sur Namako Yama : sur le flanc gauche, la 1re compagnie du 28e régiment du major Sakatski , la 11e compagnie du 13e régiment, les 5e et 6e compagnies du bataillon Kuang-tung et la 12e compagnie de le 13ème Régiment. Il faut admettre que les tranchées ici n'étaient pas suffisamment solides pour offrir une grande protection contre les Shimose et les éclats d'obus japonais, et de lourdes pertes étaient attendues. Mais que faire ? Nous n'avions ni le temps ni les outils nécessaires pour affronter ce terrain rocailleux et donc améliorer la situation.

Une batterie avait été placée au sommet de la colline de 174 mètres , au lieu d'une redoute d'infanterie. Cette batterie était en position avant que le 5e Régiment n'occupe la colline. Je voulais en faire une redoute, mais mes officiers supérieurs refusèrent d'approuver cette proposition, car, de l'avis du général Bieli [61] , il n'y avait pas d'autre emplacement pour les canons à longue portée. Combien de temps et de peine avons-nous consacré à achever cette batterie, alors que les vrais défenseurs devaient s'entasser dans les petites tranchées inachevées ! Je puis ajouter que les canons postés dans cette batterie avaient une grande superficie de terrain mort et attiraient sur eux le feu de l'artillerie lourde japonaise, ce qui gênait considérablement notre travail. J'ai failli être tué par un obus qui a éclaté près de moi, et j'ai échappé par miracle sans plus de blessure qu'un coup dans le côté d'une grosse motte de terre.

Lors de la chute des positions avancées, la garnison de la Colline du 174 Mètre dut vivre dans les tranchées, alors qu'auparavant elle campait sur le versant inverse de la colline. Des cuisines de campagne avaient été bien construites dans un ravin et d'autres sur la pente inverse.

Les hommes vivaient dans de grandes tentes de campagne et les officiers dans une caserne improvisée, construite en planches.

Des efforts acharnés avaient été déployés pour construire une route partant du sommet de la colline, et une énorme quantité d'énergie avait également été dépensée pour construire des routes menant aux collines principales : 203 mètres , Namako Yama et Akasaka Yama. Dans ce but, nous avons travaillé dur depuis l'arrivée du 5ème Régiment à la colline 174 mètres , époque à laquelle il n'existait qu'un seul petit sentier au-dessus de la colline 203 mètres .

CONSTRUCTION DE LA ROUTE SUR LA PENTE INVERSE
D'UNE COLLINE DE 203 MÈTRES.

Par son tir et par le placement d'un détachement pour empêcher que la hauteur 426 ne soit débordée par la gauche, la colline de 174 mètres fut une source de désagrément considérable pour les Japonais, aussi, en attaquant les collines avancées, ils ne l'oublièrent pas.

Le 14 août [62] à 4 h 15 du matin, l'ennemi a ouvert un feu formidable sur la colline des 174 mètres et l'a maintenu jusqu'à 17 heures du soir. Ce jour-là, le capitaine Andreiev , commandant l'artillerie sur la colline, fut blessé par quatre éclats.

Le 15 août, à 1 h 15 du matin, l'ennemi avança sur la colline de 174 mètres depuis le front et depuis le flanc gauche. Les tirs se sont poursuivis jusqu'à 3 h 15, lorsque les Japonais se sont retirés, mais un bombardement intense a repris à 4 h 30 et s'est poursuivi jusqu'à 9 heures.

Ce bombardement reprit à 16 heures et se poursuivit jusqu'à 19 heures. En conséquence, certains de nos pare-éclats furent détruits ainsi qu'une partie de nos tranchées.

Le 16 août, les Japonais n'ont pas tiré du tout, peut-être faute de munitions, profitant nous-mêmes de l'occasion pour reconstruire nos tranchées. Vers 21 heures, des tirs de fusils intermittents éclatèrent sous la colline et la ligne d'escarmouche ennemie apparut à environ 1 200 pas, tandis que derrière, dans un silence complet, marchaient les colonnes d'assaut. Les défenseurs des collines jetèrent leurs outils de terrassement, se remirent à leurs postes et ouvrirent le feu à coups de volée.

Les colonnes d'assaut s'éloignèrent tantôt à droite, tantôt à gauche, et finirent par se cacher dans le défilé de gauche. C'était vers 23 heures et nos hommes sont restés dans les tranchées toute la nuit, attendant une autre attaque. Nous avons dépensé 12 000 cartouches.

Les 17 et 18 août, nos hommes reconstruisirent les tranchées sous un feu nourri de fusils.

Le 17, les tranchées furent achevées selon le profil requis, mais un violent bombardement fut alors ouvert sur la colline. Nos canons essayèrent de répondre aux tirs venant des collines, mais ne purent localiser les batteries qui les détruisaient, et les soldats japonais ne se montrèrent que hors de portée. Nos canons de campagne ont donc été mis à l'abri, et je regrette toujours qu'il ait été impossible de mettre ces 150 mm. des armes à feu sous couvert également.

Le 18 août, les tirs sur la colline s'intensifièrent considérablement et nos tranchées et nos pare-éclats commencèrent à souffrir gravement. Le lieutenant-colonel Leesaevski , qui commandait la colline, a signalé qu'il s'attendait à une attaque, j'ai donc déplacé nos réserves vers la colline des 203 mètres .

La nuit, de violents combats au corps à corps ont eu lieu au pied de la colline entre les Japonais et nos patrouilles qui formaient la ligne d'avant-poste — signe certain d'une attaque imminente.

Dans la nuit du 18 au 19 août, les Japonais se sont déplacés en grande force jusqu'à la colline de 174 mètres et se sont couchés derrière les crêtes des collines les plus proches. Le lieutenant-colonel Leesaevski mit toute la garnison en alerte et ouvrit le feu dès que les colonnes se montrèrent au-delà des crêtes. L'ennemi fit plusieurs tentatives pour se rapprocher, mais sans succès. Au signal d'alarme, des fusées stellaires furent tirées depuis 203 Meter et Division Hills, et nos projecteurs entrèrent en action pour la première fois. La scène était terrible, mais en même temps exaltante. Découverts par les faisceaux de lumière, les Japonais se retirèrent précipitamment par-dessus la crête, laissant un grand nombre de morts devant la colline des 174 mètres . Après plusieurs tentatives, ils cessèrent leurs attaques et le reste de la nuit se passa en petits affrontements et escarmouches aux avant-postes.

Tôt le matin du 19 août, au moment où le jour se levait, je fus réveillé par une effrayante canonnade. En sortant de ma chambre, j'ai vu un voile de fumée provenant d'éclats d'obus suspendus au-dessus de la colline de 174 mètres . Afin de découvrir ce qui se passait, j'ai galopé jusqu'à Akasaka Yama. Cependant, une fois arrivé là-bas, je n'étais pas mieux qu'avant, alors je me suis dirigé vers le flanc gauche de Namako Yama. Une ligne d'escarmouches dense avançait sur la droite de la colline des 174 mètres , et des lignes de tirailleurs et des colonnes de troupes se déplaçaient vers le centre , se mettant parfois à l'abri dans les vallées puis réapparaissant sur les crêtes. Le crépitement des tirs de fusils de nos compagnies sur Connecting Ridge pouvait être entendu sur le flanc gauche. L'attaque principale a été lancée contre la gauche de la colline des 174 mètres , mais elle n'était pas dans mon champ de vision. Les lignes avançaient si habilement que nos canons étaient incapables de les atteindre, bien qu'elles souffrissent lourdement des tirs des fusils. Les aides-soignants avec des rapports galopaient loin de la colline de 174 mètres .

Afin de les rencontrer, je suis retourné à nouveau à Akasaka Yama, où le colonel Irman m'a rejoint.

Souhaitant être au centre des collines attaquées et à portée de main des infirmiers, nous avons changé notre position pour une butte située entre Namako Yama et Connecting Ridge. Nous pensions également que ce serait un point favorable pour faire des observations, mais, en fait, ce fut plutôt l'inverse, car tous les obus tombant « par-dessus » atterrissaient dans cette localité même. Nous postons la réserve (la 7e compagnie du 28e régiment) derrière le flanc gauche de Namako Yama.

Depuis la colline du 203 mètres , nous avons envoyé un message téléphonique à l'officier commandant l'artillerie, lui ordonnant de concentrer tous les canons disponibles sur les pentes devant la colline du 174 mètres .


Au bout d'un quart d'heure, nos canons retentirent et des obus de toutes tailles commencèrent à tomber sur le terrain que nous avions indiqué. Les tirs des armes japonaises ont étouffé la colline de 174 mètres et un flot continu de blessés a reflué vers la colline de 203 mètres , où se trouvait le poste de secours principal. Ce violent bombardement se poursuivit jusqu'à environ quatre heures. Nous avions perdu lourdement. Tout l'arrière de la colline attaquée était littéralement jonché d'obus. J'ai été assez durement touché au côté gauche par une pierre projetée par un obus qui a éclaté.

Voyant que le flanc droit de Connecting Ridge était le point d'attaque le plus probable (il y avait une bonne partie du terrain mort de nos canons devant lui), et qu'un tir d'artillerie très intense était maintenant dirigé là-bas, j'envoyai le 7e Compagnie du 28e Régiment, sous les ordres du major Frantz, pour se tenir en réserve derrière lui.

Vers quatre heures, la fusillade atteignit son zénith. Les Japonais avancèrent à l'attaque, non pas en colonnes mais en grands groupes, mais ils ne parvinrent pas à atteindre les tranchées. Des centaines d'entre eux furent fauchés et il me sembla que l'attaque avait échoué partout. Quelle ne fut pas notre surprise lorsque nous reçus un rapport du major Astafiev , commandant la 10e compagnie [63] , que sa demi-compagnie avait été anéantie, à l'exception de dix hommes, et que les Japonais avaient occupé ses tranchées vides pendant l'attaque. Les dix hommes restants, cependant, ne s'étaient pas retirés (ils étaient séparés de la tranchée capturée par une falaise), mais étaient restés fidèles à leur tranchée. J'ai alors et là fait le vœu mental que les actes de ces héros seraient éventuellement consignés en lettres d'or comme un mémorial perpétuel pour la 10e Compagnie, et je rachète maintenant mon engagement.

La tranchée occupée par les Japonais se trouvait sous la falaise et il était très difficile d'y descendre. Comme nous n'avions plus de réserves disponibles, j'envoyai à 203 Meter Hill deux demi-compagnies (2e et 4e de notre régiment), dans l'espoir de chasser les Japonais de la tranchée avec ces hommes. J'ai également envoyé le général Kondratenko chercher des renforts.

Le lieutenant-colonel Leesaevski rapporta depuis la colline 174 mètres que les Japonais s'étaient précipités un à un, s'étaient établis à quelques pas des tranchées et jetaient des pierres sur nos tirailleurs, qui rendaient les missiles.

Vers six heures, nous rassemblâmes deux compagnies du 13e régiment et lançons une attaque contre une centaine de Japonais alors dans les tranchées de la 10e compagnie. Les entreprises ont rapidement atteint le sommet de la falaise, mais ne sont pas allées plus loin, car il s'agissait d'une grande chute en contrebas. L'artillerie japonaise, les remarquant, ouvrit aussitôt un feu nourri, et comme il devenait ainsi impossible de rester là à découvert, les compagnies se retirèrent de nouveau dans la vallée.

Vers sept heures, le général Kondratenko nous rejoignit et quatre compagnies du 13e régiment arrivèrent, les 2e, 6e, 7e et 9e, sous le commandement des commandants de bataillon, les majors Goosakovski et Gavreelov .

Nous décidâmes qu'il fallait chasser les Japonais des tranchées de la 10e compagnie et, dans ce but, je renforçai ces hommes, qui avaient déjà résisté à plusieurs attaques, d'une compagnie supplémentaire. L'attaque fut répétée, mais avec le même résultat (c'était un grand saut vers le bas, jusqu'aux baïonnettes des Japonais, invisibles du haut, tandis que les canons venus des hauteurs au-delà fauchaient les assaillants). Cette fois, la moitié des hommes se logèrent derrière des pierres au sommet, et j'étais maintenant sûr que les Japonais ne prendraient pas la colline, car il leur serait très difficile de gravir la falaise. Afin de minimiser nos pertes dues aux tirs d'artillerie, j'ai décidé de lancer une attaque de nuit et j'ai envoyé une compagnie, sous les ordres du major Goosakovski , pour la mener à bien.

J'ai ordonné de ramener la moitié d'une compagnie du 5e Régiment à sa position d'origine.

Il s'est avéré que la 7e compagnie du 28e régiment n'était pas à sa place correcte, s'étant retirée pour une raison quelconque derrière la colline du 174 mètres . Je n'ai pas vu quand le major Frantz effectuait ce mouvement.

Pendant tout ce temps, les tirs et les bombardements sur la colline du 174 mètres se sont poursuivis et nos forces ont rapidement diminué.

Des renforts étant demandés, un détachement de reconnaissance dirigé par le capitaine Osmanov, qui venait tout juste d'arriver, fut envoyé là-bas. Ce détachement, avec son commandant à sa tête, gravit régulièrement et tranquillement la colline, à l'exception de cinq hommes, qui s'arrêtèrent au pied de la colline, visiblement effrayés à l'idée de continuer. Je ne leur ai pas ordonné de gravir la colline, sachant par expérience que la présence de quelques lâches peut déstabiliser la compagnie la plus courageuse.

Le flot des blessés venant de la colline s'est accru, et beaucoup de ces pauvres malades ont expiré en étant transportés à travers le sol jonché d'obus. Nous avons vu un blessé, porté par deux de nos commis, tué par un obus tombant juste sur lui. L'un de ses porteurs fut tué également, mais l'autre s'enfuit comme par miracle. Un grand groupe de blessés passa devant moi, et derrière eux un officier sur une civière. C'était un très jeune tireur, et il n'arrêtait pas d'agiter son épée avec frénésie et de marmonner quelque chose. Je ne me souviens pas de ce qu'il a dit, car mon attention a été attirée par une autre civière sur laquelle se trouvait un officier que je pensais connaître.

Lorsque la civière s'est approchée, j'ai reconnu dans le blessé le lieutenant-colonel Leesaevski , qui avait été commandant de la colline. Il était couvert de sang et de poussière. Une balle lui avait brisé la mâchoire inférieure et la langue, et une autre lui avait touché la main. Il ne pouvait pas parler à cause d'une perte de sang.

En son absence, les choses pourraient mal tourner sur la colline.

Ce guerrier aguerri avait toujours fait preuve d'une énergie extraordinaire alliée à de la méthode. Il était surnommé « Général Fock » dans le régiment, ce qui, pour une raison quelconque, déplaisait au vrai général. Ainsi, au lieu de commander un régiment, le lieutenant-colonel Leesaevski reçut le commandement du 2e bataillon du 5e régiment. Le général Fock n'a jamais reconnu le grand esprit qui animait cet homme, qui s'est manifesté de manière si importante dans la défense de 174 Meter Hill. Le vieux colonel était en effet un bien meilleur soldat que la plupart des plus jeunes.

Il parcourait sans crainte la colline, encourageant les hommes et dirigeant leur feu, suivant de près les mouvements de l'ennemi, puis, ramenant sa petite réserve juste au bon moment, il dispersa les épaisses colonnes d'assaillants comme la balle au vent par quelques volées bien dirigées. Lorsque les hommes ont voulu l'emmener au poste de secours, il a dit : « Laissez-moi tranquille, mes gars ; Je veux mourir avec toi. Le cœur lourd, j'accompagnai la civière, craignant qu'une balle ou un obus perdu ne mette fin à la carrière de ce magnifique vieux soldat. Mais Dieu merci ! il a traversé en toute sécurité le col jusqu'à la colline des 203 mètres , ce qui signifiait qu'il était hors de danger. A sa place, j'ai nommé le capitaine Bielozerov , commandant la 9e compagnie du 5e régiment, l'un des plus courageux de nos officiers.

Vers le soir, d'autres renforts furent appelés depuis la colline de 174 mètres . Les défenseurs étaient tellement épuisés qu'ils ne purent réparer les dégâts causés, qui étaient considérables. La batterie supérieure fut détruite, tous les canons de campagne furent démontés et les fosses à canons réduites en ruines. Presque tous les pare-éclats des tranchées furent détruits, ainsi que la moitié du parapet. L'ensemble de la couverture supérieure contre les éclats d'obus a également été détruit par des tirs d'obus.

Il est difficile de défendre de tels lieux sans ouvrages casematés. Sur une colline dominée de tous côtés, que peuvent faire les tirailleurs contre l'artillerie lourde et les obus hautement explosifs des canons de campagne ? Durant cette journée, les 5e et 9e compagnies du 5e régiment perdent la moitié de leurs effectifs.

Les tirs d'armes à feu se sont ralentis. Le flot des blessés cessa également et nous respirâmes plus librement. Notre groupe sur la butte centrale a été rejoint par quelques officiers de réserve et nous avons même fini par manger quelque chose.

De la viande, du pain et du thé chaud ont été fournis aux hommes dans les files d'attente, et la cuisine de campagne de l'autre côté de la colline des 174 mètres , qui s'était échappée intacte, s'est mise au travail.

Le général Kondratenko fit venir deux compagnies supplémentaires dans la réserve et envoya deux compagnies du 13e régiment sur la colline pour travailler dans les tranchées.

Nous nous sommes moqués des Japonais qui avaient pris la tranchée de la 10e Compagnie et qui devaient désormais se sentir comme des rats pris au piège. La moitié de la 1re compagnie du 13e régiment qui y était restée, et les dix hommes de la 10e compagnie, les empêchèrent de se répandre le long de la tranchée, tandis que devant leur route était barrée par ceux qui se trouvaient sur la colline, de sorte qu'elle Il semblait inévitable qu'ils devaient tous être tués cette nuit-là.

Pendant ce temps, la nuit était déjà tombée. Les tirs nocturnes habituels avaient commencé entre les avant-postes au pied des collines, et le bruit qui en résultait couvrirait l'avancée de nos compagnies attaquantes. J'ai envoyé demander pourquoi l'attaque n'avait pas commencé, et j'ai attendu très longtemps une réponse. La nuit était très sombre. Tout était calme, jusqu'à ce que de temps en temps les balles de l'ennemi, comme des oiseaux de la nuit, bourdonnaient au-dessus de nos têtes, ou nos fusées stellaires, d'étranges monstres sifflants, comme des serpents de feu, s'élançaient dans le ciel et éclataient en mille étoiles éblouissantes, éclairant brillamment. les collines et les vallées sombres.

"L'esprit est prêt, mais la chair est faible." Ce proverbe a été illustré chez nous et chez nos hommes. Combien de fois n'avons-nous pas été témoins de la vérité ! combien de fois les Japonais n'ont-ils pas profité de l'épuisement complet de nos troupes, pour se jeter sur elles pendant qu'elles dormaient et s'emparer de points importants de notre position (comme à Taku Shan , Miortvaia) ? Sopka , [64] et autres lieux) !

Nous comprenons maintenant ce que signifie défendre une forteresse dépourvue de ligne de défense principale et disposant d'un nombre insuffisant de positions fortifiées en permanence. Or, je vois bien que les travaux en plein champ, même s'ils sont préparés quelque temps à l'avance et avec des tranchées renforcées par des parapets de glacis (comme le proposait autrefois Glinka- Yarntchevski ), ne donneront pas aux défenseurs des facilités pour un repos suffisant ; et le repos est un facteur très important.

Nous étions si fatigués ce jour-là — ce qui n'est pas étonnant — que nous nous sommes allongés sur place et nous sommes endormis. Des tirs nourris de fusils nous ont remis sur pied. Des fusées étoilées jaillirent dans les airs, éclairèrent l'endroit et firent s'éteindre une fois de plus les tirs. Nous avons appris de ceux qui se trouvaient sur la colline qu'ils avaient tiré sur les Japonais, qui avaient détruit une partie des fils de fer. Ils n'étaient pas nombreux, mais ils avaient néanmoins causé de nombreux dégâts, puis s'étaient accroupis près de la ligne de fils. C'était dommage qu'ils aient réussi à un tel point. J'ai envoyé des ordres pour que les dégâts soient réparés dans la mesure du possible, mais je savais que nos hommes sur la colline étaient handicapés par le manque de barbelés.

Ce fil de fer barbelé valait littéralement son pesant d'or, et j'étais toujours ravi quand nous parvenions à en obtenir pour la défense de tel ou tel point, mais il y en avait grand besoin partout.


Il y eut plusieurs de ces alarmes pendant la nuit, mais pendant tout ce temps, l'attaque du major Goosakovski contre les Japonais ne réussit pas.

Cependant, je reçus enfin une note disant qu'il avait décidé d'attaquer au point du jour.

Après avoir réfléchi tranquillement à la question, j'en suis venu à la conclusion que les Japonais risquaient de rester dans la tranchée. Ces 100 hommes ne pouvaient pas gravir et prendre la colline, défendue par toute une compagnie, ni être renforcés, car tout renfort serait anéanti avant de les atteindre. J'ai dit au colonel Irman, qui était assis près de moi, ce que je pensais, et comme il était tout à fait d'accord avec moi, j'ai envoyé un ordre d'annulation de l'attaque et j'ai retiré les compagnies, sauf celle derrière les rochers, dans un endroit plus abrité entre 174 et 174. Meter Hill et Connecting Ridge. J'ai placé une de ces compagnies en réserve derrière la colline 174 mètres , de sorte qu'il y avait maintenant trois compagnies en réserve, *c'est-à-dire* à la disposition immédiate de l'officier commandant sur la colline. Les deux compagnies arrivées le soir, je les assignai à la réserve générale. Il restait quelques heures avant l'aube, dont nous profitâmes pour dormir un peu, en nous rendant à Namako Yama, afin de ne pas être dérangés par les gémissements des hommes grièvement blessés qu'on transportait sur la route.

Nos porteurs (musiciens, commis du régiment et volontaires de la ville) les recherchèrent pendant la nuit dans les ravins, les tranchées et les blindages en ruine, [65] et les transportèrent jusqu'à la colline des 203 mètres .


Avant le lever du soleil, les canons ennemis commencèrent leur œuvre de destruction, le pire étant qu'ils le firent sans recevoir aucune punition en retour.

Petit à petit, des coups de fusil éclatent. Alors qu'il faisait assez clair, les entreprises de Connecting Ridge ont remarqué une batterie japonaise entrant en action à très courte distance. Ils ouvrirent le feu par volées et la batterie se retira avec de lourdes pertes. Le sous-lieutenant Bitzouk , qui fut pour la deuxième fois blessé à la jambe, fut le principal responsable de la destruction de cette batterie.

Après que cette batterie se fut retirée, l'infanterie commença son attaque, et vers sept heures il y eut un feu de fusil très nourri.

Tous les commandants de compagnie de Connecting Ridge ont été placés *hors de combat* et les trois compagnies étaient commandées par l'enseigne par intérim Agapov. J'ai fait appel à des volontaires parmi l'état-major pour le commandement de ces compagnies et, en réponse à mon appel, le lieutenant Vaseeliev et le sous-lieutenant Galileiev se sont immédiatement présentés.

A 8 heures du matin, le général Kondratenko arriva et trouva que tout était satisfaisant. Mais les tirs et les bombardements ne se sont pas ralentis.

Vers 11 heures du matin, on rapporta depuis la colline que l'ennemi attaquait depuis le flanc gauche et que l'enseigne par intérim Shishkin avait été tué.

J'ai immédiatement téléphoné au commandant de l'artillerie pour qu'il concentre à nouveau son feu sur la vallée devant la colline 174 mètres , et bientôt nos obus ont coulé dans la direction souhaitée. Mais les canons japonais vomissaient toujours la mort.


Les troupes postées sur la colline apprirent alors que leurs tranchées étaient complètement détruites. Ils demandèrent au moins une compagnie pour les renforcer, car il restait très peu de défenseurs d'origine. J'ai moi-même vu que leurs dernières réserves avaient été utilisées et qu'une longue file de blessés descendait de la colline, parmi lesquels se trouvait le nouveau commandant, le capitaine Bielozerov . Lorsqu'on l'amena près de moi, il était dans un état effrayant ; une balle l'avait touché du côté droit de la poitrine et l'avait traversé de part en part, sa chemise étant trempée de sang. Il passa tout près de moi et me murmura : « Envoyez immédiatement une compagnie. Mettez le sous-lieutenant Ivanov aux commandes.

Le sous-lieutenant Ivanov était l'un de mes officiers les plus courageux. Lorsque des volontaires furent appelés pour récupérer les blessés sur la hauteur 426, il dit qu'il irait avec vingt-cinq hommes qui s'étaient également portés volontaires sous les ordres du lieutenant Alalikin du cuirassé *Poltava* . Lorsqu'ils atteignirent la ligne d'avant-poste japonaise, ils virent qu'il était impossible pour tout le détachement de passer, après quoi le sous-lieutenant Ivanov rampa seul à travers les lignes ennemies et trouva un sous-officier d'artillerie blessé, qu'il hissa sur son épaule et rapporté. Sur le chemin du retour, il rencontra Serpoukov , un caporal-adjoint de la 9e compagnie, qui avait réussi à passer sain et sauf, et à eux deux ils transportèrent le blessé jusqu'à leur détachement, et de là jusqu'à la colline du 174 mètres .

J'ai immédiatement envoyé l'ordre au sous-lieutenant Ivanov de se considérer comme commandant de la colline.

La perte du lieutenant-colonel Leesaevski et du capitaine Bielozerov fut irréparable. Ce dernier était un véritable héros. Le 20 août, il y eut un moment sur la colline du 174 mètres où les sections des 28e et 13e régiments [66] sur le flanc gauche vacillèrent et tournèrent le dos. Le capitaine Bielozerov se précipita parmi les fugitifs et, avec quelques paroles passionnées, leur faisant remarquer la honte qu'ils feraient subir à leurs régiments, les fit regagner leurs postes. Le capitaine Bielozerov fut blessé alors qu'il sautait hors de la tranchée pour voir où se trouvait l'ennemi et ce qu'il faisait.

Il n'était possible de tenir la colline qu'au prix de lourdes pertes, mais nous avons décidé que cela en valait la peine. Je résolus donc d'aller moi-même sur la colline et d'envoyer nos dernières réserves.

A ce moment, EP Balachov, le médecin responsable de l'hôpital, arrivait avec son assistant, M. Tordan , sujet français, et accompagné du général Fock. Ces arrivées inattendues nous ont insufflé un nouvel élan.

Nous avons tous été frappés par le courage et le sang-froid d'EP Balachov, qui était l'un des grands favoris du régiment. Les balles sifflaient en nombre suffisant pour mettre les nerfs à rude épreuve chez tout homme qui n'avait pas été auparavant sous le feu, malgré quoi notre général civil [67] et son compagnon ne semblaient pas éprouver la moindre sensation de peur.

Le général Fock ne manqua pas de nous donner son avis sur la situation des affaires, et il déclara qu'il *fallait* de toute façon tenir la colline jusqu'à la nuit. C'était déjà une évidence pour nous tous. C'est une bien mauvaise chose que de reculer de jour sous le feu d'un ennemi qui n'est qu'à quelques pas. Mais le général Kondratenko exprima le souhait de tenir la colline pour une durée indéterminée, même s'il serait plus que difficile d'y rester sous une pluie d'obus, petits et grands, sans être à l'abri de leur effet meurtrier.

Vers midi, un carabinier descendit de la colline en courant avec un message du sous-lieutenant Ivanov. Il exigea des renforts immédiats, et autant que possible, disant que les officiers et les hommes commençaient à hésiter ; il était donc évidemment nécessaire d'envoyer immédiatement de l'aide.

Je savais que le sous-lieutenant Ivanov ne demanderait pas de renforts sans raison valable. J'en ai informé le général Kondratenko (il nous restait une compagnie en réserve) et il a été décidé d'envoyer les renforts nécessaires. Mais le général Fock a entendu l'ordre donné et a tiré sur notre « inexpérience ».

"Qu'est-ce que cela signifie?" a-t-il dit. « Vous voulez tenir jusqu'à la nuit et pourtant vous envoyez votre dernière réserve ?

"C'est absolument nécessaire", répondis-je.

« Ce n'est pas du tout nécessaire », a déclaré le général Fock.

« Très bien, Nicolas Alexandrovitch », dit le général Kondratenko en se tournant vers moi ; "Nous attendrons encore un peu."

J'ai vu que l'assurance du général Fock avait annulé le jugement du général Kondratenko, et je n'ai pas eu moi-même le courage moral de le contredire et d'insister sur l' envoi de la dernière compagnie, d'autant plus que le colonel Irman, mon supérieur immédiat, ne m'a donné aucune information. soutien.

Environ une demi-heure s'est écoulée depuis que les renforts ont été demandés. Balachov et M. Tordan partirent en disant qu'ils en avaient assez, et le général Fock partit également. Pendant ce temps, la lutte devenait de plus en plus acharnée, et les premiers signes d'hésitation devenaient évidents.

J'ai remarqué trois fusiliers qui s'enfuyaient de la colline et trois hommes sans fusil derrière eux. J'ai attiré sur eux l'attention du général Kondratenko, et il s'est évidemment rendu compte de son erreur, car il m'a dit : « Ah ! maintenant, il est trop tard ! Puis, derrière le deuxième groupe de trois hommes, suivirent rapidement une vingtaine d'autres, et bientôt une compagnie entière dévala la colline à leur poursuite.

Sur la colline elle-même, les hommes couraient dans toutes les directions, comme des fourmis dont la colline a été dérangée, mais un groupe d'une cinquantaine d'hommes s'est précipité dans la batterie supérieure, s'est placé sur le parapet et a tiré droit sur l'ennemi en contrebas. Devant ce groupe, tenant son épée nue à la main, j'ai vu notre enseigne par intérim Shchenakin et mon cœur s'est gonflé de fierté pour le 5e régiment. Tous ces hommes appartenaient au 5e régiment et n'avaient pas perdu l'espoir de tenir la colline, même si tous les autres avaient fui.

A ce moment, l'ennemi ouvrit un feu infernal sur ce groupe de héros, enveloppant la colline de nuages de fumée ; Soit dit en passant, les Japonais n'ont jamais hésité à tirer au-dessus de la tête de leurs propres hommes. Je ne voyais pas quelle serait la fin, car nous tous, le général Kondratenko, le colonel Irman et moi-même, avons galopé pour arrêter la retraite et, même si la tâche n'était pas facile, nous avons néanmoins réussi. J'ai placé la réserve près de notre colline centrale, et les troupes qui s'étaient retirées occupaient une position en contact avec cette réserve, depuis Namako Yama jusqu'à Connecting Ridge. Un message téléphonique fut immédiatement envoyé , ordonnant à l'artillerie de diriger autant de canons que possible sur la colline des 174 mètres .

Les bonnets jaunes s'étaient déjà montrés sur la crête et ont ouvert sur nous un feu assez violent, quoique peu précis.

A ce moment, la crête de la colline fut balayée par une tempête si terrible de nos obus, que tout ce qui vivait fut détruit en quelques secondes, et les Japonais n'osèrent pas se montrer, même après que le feu eut cessé.

Il est très difficile de maintenir des tranchées de campagne ordinaires contre une artillerie de siège placée à courte portée.

Avec la chute de 174 mètres Hill, nous avons vu qu'il était impossible de conserver Connecting Ridge, qui a donc dû être évacué. Le général Kondratenko donna l'ordre de le faire, puis rentra chez lui, complètement épuisé et tenant à peine debout, le colonel Irman s'en allant avec lui.

Profitant du fait que les Japonais n'osaient pas se montrer sur la colline des 174 mètres , je retirai discrètement les compagnies de Connecting Ridge, et les postai pour le moment derrière Namako Yama et Division Hill.

Les 19 et 20 août, la 5e Compagnie perdit 62 tués et blessés, soit environ la moitié de ses effectifs d'alors. Le 9e perdit 120 hommes et n'en resta plus que 48 dans les rangs. Nos entreprises ont été les dernières à reculer.

Nos pertes lors de la défense de 174 Meter Hill se sont élevées à 1 000 hommes, dont environ un tiers ont été tués.

Considérant que cette perte a été subie principalement sur 174 Meter Hill et Connecting Ridge, où seules quatre compagnies (800 hommes au maximum) pouvaient agir à la fois, la perte de 1 000 hommes à un moment donné donnera une idée de l'ampleur du feu développé. à cet endroit par les Japonais.

Si nous avions décidé de reprendre la colline, cela n'aurait pas été difficile, mais cela nous aurait coûté plus de 500 hommes par jour pour la tenir, car nous n'aurions pas pu reconstruire les tranchées pour suivre le rythme des attaques. montant des dégâts causés jour après jour ; mon régiment n'aurait suffi que pour quatre jours, puisque, y compris les détails du 28e régiment, notre effectif ne dépassait pas 1 800 hommes.

Comme le montre le récit précédent, lorsque la nécessité s'en faisait sentir, des unités d'autres régiments m'étaient envoyées, mais elles étaient souvent requises pour d'autres positions de la ligne défensive.

Outre 1 000 victimes, nous avons perdu 2 longs canons de 150 mm. canons, 4 canons de campagne, 2 mitrailleuses et 4 mortiers de campagne. Cependant, nous en avons repris deux lors des dernières attaques au pied de la colline des 174 mètres .

Avec la chute de 174 mètres Hill, il devint immédiatement nécessaire de renforcer les tranchées sur Division Hill, Namako Yama, Akasaka Yama et 203 Meter Hill.

Ces tranchées étaient loin d'être complètes, à l'exception de celles de la colline de 203 mètres , où elles étaient constituées de pare-éclats et d'une légère couverture contre les éclats d'obus, et étaient équipées d'enchevêtrements de fils de fer.

Mais notre expérience sur la colline du 174 mètres nous avait appris combien nos travaux de terrassement étaient faibles en comparaison de la puissance destructrice des obus ennemis, et il était donc évidemment nécessaire de renforcer considérablement toutes les fortifications de la colline du 203 mètres .

Tout cela aurait dû être fait plus tôt, mais le manque d'outils et d'hommes nous avait empêchés, pendant la défense, de travailler sauf dans les positions avancées. La colline du 203 mètres était une exception, car étant l'un des points les plus importants, sinon *le* plus important, de la ligne défensive, elle avait retenu mon attention particulière.

Il fallut se remettre au travail nuit et jour. Voici ce que j'ai proposé de faire : regrouper les quatre tranchées de Namako Yama en une seule longue tranchée sur toute la longueur de la colline ; faire plusieurs tranchées de communication à l'arrière de la colline, où des pare-éclats devaient être construits et des tentes érigées pour ceux qui défendaient la colline ; construire des cuisines et établir un poste de secours au pied de la colline, à proximité de la batterie de canons longs de 6 pouces ; construire un magasin pour les munitions, les obus et les cartouches pour armes légères, et également construire une pirogue pour le commandant. Je proposai en outre de transformer la tranchée au sommet d'Akasaka Yama en redoute, et de faire plusieurs tranchées devant elle le long de la colline ; renforcer tous les pare-éclats sur la colline des 203 mètres ; et de placer des bois massifs pour maintenir le couvre-chef, de sorte que les pare-éclats restent debout, même si le parapet était emporté par le vent.

Nous nous sommes mis au travail la première nuit après la capture de 174 Meter Hill.

Les troupes sur les positions que nous occupions étaient disposées comme suit : Sur la colline de la Division, les 5e, 7e et 11e compagnies du 5e régiment, avec les 2e et 3e détachements d'éclaireurs du 5e régiment et la 9e compagnie du 27e régiment, sous le major Beedenko . Sur Namako Yama, deux compagnies de Marines, sous nos propres officiers, Afanaisev et Siedelnitski , toutes deux sous le commandement du lieutenant Shcherbatchev ; la 7e Compagnie du 28e Régiment et le 2e Détachement Scout du même régiment, sous les ordres du Major Sokkatski ; également une compagnie du 13e Régiment et la 9e Compagnie du 5e Régiment. [68] Une section de Marines a défendu le volcan éteint. Sur la colline du 203 mètres , comme auparavant, il y avait les 2e et 4e compagnies du 5e régiment, et j'avais en réserve trois compagnies du 4e bataillon de réserve. Tous travaillaient la nuit et dormaient le jour.

Nous étions beaucoup plus forts maintenant que notre ligne défensive était beaucoup plus petite, et je ne craignais plus les attaques soudaines. Mais l'incident regrettable suivant a encore une fois troublé ma tranquillité d'esprit.

Tôt le matin du 23 août, j'ai été réveillé par un rapport selon lequel les Japonais avaient pris le volcan éteint dans la nuit.

VOLCAN ÉTEINT : PRISE DU FLANQUE DROIT DE NAMAKO YAMA.

Je ne voulus pas le croire d'abord, car les coups de feu avaient dû être entendus et la nuit s'était déroulée dans un calme absolu.

Quand je l'ai dit à l'infirmier, il m'a dit qu'il n'y avait pas eu de tirs, car les Marines s'étaient endormis.

Il s'est avéré par la suite qu'ils ne dormaient pas, mais qu'ils travaillaient et qu'ils avaient été surpris parce qu'ils n'avaient pas réussi à ouvrir des avant-postes. Le volcan éteint comportait deux tranchées : l'une près du pied, pour une demi-compagnie, et l'autre sur la crête, pour une section. Trois jours auparavant, j'avais envoyé une demi-compagnie de Marines sur cette colline pour le travail et la défense .

En raison de leur ignorance du travail des avant-postes, ils n'avaient placé aucune sentinelle permanente la nuit, mais se contentaient de quelques sentinelles dans les tranchées.

Remarquant leur négligence, un petit corps de Japonais s'était glissé vers les sentinelles somnolentes, les avait surpris et s'était précipité dans la tranchée.

Nos Marines n'ont compris la situation que lorsque la majorité d'entre eux avaient déjà été tués. Le reste s'enfuit vers la tranchée supérieure, où se trouvait une sous-division de tirailleurs (je ne me souviens plus à qui ils appartenaient : peut-être la 7e compagnie du 28e régiment, car ils occupaient le flanc droit de Namako Yama). Les Japonais ont couru derrière eux et ont fait irruption dans la tranchée sur leurs talons, prenant ainsi le volcan éteint sans bruit ni tir.

Le major Zimmermann, véritable héros au vrai sens du terme, commandant Namako Yama, apprenant ce qui s'était passé, organisa immédiatement une contre-attaque et, lorsque les hommes eurent un peu repris leurs esprits, leur donna l'exemple en se précipitant l'épée dégainée. . Les soldats l'ont suivi jusqu'à un homme et le volcan éteint a été repris. Malheureusement, le major Zimmermann fut blessé au bras et à la poitrine et dut abandonner son commandement.

Dix minutes après la reprise de la colline, l'artillerie ennemie ouvrit un feu épouvantable sur elle.

A ce moment-là, j'étais arrivé sur le lieu de l'action, ayant avec moi une des compagnies de réserve, à laquelle j'avais ordonné de rester sur l'emplacement des anciens bivouacs de l'état-major du régiment, près des tombes du colonel Petrov et du major Schiller.

En atteignant le sommet de Namako Yama, le point le plus proche du volcan éteint, j'ai vu que les calottes aux sommets jaunes se trouvaient à son sommet. Cela signifiait que le feu de l'ennemi nous avait chassés de la colline, ce qui s'est effectivement avéré être le cas.

J'ai envoyé un rapport à cet effet.

A ce moment, le colonel Irman arriva avec son adjudant et me dit qu'il avait fait venir trois compagnies de la réserve générale.

Mais il s'écoulerait au moins une heure avant qu'ils puissent arriver, et pendant ce temps l'ennemi pourrait s'enterrer et il serait très difficile de le chasser de nouveau.

Nous décidâmes donc d'attaquer la colline sans délai et, dans ce but, j'ordonnai au 1er détachement de reconnaissance de venir immédiatement à moi (il était stationné près du fort Yi-tzu Shan). Tout y était calme et je sentais que je pouvais retirer mes troupes de cette position sans craindre d'attaques hostiles.

Le colonel Irman a téléphoné à l'officier commandant l'artillerie de la forteresse pour qu'il ouvre le feu sur le sommet du volcan éteint avec autant de canons qu'il pouvait en supporter.

Nos canons ont tonné et une grêle d'obus a balayé le sommet de la colline. En un instant, la colline fut enveloppée de fumée et les pics jaunes disparurent.

Afin de voir ce qui se passait de l'autre côté de la colline, je suis entré dans un ravin devant le flanc gauche de Division Hill. Notre canonnade continue.

Au moment où j'atteignais mon nouveau point d'observation, j'ai vécu une expérience très alarmante. J'ai entendu le cri d'un lourd obus au-dessus de ma tête, et un instant plus tard, il est tombé à environ 10 pas de moi ; la terre a tremblé sous la réverbération assourdissante de l'explosion, et j'ai été lourdement projeté à terre, recouvert de sable et de mottes d'argile. Il m'a fallu un certain temps avant de me remettre du choc et de pouvoir continuer mon chemin.

Cela était dû à l'un de nos propres canons de 11 pouces sur les forts côtiers. Il a été posé sur la colline occupée par l'ennemi, mais l'obus est tombé près de moi : ce n'est pas la première fois que nos canons de défense côtière nous ont donné une mauvaise surprise. Un obus de 11 pouces a atterri une fois dans la tranchée de la 6e compagnie sur Division Hill. Heureusement, ces incidents n'ont eu aucune conséquence grave. [69]

En atteignant le flanc gauche de Division Hill, je constatai que la vallée ne m'était pas visible. J'ai crié à Division Hill, disant à ceux qui étaient là de m'informer s'il y avait quelque chose à voir derrière le volcan éteint, et j'ai vite reçu la réponse qu'il n'y avait pas de troupes hostiles dans la vallée.

Les Japonais, cependant, m'aperçurent depuis leurs tranchées et ne perdirent pas de temps pour me tirer dessus, ce qui était vraiment agréable. Ils ont même commencé à me bombarder avec leurs canons de campagne ; ils disposaient apparemment d'une énorme réserve de munitions pour fusils et fusils et les utilisaient certainement librement.


Lorsque je suis revenu auprès du colonel Irman, nos éclaireurs étaient déjà arrivés et nous avons décidé d'attaquer sans tarder. Les éclaireurs, avec une compagnie de la réserve (la 5e du 27e régiment), devaient avancer directement sur la colline, tandis qu'une compagnie de la garnison de Namako Yama se déplaçait du flanc. La montée de la haute colline escarpée fut difficile et se poursuivit pendant un certain temps sans que l'ennemi ne tire un coup de feu, nos canons balayant entre-temps le sommet. Cependant, lorsque les éclaireurs se rapprochèrent, ainsi que la compagnie de Namako Yama, nos canons cessèrent de tirer, sur quoi les pics jaunes couronnèrent de nouveau immédiatement la colline.

Les entreprises se sont précipitées. Ils atteignirent le parapet sous un feu très nourri, mais n'allèrent pas plus loin et se couchèrent près de lui, parmi les creux du sol.

Les forces opposées étaient si proches les unes des autres qu'elles pouvaient facilement lancer des pierres. Les pics jaunes se cachèrent derrière le parapet et nos hommes commencèrent à lancer des pierres, car il n'y avait aucune possibilité de les atteindre avec des balles. Les Japonais répondirent de la même façon, et cela dura pendant un certain temps.

Nous étions tout à fait habitués aux tirs de fusils et de fusils, et cela n'avait plus beaucoup d'effet sur nous maintenant, mais ces jets de pierres produisaient une impression des plus enfantines ; il était ennuyeux de penser qu'il n'y avait pas un seul homme assez courageux pour montrer l'exemple à ses camarades en montant sur le parapet, et toute la procédure semblait futile à celui qui attendait avec impatience un assaut.

Finalement, nos hommes ont arrêté de lancer des pierres et se préparaient visiblement à une charge à la baïonnette.


Plusieurs hommes se précipitèrent : un officier et quelques sous-officiers.

"Maintenant, Dieu avec toi!" me suis-je dit. « Enfin, ils se ressaisissent et se précipitent sur le parapet.»

Les pics jaunes apparurent un instant au-dessus de la crête du parapet, puis ils furent cachés par nos camarades, et avec un « Hourra » sauvage, nos compagnies se précipitèrent dans la tranchée. Alors tout fut silencieux.

"Ils l'ont compris", a déclaré le colonel Irman.

« Oui, nous l'avons déjà eu une fois », répondis-je, « mais cela n'a rien donné, car leur artillerie nous a de nouveau repoussé. J'ai signalé le succès du major Zimmermann cette fois-là ; mais maintenant nous allons attendre et voir. J'avais à peine fini de parler, que les Japonais commencèrent à balayer le sommet de la colline à coups de feu de leur artillerie lourde.

Nous pensions que rien ne pourrait être réalisé tant que ces maudites armes ne seraient pas détruites. Mais, obligée d'économiser ses munitions, notre artillerie ne résista guère aux batteries ennemies.

Des obus de tous calibres couvraient littéralement le sommet de la colline, mais nos hommes ne sortaient pas de la tranchée. Cela semblait en effet étrange, car il n'y avait pas de pare-éclats dans la petite tranchée, et un tel incendie devait détruire tous les défenseurs.

Dix minutes se sont écoulées et il n'y avait aucun signe de mouvement. Encore dix minutes et pas de retraite.

Enfin l'artillerie ennemie cessa le feu .

« Maintenant, me suis-je dit, la colline est à nous. » Mais un soldat japonais apparut soudain sur le parapet avec un drapeau.

« Qu'est-ce que cela signifie ? Nos hommes ne sont sûrement pas tous tués ? Mais c'était pratiquement le cas. Les quelques qui restaient se frayèrent un chemin jusqu'à Namako Yama. Et les Japonais se sont tenus sur le parapet et ont agité leur drapeau.

À ce moment-là, des renforts arrivèrent en vue : un détachement d'éclaireurs d'un régiment quelconque. A leur tête se trouvait le lieutenant Evstratov , un gaillard blond, grand et robuste, avec une barbe rougeâtre. Les hommes marchaient vite et joyeusement ; mais il n'y en avait pas plus de quatre-vingts.

« Comment se fait-il que vous soyez si peu nombreux ? Ils m'ont promis trois compagnies ?

«Voici les trois compagnies, colonel», dit le lieutenant.

"Où?" J'ai demandé.

"Ici", et il montra ses hommes. "Celles-ci valent plus que trois entreprises !"

Nous décidons d'ajouter un autre petit détachement qui arrive derrière les éclaireurs et d'attaquer comme avant, en envoyant encore une autre compagnie de Namako Yama sur le flanc. Nous envoyâmes donc un infirmier à Namako Yama avec les instructions nécessaires. Les hommes qui venaient d'arriver ne connaissaient pas le terrain, alors je les ai emmenés moi-même sur la colline et je les ai accompagnés jusqu'à ce qu'ils sachent tous comment et où ils devaient attaquer.

Notre artillerie a de nouveau ouvert le feu sur le volcan éteint, et nous avons vu l'homme au drapeau sauter du parapet, tandis que le sommet du volcan était enveloppé dans la fumée de nos obus éclatants. Nous étions évidemment en train de prendre notre revanche. Après cela, je suis retourné auprès du colonel Irman.

Il y avait très peu d'assaillants et nous attendions avec impatience des renforts, mais aucun n'arrivait, et déjà les éclaireurs avaient presque atteint le sommet et le feu commençait. L'officier a sauté sur le parapet et a tiré sur quelqu'un avec son revolver. Tous ses hommes le suivirent et se couchèrent sur le glacis sans sauter dans la tranchée. Il est évident que les Japonais étaient là.

Aucun renfort ne nous était encore parvenu. Je n'ai pas pu le supporter et j'ai couru vers une colline située derrière nous pour voir si les compagnies arrivaient ou si elles s'étaient arrêtées quelque part.

Pour atteindre cette colline, j'ai dû traverser un ravin assez large. En y descendant, j'entendis les Japonais tirer sur la colline, et en arrivant à mon point d' observation j'aperçus les compagnies de renfort se précipiter vers nous.

Je suis retourné voir le colonel Irman avec la bonne nouvelle, mais il a vite mis un frein à mon moral. "Ça ne sert à rien maintenant, nos hommes sont tous tués par des tirs d'obus." En regardant vers la colline, je n'ai vu que les cadavres de nos vaillants camarades.

Les compagnies de réserve nous arrivèrent complètement fatiguées. Le colonel Irman et moi ne pouvions nous empêcher de reconnaître qu'il était désormais impossible de reprendre la colline.

Parvenu à cette conclusion, le colonel Irman a adressé un rapport à cet effet au général Kondratenko.

J'ai appris par la suite que ce splendide officier, le lieutenant Evstratov , avait été blessé par un éclat d'obus et était mort à l'hôpital.

Le volcan éteint est resté aux mains des Japonais, et les tas de cadavres, tant russes que japonais, ont servi pendant le reste du siège de reproche à nos artilleurs, qui n'étaient pas assez forts pour empêcher l'ennemi d'entrer en action au moment décisif. gammes.

La défense de cette colline était plus courte que celle de la colline de 174 mètres ; bien sûr, il y avait des raisons à cela. En premier lieu, le sommet de la colline était dix fois plus petit que celui de la colline des 174 mètres , les tranchées ne pouvant accueillir qu'une seule section ; et, deuxièmement, il n'y avait pas un seul pare-éclats dessus, et la ligne de tranchées dépassait notre ligne de défense générale et avait devant elle une certaine quantité de terrain mort.

Nos tirailleurs n'étaient pas à l'abri des tirs d'artillerie et s'ils ne se retiraient pas, ils étaient détruits en un seul homme. Mais si nous cédions cette colline aux Japonais, nous espérions qu'ils ne l'occuperaient pas, car notre artillerie pourrait les balayer, comme leurs troupes le faisaient lorsque nous en étions en possession. Cependant, il n'en a pas été ainsi.

Lorsque nous avons dit à nos artilleurs de chasser les Japonais de cette colline, ils ont répondu qu'ils avaient très peu d'obus et qu'ils devaient les garder pour des cibles plus importantes.

donc gardé nos tranchées impunies et les ont réparées, créant des tranchées de communication et une couverture contre nos balles.

Le colonel Irman m'a donné les compagnies qui étaient arrivées à l'arrivée pour renforcer les défenses de Namako Yama, et j'en avais absolument besoin.

Quelle influence énorme un homme, qu'il soit officier ou simple soldat, peut avoir sur l'issue d'une bataille !

Au cours de nombreuses batailles, j'ai remarqué et étudié l'effet psychologique produit sur un homme ordinaire confronté à la mort.

Le désir d'échapper au danger qui le menace est si grand qu'il est à peine capable de faire preuve de la force de volonté d'un individu, même moyen.

Submergé par ce sentiment, l'homme perd sa faculté de peser les circonstances, et soit il agit par habitude, soit il suit l'exemple de son commandant ou de son voisin . (C'est un phénomène bien connu, mais il n'est signalé que par l'homme qui a été parmi les soldats lors d'un combat.) Or, en supposant que ce voisin perde la tête et s'enfuie, il y en a très peu qui ne suivront pas son exemple ; l'homme moyen prendra aussi la fuite, son voisin le suivra, et ainsi de suite, jusqu'à ce que tout le détachement se retire en désordre.

Une retraite désordonnée est toujours déclenchée par un seul homme, et dans la plupart des cas, cet homme est physiquement faible et parfois, bien que rarement, manifestement funk. Il est donc essentiel de recruter des soldats parmi des hommes physiquement forts, car presque tout homme faible sera une cause de retraite et, par conséquent, de défaite. Une centaine d'hommes d'élite sont préférables à deux ou trois cents faibles, même si ces derniers sont également bien entraînés.

J'ajouterais que les hommes doivent apprendre à ménager leurs forces. Lors d'une longue marche, les soldats fatigués sont pires qu'inutiles. Je dis donc qu'il faut se débarrasser de la plupart de ce que nos soldats transportent désormais dans leur sac à dos, et ne retenir que les articles suivants : 1 chemise, 1 pantalon, 1 paire de mastics, 1 paire de chaussettes, une pelote de peluche, un beurre. -de l'étain, des aiguilles et du fil, et du sucre pendant deux jours. Toutes les autres choses sont absolument superflues. Ayez vos colonnes d'approvisionnement parfaites ; mais le soldat doit marcher le plus léger possible, et doit en outre avoir l'air intelligent, afin qu'un ennemi n'ose pas le traiter de « mendiant en haillons ». [70] Faites un soldat si intelligent que même un négligé deviendra un plutôt bel homme. Une apparence extérieure élégante remonte le moral des troupes.

Il est également indispensable d'enseigner minutieusement au fantassin la fortification de campagne, afin qu'il devienne l'égal d'un sapeur et n'ait besoin d'aucune surveillance en temps de guerre. Dans le 5e régiment, non seulement les sous-officiers, mais aussi les hommes, pouvaient indiquer où les tranchées devaient être construites, quelle profondeur et quelle longueur elles devaient avoir.

Nos hommes reprochaient aux sapeurs de creuser des tranchées avec des appuis-coudes, car ils savaient par expérience ce que signifiait la perte de cette largeur de terre le long de la ligne de tir. Ils ont déclaré que les sapeurs l'avaient fait parce qu'ils n'avaient pas eux-mêmes été sous le feu des éclats d'obus et ne savaient pas comment viser à couvert.

COLLINE ROUGE À DROITE, AVEC LA VILLE ET LA BAIE DANS LA VALLÉE. AU PREMIER PLAN ON VOIT LE QG DU 5ÈME RÉGIMENT.

# CHAPITRE VI

Poursuite des travaux de fortification des différentes collines - Fin du premier assaut général, 22 et 23 août - Attaques de Namako Yama du 24 août au 19 septembre.

Dès que le volcan éteint a été rendu aux Japonais, j'ai décidé de renforcer nos défenses actuelles au moyen de tranchées et d'enchevêtrements de câbles, et j'ai fait étendre et approfondir en conséquence les tranchées de Namako Yama et de Division Hill.

J'ai placé la 10e compagnie dans la vallée entre le volcan éteint et Division Hill, dans l'espoir de combler ainsi le vide entre les collines occupées par nous.

Cela fait, il nous fallut ensuite nous mettre au travail pour fortifier Akasaka Yama, prenant la tâche en main sans un instant de retard.

J'avais déjà commencé une redoute capable d'accueillir une compagnie au sommet d'Akasaka Yama, qu'il fallait maintenant achever, et, en outre, il fallait construire des tranchées autour de la colline pour cinq compagnies.

En gardant à l'esprit la possibilité d'une percée de l'ennemi à travers le volcan éteint, j'ai fortifié le terrain entre Fort Yi-tzu Shan et Riji Hill [71] et j'ai fait de Division Hill et de Namako Yama deux commandements indépendants. Nous devions également protéger nos communications avec Division Hill et Namako Yama, qui pourraient être exposées à des attaques. Pour tout ce travail, nous avions besoin d'outils, de matériel et d'hommes, et encore une fois nous manquions des trois. Heureusement, dans cette période difficile, le major Gemmelmann du génie, ainsi que plusieurs sous-officiers, étaient attachés à moi, ce qui m'a permis de dormir un peu la nuit. J'ai rassemblé un grand stock de *matériel* près du camp du quartier général régimentaire.

Après de nombreux messages urgents, les autorités concernées ont commencé à nous envoyer du fil de fer, des sacs (pour le sable), toutes sortes de fer et d'acier et quelques outils, et, comme auparavant, nous nous procurions tout ce dont nous avions besoin dans les magasins de la ville et auprès des les gens des chemins de fer.

Nos chevaux régimentaires étaient très épuisés par le transport de matériaux lourds, tels que des poutres, des planches, des rails, etc. Nous avions très peu de charrettes et de chariots pour transporter ces choses, car nos wagons à bagages servaient principalement à transporter les nécessités et les provisions du régiment. répondre à nos besoins quotidiens.

C'est une chose extraordinaire qu'une forteresse importante comme Port Arthur ait pu être laissée presque sans aucun véhicule pour le service général, un besoin qu'il faut voir et ressentir pour permettre de bien comprendre ce que signifie un transport suffisant dans une forteresse et combien il est indispensable. est.

Vers la fin du siège, un train léger fut installé jusqu'à mon quartier général, mais il ne fut jamais mis en service, probablement à cause du manque de camions. J'ai vu les rails, mais les camions brillaient par leur absence. Une forteresse, comme une armée, doit avoir son propre moyen de transport et les chevaux nécessaires, ou, de préférence, être dotée de bons véhicules automobiles puissants.

Je voulais construire pour moi et le colonel Irman un poste d'observation à l'épreuve des éclats sur l'une de nos collines, mais là encore, faute de moyen de transport, nous avons dû rester pendant toute la durée du siège dans un poste d'observation exposé au feu ennemi. Nous passions toujours la nuit au quartier général du régiment, où séjournait également l'état-major du colonel Irman (qui commandait tout le front occidental). Nos quartiers étaient des bâtiments appartenant aux bureaux du quartier général de l'artillerie à Red Hill, et un grand chapiteau dressé là servait de réfectoire, dans lequel un bon nombre d'entre nous s'asseyaient pour dîner.

Nous recevions rarement des visites officielles de la ville, car nous n'étions pas hors de portée des balles et des obus de l'ennemi. Deux musiciens ont été tués près du bâtiment et deux blessés, ainsi que mon infirmier, le soldat Ravinski .

Cependant le général Nikijine sortait assez souvent à cheval pour souper avec nous, et nous attendions toujours avec plaisir ses visites. Toujours de bonne humeur, il était un causeur intelligent et divertissant, et il nous apportait invariablement quelques nouvelles intéressantes, de sorte que pendant qu'il était avec nous, nous oubliions la monotonie de notre existence. De lui, nous savions comment les choses se passaient dans les autres parties de la forteresse, quelles attaques avaient été repoussées et les dernières nouvelles de l'armée de Kouropatkine .

Nous buvions une quantité extraordinaire de thé, dont les officiers, du régiment et de l'état-major, disposaient en abondance, Dieu merci ! Nos dîners devenaient cependant un peu maigres : soupe de riz et chair de cheval rôtie, avec du riz garni de beurre rance ou de suif. Le souper était à peu près du même genre. Parfois, lorsque les hommes nous apportaient une cantine pleine de « goltsies » (petits poissons noirs) qu'ils avaient pêchés dans les étangs des chevaux, nous organisions un banquet régulier.

Lorsque je montais pour faire des observations depuis Red Hill, je tirais souvent de petits oiseaux assis dans les buissons sur les pentes de la colline, que nous mangions avec beaucoup de délectation. Je pense que les engoulevents, en particulier, sont les plus délicieux, et je ne sais pas pourquoi nous n'en mangeons pas davantage dans le cadre de notre vie ordinaire.

Il y avait un petit bois de sapins derrière Red Hill, vers son côté nord, qui devint mon lieu de repos préféré et un magnifique point d'observation. On pouvait se promener dans ce bois et respirer l'air lourd de l' odeur des sapins, et en même temps voir toutes les positions. Par une journée ensoleillée, tous les hommes présents sur les collines environnantes pouvaient être vus, et les occupations des différentes unités défendant les positions pouvaient être clairement observées. Là, sur Division Hill, ils prépareraient le dîner dans les cuisines de la 7e Compagnie ; un peu à gauche, les dîners de la 6e compagnie étaient déjà servis ; et le long de la tranchée de communication, une compagnie entière se déplaçait pour relever nos détachements d'éclaireurs sur le flanc gauche de Division Hill, qui étaient en contact constant avec les Japonais.

Sous Red Hill se trouvait une rangée de petits étangs, utilisés comme points d'eau pour les chevaux d'artillerie. Ils étaient une source de réel plaisir pour nos hommes, qui s'y baignaient fréquemment et pêchaient, malgré les balles et les obus qui les éclaboussaient constamment.

Tout était calme sur la colline des 203 mètres et j'étais reconnaissant que les Japonais nous laissent le temps de la fortifier.

Il y eut un bombardement inoffensif des forts Yi-tzu Shan et Ta-an-tzu Shan, tous les obus tombant en deçà du premier et passant au-dessus du second.

Avec quelle force terrible ils ont éclaté ! Les gaz ne sont pas très visibles et ne s'accumulent pas en une seule grande bouffée, mais sont entraînés en petites traînées à peine visibles à l'œil, puis au-dessus un nuage de fumée noire est visible.

Il était remarquable que là où le premier obus tombait « à court », les autres tombaient tous à court de même ; si « terminé », alors le reste tombait.

Il y avait une route entre les forts Chikuan et Ehr-lung. Debout sur cette route, on pouvait assister à l'exercice d'un certain canon japonais. Les obus, tombant sur la route depuis derrière la colline, frappaient toujours exactement au même endroit, que tout le monde évitait de combattre , et cela a continué tout au long du siège, du début à la fin. Les soldats plaisantaient à ce sujet et disaient que c'était un tireur qui calibreait son arme.

Très peu d'obus ont éclaté à proximité de ma promenade dans le bois. Ils tombèrent tous sur la batterie de la Colline Rouge, où le lieutenant Kornilovitch , un officier des plus vaillants, venu de Kiev à la batterie du colonel Petrov, fut tué.

J'ai passé beaucoup de temps dans le bois de Red Hill, revivant tout ce qui s'était passé et essayant de ne penser ni au présent ni à l'avenir. Je disais toujours aux hommes : « Ne pensez jamais à ce qui va *vous* arriver, mais seulement à ce qui *s'est* passé. »

J'étais fréquemment accompagné dans mes promenades par notre médecin, Théodore Troitski . Il était toujours de bonne humeur et plein de plaisanteries, il trouvait toujours quelque chose d'intéressant à dire et était donc très recherché. Pendant mon temps libre, quand tout était calme, j'allais souvent au poste de secours et buvais une bouteille de stout avec Troitski , qu'il avait réussi à obtenir par des moyens secrets dans un endroit précieux. Même si beaucoup lui enviaient sa position privilégiée, personne ne parvenait jamais à savoir d'où il tirait sa grosse.

* * * * *

Afin de renforcer les positions, nous avons dû construire, en plus des tranchées, des obstacles de toutes sortes aux points les plus importants.

Le dispositif favori , et le plus efficace, était l'enchevêtrement de fils de fer, mais il y avait très peu de barbelés dans la forteresse.

Certes, une énorme quantité de barbelés avait forcément été utilisée pour renforcer la principale ligne défensive intérieure, mais lorsqu'il s'agissait de bloquer les intervalles entre les forts (avant notre arrivée à Port Arthur) personne ne semblait avoir pensé à fortifier 174 Meter Hill. . Je ne dis pas cela dans un esprit de critique envers ceux qui ont fortifié Port Arthur. Naturellement, ils devaient d'abord renforcer la ligne de défense principale , et ils n'avaient pas non plus suffisamment de matériel pour la Colline des 174 mètres .

## THEODORE SEMENOVITCH TROITSKI, MÉDECIN RÉGIMENTAL, 5ÈME RÉGIMENT.

Les éléments suivants étaient couverts par des enchevêtrements de fils : 203 Meter Hill, le flanc gauche d'Akasaka Yama (un morceau très court), le flanc gauche de Division Hill et le flanc droit de Namako Yama. (L'espace entre le volcan éteint et Namako Yama a été renforcé par des planches avec des pointes. [72] ) Pour empêcher l'ennemi de percer entre Falshivy Hill [73] et la colline des 203 mètres , des fougasses ont été posées, ainsi qu'entre Akasaka Yama et Namako. Yama, et sur le flanc gauche de Division Hill. Ces fougasses étaient très redoutées par les Japonais, et c'est peut-être pour cette raison qu'ils n'essayèrent pas une seule fois de forcer aucune des vallées, mais choisissaient toujours de gravir les falaises les plus impossibles.

* * * * *

Nous avions subi de nombreuses défaites dès le 14 août, et cela continua jusqu'en septembre, les Japonais, grâce à leur supériorité en artillerie, nous prenant colline après colline.

défense deviendrait efficace , en raison de la plus grande facilité de communication entre les défenseurs des différentes lignes. postes.

, au centre [74] où étaient dirigées les principales attaques japonaises, nous nous sommes défendus avec succès et nos succès là-bas nous ont considérablement remonté le moral.

* * * * *

Il ne restait plus aucun mouton. Nous les avions tous mangés. Nous mangions occasionnellement de l'agneau pour le dîner, coupé en très petites portions et servi en bouchées, mais nous vivions principalement de soupe de riz.

Il était toujours très difficile d'obtenir du foin pour les chevaux, et très vite il deviendrait impossible d'en acheter et nous serions obligés de le récolter. Les réserves fourragères du gouvernement n'ont pas encore été touchées.

Nous avons envoyé le lieutenant Bogdanovitch à Pigeon Bay pour nous chercher du poisson. Il en a ramené beaucoup, mais tous étaient des sébastes qu'aucun de nous n'aurait regardés quelques mois auparavant.

Comme je l'ai déjà dit, lors de la prise de 174 Meter Hill, nous avons évacué Connecting Ridge, que les Japonais ont immédiatement occupé et ont commencé à fortifier. Ils construisirent également une solide ligne de tranchées conçues pour balayer l'arrière de Namako Yama.

Le 15 août, je fus placé au commandement des forts et des batteries de la ligne défensive allant du fort Yi-tzu Shan au fort Ta-yang- kou Nord.

J'avais constamment été sur toutes ces positions et forts. Le fort Ta-an-tzu Shan fut le seul achevé, tandis que le fort Yi-tzu Shan fut achevé à l'intérieur, mais il n'y eut pas de traversées et la garnison dut en construire à l'aide de sacs de sable. Il n'y avait pas non plus de caponnières dans les fossés, et on pouvait déboucher sur la gorge [75] du fossé du flanc gauche et monter sur le parapet. C'est pourquoi les hommes composant la garnison firent eux-mêmes une caponnière ouverte à l'angle avant (saillant principal), en bloquant l'accès par des grilles de fer.

Le fort Ta-yang- kou Nord fut exploité par la garnison tout au long du siège. Tout ce que l'ennemi pouvait voir était un gigantesque tas de pierres de taille, devant lequel se trouvait un fossé d'environ 4 sagènes [76] de profondeur, avec une escarpe et une contrescarpe verticales taillées dans le roc. Une pente nue descendait dans ce fossé depuis l'entrée du fort. Il était prévu de faire une porte, mais comme on n'avait pas le temps de la découper, chacun était libre de sortir du profond fossé sur cette pente, et ainsi, des deux côtés du fossé, tout droit. par l'entrée du fort. Les casemates ou pare-éclats manquaient totalement. Il n'y avait pas non plus de défense sur le flanc droit, de sorte que l'intérieur du fort était clairement visible depuis les positions d'artillerie ennemies. La face avant et l'entrée étaient magnifiquement flanquées, mais le flanc gauche fut pris complètement à l'envers par de très nombreuses batteries japonaises.

Avec l'aide de quelques ouvriers envoyés par nous, la garnison fortifie le flanc droit par des blindages. Au centre et derrière l'entrée fut construit un solide pare-bombes, suffisamment grand pour accueillir toute la garnison. Le toit de ce pare-bombes a été spécialement réalisé pour résister à des obus de gros calibre (j'ai moi-même constaté les dégâts causés par un obus de 11 pouces sur la partie avant droite d'un coin de celui-ci, mais le pare-bombes lui-même n'a pas été touché). Des pare-éclats pour les officiers et les détachements de canons furent construits sous les remparts, et près du flanc droit un grand projecteur, avec une grosse machine à vapeur, fut placé sans aucune couverture.

L'espace entre les forts Yi-tzu Shan et Ta-yang- kou Nord était couvert par une ligne ininterrompue d'enchevêtrements de fils de fer, complétée par un grand nombre de fougasses, et au-dessus encore d'une ligne de tranchées, qui étaient cependant très peu profondes et très peu profondes. avait des parapets très minces. Nous n'avons pu les terminer qu'après notre retraite de la Colline des 174 mètres vers nos positions principales.

Menacée du côté du volcan éteint et enfilée depuis Connecting Ridge, Namako Yama était dans une position dangereuse, d'autant plus que les tranchées qui s'y trouvaient étaient absolument dépourvues de couverture aérienne contre les tirs d'obus. C'était une bonne chose qu'après la capture de la colline des 174 mètres , nous ayons construit de longues traversées sur toute la largeur de la colline, de sorte que les tirs d'enfilade depuis Connecting Ridge aient eu peu d'effet. Lorsque l'arrière de Namako Yama commença à souffrir des tirs de Connecting Ridge, je postai deux canons à tir rapide près de la route menant à la colline. Ils ont démoli les tranchées de Connecting Ridge et ont obligé les Japonais à arrêter leur fusillade ennuyeuse et dangereuse. Afin de garantir Namako Yama contre les attaques nocturnes, j'ai bloqué la route qui longeait son arrière avec une rangée de fougasses, d'enchevêtrements de fils de fer et *de chevaux de frise* faits de planches (un excellent obstacle quand il n'y a pas d'artillerie pour la démolir). Pour empêcher un mouvement de retournement sur le flanc droit, j'y posai des fougasses, et prolongeai les tranchées sur le flanc droit d'Akasaka Yama, où je postai deux compagnies dans des tranchées bien construites.


Malgré toutes ces mesures, Namako Yama était très faible, car les tranchées étaient très peu profondes et non protégées par un couvre-chef contre les éclats d'obus. Outre cet inconvénient, les pentes proches de la colline ne pouvaient pas être balayées partout par le feu des défenseurs, un grave échec lorsqu'il s'agissait d'avoir affaire à un ennemi tel que les Japonais. Tout cela m'a montré que Namako Yama était dans un état très précaire, bien que défendu par six compagnies.

Tout bien considéré, je me mis au travail pour renforcer les défenses d'Akasaka Yama, mais le manque d'outils et d'hommes retarda les travaux, d'autant plus qu'il fallait en même temps renforcer le flanc gauche de Division Hill, malheureusement en difficulté . besoin d'en avoir. Il était possible de voir non seulement les têtes, mais même les talons des fusiliers défendant les tranchées depuis la direction du volcan éteint. Il nous était également impossible d'atteindre la colline, nous avons donc dû creuser au moins deux longues tranchées de communication. Tout cela exigeait un nombre énorme d'outils et d'hommes, et la difficulté de construire des fortifications était accrue par la rareté de tout ce qui était nécessaire.

C'était une chance que nous ayons eu une pluie abondante, produisant des ruisseaux remplis d'eau propre, froide et fraîche, et fournissant des lieux de baignade et de lavage à presque toutes les compagnies présentes sur la position.

203 Meter Hill et Namako Yama étaient dans une situation pire à cet égard. De là, les hommes devaient se rendre aux étangs à chevaux d'artillerie, proches du quartier général de l'état-major, inaccessibles sans quelques dangers. Le sous-lieutenant Ivanov y a été blessé à la jambe par une balle perdue. Il n'existait cependant aucun autre endroit moins exposé.

Les 22 et 23 août, l'assaut principal japonais [77] sur le centre de notre ligne défensive fut repoussé, l'ennemi perdant très lourdement. On nous dit que toutes les pentes des collines attaquées étaient encombrées de cadavres japonais et que la puanteur devenait insupportable, ce dont nous souffrions également, en raison du nombre de morts sur le volcan éteint.

Lorsque le major Zimmermann fut blessé le 22 août, je nommai le major Moskvin, qui était chargé de l'administration, pour commander sur Namako Yama. J'avais une grande confiance en cet officier vaillant et énergique, et j'étais assuré que la défense de Namako Yama serait plus sûre entre ses mains que dans celles de n'importe quel autre homme, tous nos propres officiers étant complètement épuisés et exigeant un repos immédiat. A part cela, ils étaient presque tous blessés.

Vers cette époque, l'événement suivant eut lieu. Le lieutenant Frost, notre trésorier, le capitaine Felitzin et le père Vasili Slounin ont été hébergés dans mes anciens quartiers, près du bazar de la Nouvelle Ville. Le matin (je ne me souviens plus à quelle heure), ils venaient à peine de se lever et de boire du thé, lorsqu'un obus éclata dans la pièce où ils étaient assis. Le capitaine Felitzin a été blessé à la tête, tout comme le père Slounin (il avait une partie des cheveux roussis), et le lieutenant Frost a été grièvement blessé à la tête, en plus de recevoir plusieurs autres blessures mineures au visage. Dieu merci! aucun d'eux n'a été tué, et tous se sont vite rétablis.

# PÈRE VASILI SLOUNIN, AUMÔNIER DU 5ÈME RÉGIMENT.

Un grand nombre de nos chevaux ont été tués dans nos charrettes à deux roues et nos chariots de compagnie alors qu'ils transportaient des provisions vers les positions. Les chevaux tués étaient mangés, contribuant ainsi à maintenir la force physique des soldats de base. Beaucoup d'entre eux n'aimaient pas la chair de cheval, mais, à l'instar des autres, ils en mangeaient et s'en sentaient d'autant mieux. L'incident suivant servira à prouver que la chair de cheval fut finalement très recherchée. Je ne me souviens pas exactement quand cela s'est produit, mais un cheval a été tué un jour près de notre quartier général. Ce jour-là, faute d'hommes, nous n'avons pas enlevé la carcasse, et le matin le cheval était parti, quelques taches de sang ne montrant que l'endroit où il gisait. Nous avons appris par la suite que les hommes de Red Hill étaient venus, l'avaient coupé en morceaux et l'avaient partagé entre eux.

* * * * *

Je me suis levé très tôt le 24 août, j'ai bu une tasse de thé et, voyant que tout était calme, je suis allé prendre ma constitution dans le bois de Red Hill. C'était une matinée glorieuse et je pouvais clairement voir les hommes sur les positions descendre pour se laver.

La fumée des cuisines de campagne montait dans l'air clair ; cela promettait d'être une journée magnifique.

Je ne me souviens pas combien de temps je suis resté assis là parmi les arbres verts odorants, mais j'aurais dû rester un temps considérable si je n'avais pas été hélé d'en bas. Quelqu'un m'appela pour que j'aille avec le colonel Irman au fort Ta-yang- kou Nord, sur lequel je descendis rapidement la colline, trouvai mon cheval déjà sellé, et en quelques minutes nous atteignîmes le fort mentionné par la route de la ville. Il n'aurait pas été prudent de traverser tout droit.

À mi-chemin, nous sommes passés devant une batterie de 42 mm. canons (Redoute n°4).

J'ai signalé au commandant de cette batterie l'extrémité d'une tranchée japonaise, où nos éclaireurs disaient qu'il y avait des mitrailleuses japonaises qui gênaient nos sorties. Les embrasures de ces armes étaient clairement visibles à travers des lunettes.

Nos canons furent rapidement pointés sur la cible et, après quelques tirs à distance, les obus commencèrent à tomber avec une précision extraordinaire.

L'extrémité dangereuse de la tranchée a été détruite, mais je pense que les canons sont restés intacts, peut-être parce que les Japonais, anticipant le bombardement imminent, les avaient déplacés vers un autre endroit. Il leur faudrait cependant une nuit entière de travail pour les remettre en place. Le 42 mm. Le canon est une arme très précise, et il est dommage que l'effet de son obus hautement explosif soit si léger qu'il ne le rend utile qu'au démontage des pièces ennemies. Le canon est suffisamment mobile pour être capable de se concentrer rapidement et soudainement sur n'importe quelle batterie hostile entièrement exposée, une éventualité qui se produirait cependant rarement, car de nos jours, toutes les batteries sont soigneusement cachées à la vue de l'ennemi. Cependant, les pièces de ce type sont incapables de faire face à des canons lourds, et on ne préconiserait pas d'en avoir un grand nombre dans une forteresse. Leur véritable place est en réserve, et non en batteries sur les principales positions de combat.

L'ennemi n'a pas tiré un seul coup de feu en réponse au 42-mm. des canons et nous nous dirigeâmes tranquillement vers le Fort Ta-yang- kou Nord, que nous atteignîmes quelques minutes plus tard.

Tout était calme au fort. Les hommes travaillèrent avec régularité et sans entrave, mais il y avait énormément à faire, la tâche entreprise par la garnison étant de construire une tranchée couverte ainsi que des pare-éclats. Des pare-éclats pour les détachements de canons et les officiers avaient déjà été construits, de sorte que le fort devint plus ou moins autonome et capable d'assurer une bonne défense .

Nos tirailleurs étaient initialement postés à l'extérieur du fort, mais, grâce à l'achèvement d'un grand chemin couvert et à l'épreuve des bombes avec des traverses à l'intérieur, il leur fut possible d'occuper la véritable ligne défensive et de vivre dans le fort. Comme toujours, les officiers nous ont reçus avec plaisir, nous ont offert du thé, puis nous ont fait faire une tournée d'inspection. Chacun était à son poste. Les travaux avançaient rapidement et le capitaine Versi , du département de la construction navale, qui supervisait les travaux du fort, fit preuve d'une grande énergie et de grandes ressources. Les sorties du fossé étaient couvertes et les fossés de flanc bien enfilés des deux côtés.

Un grand pare-balles, insensible aux tirs de fusils et d'obus, était en construction pour la réserve, mais le sol était solide et les travaux étaient donc lents. Nous avions terminé notre inspection et discutions avec le commandant dans un véhicule à l'épreuve des éclats, lorsque nous avons entendu un grand fracas, provoqué par l'éclatement d'un gros obus japonais quelque part à proximité .

Nous avons tous suivi le colonel Irman hors de l'abri. Les détachements de canons travaillaient sur leurs canons, les plaçant sur un point éloigné d'où venait l'obus ennemi. Il était dangereux de rester à découvert, alors avec le colonel Irman, j'ai couru vers le canon le plus proche, où le signaleur pouvait toujours avertir de l'arrivée d'un obus. Avant que les canons n'aient été correctement déposés, le signaleur a crié : « Attention ! J'ai couru rapidement vers une traversée avec des marins. L'obus ennemi hurlait au-dessus de nos têtes et éclatait avec une formidable détonation lors de la traversée du canon n° 2. En un clin d'œil, les matelots furent à leur place et les deux canons Canet de 6 pouces [78] rugirent. J'ai bondi pour voir où tombaient nos obus et j'ai clairement vu deux bouffées de fumée sur une colline très lointaine, juste derrière les positions japonaises. "Voulez-vous dire qu'il y a quelque chose là-bas?" J'ai dit au capitaine du canon n°1. "Oui, monsieur, il est bien là, nous l'avons remarqué il y a longtemps." Le signaleur a de nouveau crié : « Attention ! et nous nous sommes de nouveau précipités à couvert pendant que l'obus hurlait sur nous, mais cette fois il est allé très loin et a éclaté quelque part derrière le fort. Presque avant qu'il n'ait frappé, les marins étaient au canon et deux autres obus furent envoyés vers le même endroit, puis d'autres forts se joignirent pour ajouter à la mort et à la destruction.

Ce duel d'artillerie dura longtemps. Nous sommes alternativement sortis pour observer et sommes revenus à couvert. Le colonel Irman était beaucoup plus indifférent au danger que moi. Il m'a semblé que ma position derrière la traverse n'était pas particulièrement sûre, et j'ai décidé de la changer pour une position à l'épreuve des bombes. Au prochain cri de « Attention ! » J'ai mis mon idée à exécution, mais avec des résultats malheureux. Plusieurs hommes se précipitèrent avec moi vers le point de sécurité, nous basculâmes les uns sur les autres, et je me trouvai parmi ceux qui n'eurent pas le temps de monter dans l'enceinte à l'épreuve des bombes avant que l'obus ennemi ne tombe derrière nous, éclate avec un bruit assourdissant et nous a ensevelis dans la fumée, les pierres et la poussière.

Heureusement, aucun de nous n'a été gravement blessé, mais j'avais une grosse contusion dans le dos que j'emportais avec moi en souvenir de l'occasion.

Nous n'avions prêté aucune attention aux autres collines lors de ce bombardement, mais nous voyions maintenant que les Japonais se préparaient manifestement à quelque chose de très important.

Lorsque la paix régna à nouveau sur le Fort Ta-yang- kou Nord, nous remarquâmes que la colline des 203 mètres était enveloppée de fumée provenant de l'éclatement d'un obus. Apparemment, au lieu de l'indemnité journalière habituelle de deux ou trois douzaines d'obus, les Japonais avaient déjà dépensé plus d'une centaine de cartouches. Cela nous causa beaucoup d'inquiétude, et nous partîmes au galop de toutes nos forces pour nous rendre au poste d'état-major. À notre arrivée, nous avons reçu du major

Stempnevski un message de la colline 203 mètres indiquant que l'ennemi balayait la colline avec de l'artillerie et que le flanc gauche de nos tranchées avait gravement souffert des tirs d'obus.

Namako Yama était également lourdement bombardée et il était évident qu'un assaut était imminent. Il serait difficile de tenir cette colline, car elle était balayée d'avant en arrière et de flanc en flanc. Nous entendions également des tirs très nourris dans la partie nord-est, où la situation était évidemment encore plus grave que chez nous. Namako Yama était assez fortement détenue par six sociétés. [79] Sur le flanc droit se trouvaient deux canons de 6 pouces et un canon à tir rapide, sous le commandement du lieutenant Kolmakov . Sur la colline du 203 mètres, il n'y avait que deux compagnies, la 2e et la 4e du 5e régiment, et deux canons à tir rapide (je ne compte pas les deux canons courts de 6 pouces, car ils avaient été réduits au silence depuis longtemps). Craignant pour la sécurité de la colline 203 mètres , j'y ai envoyé une autre compagnie depuis la réserve.

Par rapport à d'autres points, la position des défenseurs y était sérieuse. La nourriture ne pouvait leur être apportée que la nuit, et comme il n'y avait pas d'eau du tout sur la colline, il fallait la transporter également la nuit. Il était impossible à quiconque de se montrer à l'horizon. L'ennemi étant à un jet de pierre des défenseurs, il fallut fournir pendant la nuit huit patrouilles de six hommes chacune. Il n'y avait pas d'officiers subalternes dans les compagnies et les munitions étaient très rares.

Prévoyant la prise de la colline des 174 mètres , nous avions effectivement commencé à fortifier Namako Yama le 11 août. Les travaux eux-mêmes étaient très lourds, d'ailleurs la nature rocailleuse du sol et le manque d'outils nous gênaient beaucoup. Une batterie pour deux canons longs de 6 pouces avait déjà été construite sur la colline et une route y conduisait. Les hommes ne travaillaient que la nuit, car il aurait été insensé de le faire de jour face au feu nourri de l'ennemi. Il était même dangereux de circuler et chaque jour nous y faisions tuer plusieurs hommes. Le nombre total des défenseurs s'élevait à environ 500 hommes. Le jour, une section de chaque compagnie se trouvait dans les tranchées et fournissait des sentinelles pour l'observation, tandis que trois sections dormaient derrière la pente de la route, qui parcourait toute la longueur de la colline, où de petits pare-éclats avaient été fabriqués avec des planches. . Après le dîner du soir, la garnison du poste se mit au travail, se couvrant d'une ligne d'avant-postes.

Dans la nuit du 25 au 26 août, j'ai été réveillé par des tirs nourris de fusils en direction de Division Hill. Bientôt, un infirmier arriva au galop avec le rapport que les Japonais montaient sur Namako Yama. J'enfilai mes vêtements et galopai vers Namako Yama, ordonnant à deux compagnies de réserve, postées près du quartier général du régiment, de s'y rendre immédiatement.

Ayant atteint un contrefort d'Akasaka Yama, j'ai commencé à observer la bataille. Le temps était aussi mauvais qu'il aurait pu l'être, un vent fort soufflait et il pleuvait aussi. J'étais confiant, sachant que si l'ennemi n'avait pas réussi à surgir inaperçu et à surprendre nos hommes, il serait certainement repoussé.

A ce moment nos batteries ouvrirent le feu, sur ordre du colonel Irman, sur la vallée devant Namako Yama, et tout le premier plan fut éclairé par nos fusées stellaires. Au bout d'une demi-heure, nos compagnies de réserve arrivèrent et le colonel Irman arriva également.

Plusieurs blessés qu'on ramenait de la colline nous dirent que les Japonais n'étaient pas montés plus haut, mais qu'ils tiraient d'en bas, ce qui signifiait qu'ils avaient été chassés.

Au bout d'une demi-heure, les tirs cessèrent et le major Moskvin rapporta que l'assaut avait été repoussé avec de lourdes pertes pour l'ennemi, qui tenta de nous surprendre, mais fut découvert à temps par les sentinelles permanentes, dont les avertissements avaient averti notre les hommes ont le temps de se rendre à leur poste.

Nous avons eu 4 hommes tués et 16 blessés.


Après cette attaque, nous avons creusé une tranchée de communication depuis la route au-dessus le long de la colline jusqu'aux tranchées avancées, car toutes nos pertes avaient eu lieu alors que nos hommes couraient pour occuper leurs tranchées.

Dans la nuit du 1er au 2 septembre, les Japonais tentèrent à nouveau de prendre Namako Yama par surprise, mais furent chassés par des tirs de fusils et se retirèrent derrière la colline de 174 mètres après avoir lourdement souffert. Nous avons eu le lieutenant Afanaisev et 6 marins blessés.

Pour avoir repoussé ces deux attaques nocturnes , le major Moskvin reçut les remerciements de l'officier général commandant, dans les ordres généraux, et lui et un certain nombre d'autres officiers furent recommandés pour des récompenses, mais ils ne les obtinrent jamais, en raison de la liste des récompenses recommandées. être perdu.

Après ces attaques, le colonel Irman et moi-même nous rendîmes à Namako Yama pour une visite d'inspection, car les Japonais l'avaient évidemment choisi comme point d'attaque.

Cette inspection m'a laissé une très mauvaise impression. Les tranchées étaient encore très peu profondes, il n'y avait pratiquement pas de couverture aérienne et l'ennemi avait posté quelques batteries derrière la colline des 174 mètres et sur les pentes des collines en face, à une très courte distance de nous ; mais nos hommes étaient de bonne humeur, malgré le feu nourri et constant.

Le 8 septembre, la compagnie de Marines sur le flanc droit est relevée par la compagnie n°7 du 28e régiment. Cette compagnie ne s'était pas très bien montrée lors des combats sur la colline du 174 mètres , mais je n'avais aucune autre unité à envoyer et je pensais qu'elle aurait hâte de racheter sa réputation.

Du 8 au 17 septembre, les choses furent assez calmes à Namako Yama, mais à l'heure du dîner, vers midi, le 17, les Japonais (environ une compagnie) se précipitèrent du volcan éteint contre le flanc droit de Namako Yama. , et s'empare de la tranchée occupée par la 7e compagnie du 28e régiment sans tirer un coup de feu. Les hommes de la compagnie dînaient en ce moment, et n'eurent pas le temps de prendre les armes avant que les Japonais fussent dans la tranchée. Apprenant cela par téléphone depuis Division Hill, j'ai immédiatement téléphoné pour donner l'ordre que les Japonais devaient être chassés de la tranchée, et j'ai reçu une réponse selon laquelle le major Moskvin avait ordonné à la 7e compagnie de réoccuper leur tranchée sans délai. Cette entreprise ne s'est toutefois pas révélée à la hauteur de la tâche.

Une attaque de la 1ère Compagnie de Marines n'a pas non plus été entièrement couronnée de succès, car, bien qu'une partie du flanc droit de la tranchée ait été reprise, les Japonais ont tenu l'autre extrémité et l'ont bloquée avec des pierres et des sacs de sable.

Alarmé par un tel état de choses, je me rendis sur la colline avec le colonel Irman. J'ai personnellement inspecté l'endroit où étaient logés les Japonais. Ils ne se sont pas montrés du tout et il n'y avait aucun signe de vie nulle part. Ils avaient érigé une forte barricade, si haute qu'un homme ne pouvait la gravir sans l'aide d'un autre.

Nous aurions facilement pu les déloger avec des grenades à main, mais nous n'en avions pas. Il était absolument indispensable que nous les chassions, et comme il me semblait que cela pourrait se faire de nuit, je donnai des ordres en conséquence. Pour une raison quelconque, cependant, l'attaque n'a pas abouti, le commandant se contentant de fortifier une petite colline sur le flanc droit des Japonais.

Le matin du 18 septembre, l'ennemi a ouvert un feu si épouvantable sur la colline avec des fusils et cinq canons qui sont entrés en action à très courte portée, que toutes nos tranchées ont été mises en pièces et que nous avons subi de lourdes pertes.

Ce jour-là, ce splendide officier, le capitaine Saltovski , commandant la 9e compagnie, fut tué, et la compagnie elle-même perdit 26 tués et 49 blessés.

L'ennemi attaqua la colline pendant la journée et captura les tranchées avancées de notre 9e compagnie, mais les vaillants camarades, sans aucune aide, se rassemblèrent sur la ligne de crête, chargèrent à la baïonnette et reprirent leurs tranchées en ruine. La colline était dans une situation désespérée. Entourée de toutes parts, c'était une position impossible.

Le colonel Irman et moi-même avons envoyé un rapport à cet effet au général Kondratenko, puis nous sommes partis à Akasaka Yama pour observer et discuter des chances de tenir la colline si elle continuait à être inondée de tirs aussi effrayants de tous côtés.

Apparemment, il y avait suffisamment d'hommes pour défendre la colline. Envoyer des renforts signifiait simplement les soumettre au feu mortel de l'ennemi, puisque toute couverture avait été détruite, et d'ailleurs le commandant ne demandait pas d'aide, bien qu'il s'attende à chaque instant à une attaque.

Les Japonais se concentraient en nombre considérable sous la colline, se cachant très adroitement dans les replis du terrain. Cependant, nous avons rapproché la réserve de la colline, tout en gardant la 10e compagnie, placée sur le flanc droit d'Akasaka Yama, dans son ancienne position. Ainsi se passa toute la journée. Notre 9e Compagnie a combattu sans officiers. Le *moral* des troupes sous ce feu meurtrier était extraordinaire. Vers le soir, les tirs s'éteignirent, des dîners furent envoyés aux hommes, et une compagnie (la 12e du 13e régiment, je crois) fut envoyée en renfort pour aider à tenir la place pendant la nuit.

Tôt le matin du 19 septembre, le colonel Irman et moi nous sommes rendus à notre station d'observation. Les tirs avaient déjà commencé, notamment contre 203 Meter Hill et Namako Yama. Nous avons reçu un rapport selon lequel les Japonais se déplaçaient en force contre ces collines, nous nous attendions donc à une attaque simultanée sur les deux. J'ai donc déplacé mes réserves vers le creux derrière Akasaka Yama, afin qu'elles soient sous ma main et puissent être facilement envoyées soit vers la Colline des 203 mètres , soit vers Namako Yama. La situation était inchangée, mais nos hommes souffraient beaucoup des tirs d'artillerie. Nous sommes donc parvenus à la conclusion que les Japonais avaient l'intention de laisser les choses telles qu'elles étaient et de nous obliger à évacuer la colline sans attaquer.

Vers le soir, le colonel Irman et moi étions convaincus que les Japonais n'avaient pas l'intention d'attaquer, car je n'avais reçu aucun rapport contraire venant des collines. Le seul rapport envoyé par le major Moskvin était qu'il organisait une attaque contre les tranchées occupées par les Japonais et que, par des tirs d'enfilade venant de la gauche de la colline, il avait anéanti 1 000 Japonais couchés sous Colline de 203 mètres .

J'ai été ravi de ce succès. Vers 18 heures, le capitaine Sirotko , de la Garde-frontière, qui était attaché à mon régiment, me rejoignit sur Akasaka Yama. Je l'ai immédiatement envoyé commander notre 9e compagnie sur Namako Yama. Dans la soirée, le feu ralentit de nouveau, des dîners furent envoyés et un renfort d'une compagnie du bataillon de réserve fut envoyé pour aider au travail de nuit. Cette nuit-là, j'ai inspecté les travaux sur la Colline des 203 mètres et sur Namako Yama. Ceux du premier étaient pratiquement intacts, mais ceux du second étaient tous détruits. J'ai passé la nuit avec mes infirmiers dans un ravin derrière la 10e compagnie, dans la pirogue de l'officier commandant la 10e compagnie, et j'ai dormi trois heures.

# CHAPITRE VII

Poursuite de la lutte pour Namako Yama et abandon de la colline, 20 septembre. Premières attaques sur la colline des 203 mètres , du 19 au 22 septembre.

Le matin du 20 septembre, la canonnade commença de très bonne heure et atteignit son apogée vers midi. Nos hommes restèrent bas dans leurs tranchées pendant ce véritable enfer qui dura environ deux heures. « Vont-ils tenir le coup ou pas ? Pensai-je en regardant vers le flanc droit de Namako Yama, qui subissait toute la fureur du bombardement. Nos artilleurs ne parvinrent pas à localiser les batteries ennemies et restèrent ainsi des témoins impuissants du massacre de nos compagnies.

À ce moment-là, j'ai vu le sommet du flanc droit de Namako Yama couvert de fumée grise et les hommes se précipitant tête baissée vers le bas de la colline. Les Japonais utilisaient des grenades à main chargées de pyroxyline et de mélinite, c'était la première fois qu'elles étaient utilisées. J'ai immédiatement envoyé un rapport sur ce qui se passait. Après que les hommes du flanc droit (il s'agissait de la 7e compagnie du 28e régiment) eurent couru, les autres de la batterie et l'ennemi apparurent simultanément sur la crête. Quelques minutes plus tard, à gauche de la batterie, derrière la crête de la colline, apparut un groupe de nos hommes qui ouvrirent le feu sur les Japonais et les chassèrent du sommet.

Malheureusement, nos hommes ne sont pas restés sur place, mais ont également redescendu la colline en courant. Le colonel Irman arriva juste à temps pour assister à l'évacuation complète de la position. Tout s'est passé en très peu de minutes. Nous envoyâmes aussitôt tous les officiers et infirmiers près de nous avec l'ordre aux compagnies en retraite de s'arrêter à Akasaka Yama et d'y occuper les tranchées, et j'y déplaçai également toute ma réserve.

Notre artillerie surveillait évidemment le déroulement du combat sur Namako Yama, car dès que nous l'avions évacué, nos obus tombaient comme de la grêle sur le sommet, et les Japonais disparaissaient comme une fumée devant le vent. Cela nous a permis d'occuper Akasaka Yama à notre aise et, pendant la nuit, nous nous sommes fortement fortifiés.

Je pense qu'il serait intéressant de décrire l'action de notre 9ème Compagnie lors des dernières minutes de la défense de Namako Yama.

Lorsque le capitaine Sirotko arriva, il trouva la compagnie dans une position critique. L'enseigne par intérim Anikin du 27e Régiment commandait. Les tranchées étaient en ruines et enfilées des deux côtés par des tirs de fusils, et depuis la colline de 174 mètres également par des tirs d'armes à feu. Des tas de cadavres étaient entassés tout autour, bloquant les tranchées en divers endroits.

Le flanc droit de la tranchée de la compagnie se rattachait à celui de la 7e compagnie du 28e régiment, dont l'ennemi était désormais en possession [80] et à partir duquel était enfilée la tranchée de la 9e compagnie. Plus bas, derrière les rochers devant la tranchée, se trouvait un autre petit groupe de Japonais.

Souhaitant savoir avec quelle force l'ennemi tenait la tranchée de la 7e compagnie, le capitaine Sirotko fit appel à des volontaires pour les attaquer. Douze hommes se sont avancés et se sont précipités, mais ils ont été accueillis par une volée d'environ 100 Japonais, perdant cinq hommes, après quoi ils se sont retirés. Après en avoir informé le major Moskvin, le capitaine Sirotko reçut l'ordre que la 7e compagnie du 28e régiment et une compagnie de marines attaquent et chassent l'ennemi de la tranchée.

Vers 8 heures du matin, trois batteries japonaises de canons lourds, postées dans une vallée derrière la colline de 174 mètres , quatre canons à tir rapide de la colline de 174 mètres elle-même, et cinq ou sept canons lourds entrés en action sur Connecting Ridge, près du temple chinois, tous dissimulés à nos batteries, ont ouvert le feu avec des obus explosifs et des éclats d'obus.

Vers 14 heures, il ne restait plus que 48 hommes sur les 155 originaux de la 9e compagnie ; beaucoup d'entre eux étaient blessés, et presque tous plus ou moins blessés par des pierres et des mottes de terre. La tranchée était remplie de corps de morts.

Le capitaine Sirotko demanda qu'un emplacement à sa gauche soit occupé, le major Moskvin envoya donc à cet effet 50 hommes du bataillon de réserve. Ceux-ci occupèrent cependant une tranchée de communication proche de celle de la 9e compagnie au lieu de la position qui leur était assignée, et s'enfuirent ensuite précipitamment au moment où quelques obus tombèrent près d'eux. À ce moment-là, les tirs des canons se sont ralentis, mais les tirs ont continué sur le flanc droit et de fortes colonnes ont été vues avancer depuis le volcan éteint, dont l'une a commencé à tourner le flanc droit de la compagnie n°9.

Le capitaine Sirotko ne pouvait voir aucun homme dans l'étage supérieur des tranchées au-dessus de lui : ils s'étaient tous retirés. Puis il ordonna aux restes de la compagnie, ainsi qu'à Melinkov et ses 30 Marines, d'abandonner les tranchées. A cette époque, il n'y avait pas un seul sous-officier sur Namako Yama, à l'exception de ceux restés dans les pare-éclats. Dans les tranchées de la 12e compagnie du 13e régiment, il ne restait plus qu'une sentinelle et un sous-officier, oubliés de leur compagnie et qui ne savaient pas que leurs camarades s'étaient retirés. Akasaka Yama vivait avec des hommes en retraite. Le capitaine Sirotko , avec le reste de sa compagnie, ouvrit le feu sur les Japonais qui se présentaient au sommet de la colline, les obligeant à se mettre à l'abri, donnant ainsi à tous ceux qui restaient en vie le temps de se retirer tranquillement vers Akasaka Yama.

LA PREMIÈRE ATTAQUE SUR UNE COLLINE DE 203 MÈTRES

Les Japonais ont commencé simultanément leur bombardement de 203 Meter Hill et de Namako Yama. Je pensais qu'ils allaient attaquer Namako Yama en premier, mais je me suis trompé. Je dois mentionner à ce propos que les fortifications de la colline des 203 mètres étaient désormais si solides qu'elles étaient pratiquement imperméables aux obus de 6 pouces, et qu'un bombardement intensif avec des projectiles de ce type ne progresserait que lentement. On en déduit qu'un assaut sur la colline des 203 mètres devrait être un peu plus tardif que celui sur Namako Yama, qui n'était défendu que par de faibles retranchements. Cela ne vaudrait pas la peine , pensions-nous, que l'ennemi se livre simplement à des tirs « balayés ». [81]

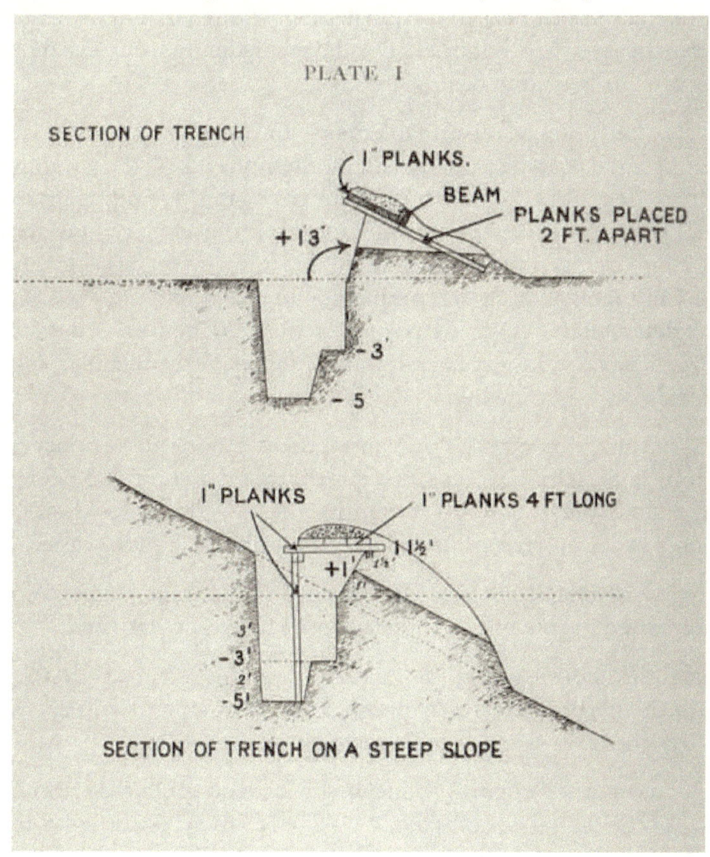

SECTION DE TRANCHÉESECTION DE TRANCHÉE SUR UNE
PENTE FORTE

Le 5 septembre, vers 15 heures, une batterie japonaise avait ouvert le feu sur la colline de 203 mètres et, le 6, on observait que l'ennemi avait placé la nuit précédente deux canons dans une position couverte derrière la colline de 174 mètres , avec lesquels il avait commencé à balayer. les fosses à fusils sur la colline de 203 mètres (voir planche I. ). À partir du 7, on remarqua que l'ennemi massait des troupes derrière Siedlovy (Selle) [82] et les collines des 174 mètres , jusqu'à ce qu'il y ait, le 14 septembre, environ une brigade d'infanterie, avec un escadron de cavalerie ; et à partir de cette date, l'ennemi commença à se fortifier fortement sur Connecting Ridge et ses ramifications.

Le 19 septembre, au lever du jour, deux compagnies attaquèrent [83] nos avant-postes sur les contreforts de la colline du 203 mètres , prirent leurs positions et commencèrent à s'enterrer. Nos tirs d'artillerie et de fusils mirent à plusieurs reprises un terme à leur travail, les obligeant à prendre le large. couverture, mais ils ont néanmoins finalement réussi à maintenir leur emprise sur les tranchées et ont commencé à déverser des tirs chauds de fusils et d'armes à feu sur la colline des 203 mètres .

De tout cela, on pouvait raisonnablement conclure qu'ils avaient décidé de lancer une attaque. Lorsque donc le major Stempnevski ( sen. ), commandant de la colline, demanda des renforts, je lui envoyai la 1re compagnie du 28e régiment, sous les ordres du sous-lieutenant Protasevitch , qui atteignit la colline à 18 heures, la 11e compagnie de le 27e régiment, sous les ordres du capitaine Churbanov , et la 7e compagnie du 27e régiment, sous les ordres du major Jeltkevitch , tous deux arrivèrent à 20 heures. Au total, le 19 septembre, il y avait sur la colline 480 baïonnettes, 50 artilleurs, 2 mineurs, 6 téléphonistes . et 6 Marines. [84]

Parmi les canons, il y avait les suivants : deux canons de 6 pouces, deux à batterie lourde et deux canons à tir rapide sur le col entre 203 Meter Hill et Akasaka Yama, ainsi que deux canons de 37 mm. des fusils, quatre mitrailleuses et un mortier pour lancer des bombes à la pyroxyline.

Le 19, vers 17 heures, le mortier fut démonté par un obus, et une mitrailleuse de 6 pouces, une lourde et deux mitrailleuses furent désactivées.

A l'arrivée des compagnies, le commandant les disposa ainsi : la 1re compagnie du 28e régiment, et la moitié de la 11e compagnie du 27e régiment dans les tranchées du flanc droit, le reste en réserve.

A 20 h 30, alors que l'ennemi avançait sur le flanc gauche, le commandant envoya la moitié de la 11e compagnie du 27e régiment occuper les tranchées taillées en pierre tout en haut de la colline, afin de pouvoir repousser les

Japonais alors qu'ils grimpé sur les toits des pare-bombes le long des tranchées principales.

À cette époque, il n'y avait aucune redoute au sommet de la colline des 203 mètres .

La 7e Compagnie du 27e Régiment est placée en réserve derrière la 11e demi-compagnie.

L'ennemi n'a pas cessé une seconde ses tirs de fusils et de mitrailleuses depuis Saddle Hill. Il commença ses attaques à 22 heures, avançant toujours en colonnes denses. Bien que nos fusiliers et artilleurs des batteries et tranchées voisines aient causé d'effroyables ravages parmi les assaillants, les Japonais ont néanmoins atteint l'enchevêtrement de barbelés et l'ont coupé en deux endroits ; mais ils ne purent aller plus loin, nos volées les balayant par centaines. Notre 8e compagnie, qui occupait False Hill et agissait ainsi sur le flanc ennemi, rendit de grands services en détruisant l'ennemi. Quelques Japonais réussirent cependant à atteindre nos tranchées, mais furent tués par des grenades à main. Toute la nuit, l'infanterie ennemie poursuivit son attaque, appuyée par le feu de toutes sortes de canons, mais vers 9 heures du matin, elle se retira dans les ravins et les vallées derrière Connecting Ridge. Dans ces attaques, les Japonais ont perdu plus de 1 500 hommes rien qu'en tués.

Le 20, à 7 heures du matin, l'artillerie ennemie balaya la colline avec feu, mais vers 10 heures du matin, elle changea d'objectif pour Namako Yama, qui fut finalement capturée à 14 heures, comme déjà décrit. À 16 heures, le feu fut de nouveau dirigé sur la colline 203 Meter et l'infanterie ennemie commença à se concentrer derrière Connecting Ridge.

Les troupes en question furent rassemblées pour relever celles qui avaient attaqué la colline le 7. Cette nuit-là, ils lancèrent plusieurs attaques, l'une après l'autre, mais à chaque fois ils furent repoussés avec de lourdes pertes. Nous devons grandement à nos fusées stellaires d'avoir repoussé toutes ces attaques nocturnes. Cependant, une section de Japonais s'est frayé un chemin dans nos tranchées et a occupé un grand blindé et un petit où nous avions un Maxim. [85]

La nouvelle m'en parvint au point du jour le 21, à Akasaka Yama, où se poursuivaient les travaux de tranchées, et d'où j'observais les combats [86] sur la colline des 203 mètres . Ces renseignements furent si alarmants que je retournai à l'état-major, où je trouvai le colonel Irman qui, à la demande du major Stempnevski , envoya une compagnie de réserve (notre 6e compagnie).

Renforcée par cette compagnie, la garnison de la colline lance une contre-attaque et reprend une grande partie de la tranchée à moitié en ruine précédemment saisie par les Japonais. Cependant, un petit groupe de ces derniers tenait encore les deux pare-bombes et ne pouvait pas être retiré, et ainsi la partie de la tranchée entre ces deux pare-bombes restait également entre leurs mains. Malheureusement, il s'agissait du même morceau de tranchée devant lequel se trouvait un « terrain mort » pour toutes nos batteries. L'ennemi pouvait donc circuler librement et en toute sécurité vers et depuis ses camarades logés dans notre tranchée. Ce n'était pas une expérience nouvelle pour nous, mais j'en connaissais bien le danger.

Afin d'empêcher les Japonais de se propager le long de la tranchée, notre 6e Compagnie reçut l'ordre d'en occuper les deux extrémités. Nos assaillants ont tenté à plusieurs reprises de grimper jusqu'au sommet de la colline, mais ont été repoussés à chaque fois. Finalement, le commandant y envoya une partie de la 6e compagnie, et les vaillants camarades, debout toute la journée à découvert sous le feu des éclats d'obus, empêchèrent l'ennemi d'atteindre le sommet de la colline. Tout cela était clairement visible pour le personnel, qui a été extrêmement impressionné par le comportement splendide de nos hommes .

Ce soir-là, sur mes ordres, le sommet de la colline fut entouré d'un anneau de petites tranchées, et pendant la nuit ces tranchées furent reliées aux batteries du flanc droit de la colline, ce qui rendit notre position assez sûre.

Plusieurs attaques désespérées furent repoussées avec succès, bien que la première d'entre elles eut lieu avant l'achèvement des tranchées, lorsque nos hommes durent s'y tenir sans abri, sous une véritable tempête d'obus. Ils *ont dû* se lever, car ils ne pouvaient pas tirer sur la pente raide de la colline en position assise. La situation était critique. Nous perdions des hommes si vite sous le feu terrible que les compagnies fondaient littéralement de minute en minute. Un flot incessant de blessés a continué à être évacué de la colline tout au long de la nuit. Face à cela, le colonel Irman fit appeler des renforts de la réserve générale, toutes nos réserves locales étant épuisées.


Le danger menaçait les autres voisins de 203 Meter Hill , en particulier le flanc gauche d'Akasaka Yama, où il y avait un terrain mort juste sous les tranchées.

Mes propres observations personnelles, tôt le matin du 20 septembre, depuis Akasaka Yama, étaient les suivantes : tout était calme à l'arrière de la colline des 203 mètres , malgré les obus qui explosaient dessus, comme si la garnison ne courait aucun danger. Les compagnies se tenaient tranquillement dans les tranchées, à notre vue. Les tranchées elles-mêmes ont apparemment été très peu endommagées. Dieu merci! seuls quelques obus avaient percé les toits des pare-bombes. Un seul bâtiment à l'épreuve des bombes sur le flanc droit de la colline, face à la colline de 174 mètres , a été sérieusement endommagé.

On ne voyait aucun Japonais nulle part. C'est vraiment un peuple merveilleux ! Mais le bruit de la mousqueterie ne cessa pas une seconde. L'ennemi tirait depuis les tranchées entourant la colline, principalement depuis Saddle Hill. Les bruits sourds d'obus qui éclataient ne faisaient guère plus qu'assourdir les hommes dans les pare-bombes. Un véritable blizzard de plomb balaya l'arrière de la colline et la route menant au sommet, et, blotties sous le talus escarpé de cette dernière, se trouvaient certaines des réserves.

VUE PRISE DEPUIS UNE COLLINE DE 203 MÈTRES, MONTRANT DES ENCHEVÊTEMENTS DE FIL AU PIED DE CELLE-CI. AU PREMIER PLAN, FAUSSE COLLINE AVEC LES TRANCHÉES SUR SON FLANQUE DROIT.

A en juger par les apparences actuelles, il semblait que nous n'étions pas dans une si mauvaise situation, même si la partie de nos tranchées occupée par les Japonais était une épine dans mon pied. Je savais par expérience que cela présageait la prise définitive de la colline et, accessoirement, la destruction de notre flotte. Le colonel Irman, je crois, surveillait 203 Meter Hill du côté de False Hill. Aucun homme vivant n'était visible de ce côté, mais d'Akasaka Yama et de False Hill, les morts japonais étaient visibles en tas. Dans le ravin au pied de la colline des 203 mètres, il y en avait des centaines, voire des milliers.

Après une demi-heure d'observation, je retournai auprès du personnel. Tout y était aussi calme que si la forteresse n'était menacée d'aucun danger. Mais des nuages sombres s'amoncelaient.

Un rapport arriva de Division Hill selon lequel d'importants corps d'infanterie japonaise se dirigeaient vers 174 Meter Hill.

Il devenait impératif de chasser l'ennemi de notre tranchée sur la colline des 203 mètres . L'idée m'est venue de lancer une grosse mine navale sur les occupants, comme l'avaient fait certains autres forts. Le général Kondratenko et le colonel Irman approuvant mon projet, j'envoyai aussitôt chercher le lieutenant Podgourski , spécialiste de ces questions. C'était tard dans la soirée, alors il promit de venir le matin avec quelques mines. Ayant peu d'espoir de succès avec les grosses mines, je lui ai demandé d'en apporter en plus des petites (bombes de 6 à 10 livres), et nous avons décidé d'attaquer les Japonais dans les pare-bombes avec ces missiles.

Nos pertes pendant ces deux jours ( *c'est-à-dire* les 19 et 20 septembre) furent les suivantes : Dans la 2e Compagnie, sur 141 hommes, il en restait, dont des blessés légers, 83 ; dans la 4e Compagnie, 48 sur 167 ; dans la 11e compagnie du 27e régiment, 96 sur 140 ; et de la Compagnie n° 7 du 27e Régiment et de la Compagnie n° 1 du 28e Régiment, la moitié de leurs effectifs étaient *hors de combat* . Pendant ce temps, les officiers suivants furent également tués : le major Jeltkevitch , commandant la 7e compagnie du 27e régiment, et l'enseigne Diantrougov , l'officier subalterne de la 1re compagnie du 28e régiment.

C'était une malheureuse idée du Père Slounine d'enterrer les morts près de la route menant de la Colline 203 Mètres au quartier général de l'état-major. La vue de nos héros morts, allongés en longues rangées le long de cette route, ne pouvait que laisser une mauvaise impression sur ceux qui passaient par là.

Alors que la soirée touchait à sa fin, profitant d'une accalmie temporaire, j'envoyai une autre compagnie de la réserve avec des outils et des sacs de sable travailler sur la colline du 203 mètres ; il fallait absolument renforcer nos tranchées au sommet de la colline au moyen de sacs de sable. Cette compagnie, étant notre dernière réserve, devait revenir dans la matinée. Autant que je m'en souvienne, c'est cette nuit-là qu'arrivèrent deux compagnies du 27e Régiment que nous avions demandé au général Kondratenko de renforcer les travaux d'Akasaka Yama. Ils y furent envoyés sur-le-champ et y restèrent jusqu'à la fin du siège.

J'étais mauvais payeur ce jour-là, et quand j'en ai eu l'occasion, je me suis jeté à terre et j'ai dormi quelques minutes. En raison de l'étendue du terrain couvert par notre commandement, le colonel Irman et moi-même étions complètement épuisés.

Le matin du 21 septembre, les tirs ennemis contre la colline 203 mètres se sont intensifiés. Nous avions une vue splendide sur la colline depuis les tranchées situées près des quartiers de l'état-major. Pendant que je regardais, j'ai clairement vu un drapeau japonais flotter au-dessus du pare-bombes sur la gauche. J'ai couru au téléphone et j'ai demandé ce que cela signifiait, ce à quoi le commandant a répondu qu'il ne savait rien du drapeau et que tout allait bien sur la colline. Les Japonais étaient tranquillement assis dans leurs tranchées. J'ai donné l'ordre de démonter le drapeau et j'ai été heureux de constater qu'il avait disparu quelques minutes après. Un soldat japonais avait rampé pendant la nuit et l'avait enfoncé dans le toit ; mais comment il a fait, personne ne le savait. Ce matin-là, la colline 203 mètres et la partie d'Akasaka Yama la plus proche furent soumises à un feu intense de l'artillerie lourde japonaise, et nous nous attendions à un assaut à chaque instant ; D'autant plus que nous avons remarqué que l'ennemi avait concentré une très grande force juste sous la colline des 203 mètres . Nous avons également reçu un message téléphonique de Laotieh Shan nous informant qu'un corps de Japonais était en position dans un grand ravin à fond plat au pied de la colline des 203 mètres .

Nous ne pouvions les voir d'aucun point, mais il était évident qu'ils avaient été déplacés là pour l'attaque décisive sur la colline en question. En réponse à un appel de renforts immédiats, nous avons reçu deux compagnies, que j'ai envoyées plus près de la colline, afin d'être facilement joignables. Le rugissement de la canonnade autour de la colline s'intensifiait cependant.

Podgourski arriva alors avec ses mines, qui furent envoyées sur la colline. Les Japonais avaient évidemment l'intention de détruire, s'ils le pouvaient, tout ce qui vivait sur la colline, puis de l'occuper. Quoi qu'il en soit, ils ont retardé leur attaque, que nous attendions à chaque instant.

C'est à ce moment-là que j'ai reçu une mauvaise nouvelle. Alors qu'il tentait de prendre la tranchée occupée par les Japonais, le sous-lieutenant Pogdanovitch fut tué sur le coup et l'attaque échoua ; la 1re Compagnie du 28e Régiment perd lourdement, mais combat magnifiquement. La mort de ce vaillant jeune officier fut pour moi un coup dur. Il n'y en avait plus beaucoup comme lui.

« Eh bien, si les mines de Podgourski échouent, je ne sais pas quelle sera notre prochaine étape. Dieu veuille que nous puissions conserver nos positions, et alors il sera temps de trancher cette question difficile », pensais-je. Les tirs cessèrent ; ce qui signifiait que l'attaque était imminente. J'ai ordonné aux compagnies de réserve de se déplacer jusqu'au pied de la colline des 203 mètres ; Le colonel Irman rapporta ce fait au général Kondratenko et demanda deux compagnies supplémentaires pour le renforcer.

Le colonel Irman et moi sommes allés à Akasaka Yama, où l'on avait une meilleure vue des positions et de la colline des 203 mètres , mais bien que l'attaque fût à son paroxysme, nous n'avons vu aucun Japonais. Apparemment, ils attaquaient le long de l'étroite bande de falaise sur la colline des 203 mètres qui était cachée à la vue de toutes nos positions. Nous avons conclu que l'assaut était mené en petits groupes isolés.

Les tirs de fusils dirigés sur la colline des 203 mètres depuis toutes les collines voisines occupées par les Japonais étaient tout simplement formidables. Les balles volaient dans toutes les directions ; il était dangereux de se tenir à découvert, même loin en arrière, et un de mes chevaux, qui se trouvait dans un endroit apparemment assez sûr, fut touché à la patte antérieure. Or, une des compagnies de réserve avait grimpé jusqu'à la colline ; une heure plus tard, la seconde était presque là. Il devint nécessaire de réfléchir à de nouveaux renforts. En une ligne ininterrompue, les blessés étaient ramenés de la colline. A ce moment, j'entendis des tirs nourris de fusils venant de Division Hill, mais je n'avais pas un seul homme à envoyer là-bas. Si l'ennemi était sur le point d'attaquer là aussi, nous serions effectivement dans une très mauvaise situation.

C'est alors que l'aspirant Doudkin ouvrit le feu avec ses petits canons. Nos téléphones étaient silencieux. La tension était horrible. Si les Japonais prenaient Division Hill, la communication entre 203 Meter Hill, Akasaka Yama et False Hill deviendrait extrêmement difficile. Je me rassurais en pensant que le fort Yi-tzu Shan empêcherait les Japonais d'avancer trop loin. Pendant ce temps, j'envoyais un infirmier à Division Hill pour savoir ce qui s'y passait. Nous avions une vue splendide sur l'arrière de la colline des 203 mètres et pouvions clairement voir ce que faisait chaque homme. Nous avons vu comment les compagnies, en arrivant sur la colline, se tortillaient comme des serpents vers les différentes parties des tranchées, puis disparaissaient dans celles-ci, comment de temps en temps un homme se précipitait vers le pare-bombes du commandant, puis choisissait son chemin de retour jusqu'au sommet de la colline, comment ils ramenaient les blessés au poste de secours, en un mot, chaque mouvement des défenseurs était clairement visible de notre point d'observation. Pendant longtemps , nous n'avons reçu aucun rapport, mais finalement un est arrivé de la colline 203 mètres . Trois attaques avaient été repoussées, causant d'énormes pertes à l'ennemi ; mais le commandant était sûr que les attaques reprendraient, et c'est pourquoi des renforts considérables étaient indispensables. Il a également rapporté qu'ils avaient trouvé impossible de faire tomber les mines sur les Japonais et que les choses en général allaient très mal. Il restait très peu d'hommes et pratiquement aucun officier.

Peu de temps après, le lieutenant Podgourski [87] revint de la colline avec ses matelots (nous étions alors retournés à l'état-major) et promit d'apporter le lendemain des bombes plus petites, pesant de 6 à 10 livres.

Podgourski nous a informés que si nous n'envoyions pas une compagnie à la colline 203 mètres , elle serait prise, car les hommes étaient épuisés physiquement et moralement. Heureusement, une compagnie de réserve est arrivée et je l'ai immédiatement envoyée sur la colline, et le colonel Irman a envoyé un message désespéré pour qu'au moins deux compagnies supplémentaires nous renforcent. Nous apprîmes ensuite que la vue de la compagnie venir à leur secours avait eu un effet des plus rassurants sur le commandant, les officiers et les hommes.

La situation semblait si désespérée qu'un des officiers d'artillerie suggéra d'abandonner la colline, car il n'y avait aucun espoir de la tenir. Mais le major Stempnevski fut le premier à dire que, même si tous les autres quittaient la colline, il resterait avec sa seule compagnie. Le capitaine Alander le soutint en déclarant que si la 2e compagnie restait, la 4e la soutiendrait. Juste à ce moment, on vit arriver la compagnie de renfort. Une acclamation retentissante s'est élevée et la défense héroïque a continué. On rapporta de Division Hill que l'ennemi avait occupé une position devant la colline et avait ouvert un feu de fusil très nourri ; ce à quoi nous avons répondu que l'ennemi n'y avait apparemment aucune réserve et qu'il ne s'agissait probablement que d'une démonstration, comme cela s'est finalement avéré être le cas.

QUARTIER D'ETAT-MAJOR DU 5ÈME RÉGIMENT. AU DISTANCE AU CENTRE EST UNE COLLINE DE 203 MÈTRES.

Les Japonais attaquant la colline du 203 mètres ne se sont pas simplement limités à un terrain non balayé par le feu de quelque point que ce soit, mais ils se seraient glissés sur le côté nord de la colline s'ils n'avaient pas été repoussés par le feu d'Akasaka Yama et des tranchées du 203 mètres. Colline qui était plus ou moins intacte. En conséquence, ils ne s'y montrèrent plus.

Dans la soirée (21 septembre), deux compagnies du 14e régiment arrivent. Le capitaine Yarsevitch , commandant l'un d'eux, était bien connu de tous pour son courage et son entreprise. Je lui donnai les ordres nécessaires et exprimai l'espoir que sa compagnie chasserait les Japonais de la tranchée qu'ils avaient capturée et que la colline serait la nôtre. Renforcé par ces compagnies, le commandant devait lancer une contre-attaque, et j'étais sûr qu'ils dégageraient la colline des Japonais pendant la nuit. Les compagnies du 14e régiment défilent. Après avoir demandé la permission de se reposer (il était complètement épuisé), le major Stempnevski ( sénateur ) se présenta ce soir-là à l'état-major. Avec lui furent relevées les 2e et 4e compagnies du 5e régiment, ainsi que la 1re compagnie du 28e régiment. Les hommes de ces derniers avaient un peu perdu courage et étaient épuisés après trois jours de combats incessants.

Le colonel Irman et moi avons rencontré les vaillantes compagnies et leur avons adressé des remerciements et des éloges. Les hommes étaient de bonne humeur, mais on ne pouvait pas voir leurs visages à cause de l'épaisse couche de poussière qui les recouvrait.

A la place des compagnies que j'avais retirées, j'envoyai la 2e compagnie du 13e régiment et la 4e compagnie du 28e, et nommai le capitaine Sichev commandant de la colline à la place du major Stempnevski ( sen. ).

La nuit est tombée. Tout était apparemment calme. Parfois, l'ennemi tirait quelques obus lourds sur la colline 203 mètres , d'autres fois, des tirs de fusil éclataient puis cessaient à nouveau, tandis que parfois les fusées stellaires, tirées depuis la colline, éclairaient brillamment les positions ennemies, et les canons lourds sur nos collines ont tiré quelques coups, les fusiliers ouvrant entre-temps le feu sur tous les Japonais pris à découvert.

Le colonel Irman, le capitaine Baum, [88] le lieutenant Kostoushko [ 89] et moi étions assis au quartier général, délibérant sur ce qu'il fallait faire des Japonais qui étaient entrés dans notre tranchée sur la colline du 203 mètres . Il nous semblait que sans une organisation très soignée, une contre-attaque n'aurait pas beaucoup de chances de succès de jour. D'un autre côté, il était impossible de lancer cette attaque de nuit, car l'ennemi pouvait concentrer contre nous d'importantes réserves, nous suivre jusqu'au sommet de la colline et, complètement en infériorité numérique, se faufiler derrière nous alors que nous nous retirions et finalement nous chasser. entièrement hors de la colline.

Compte tenu de la nécessité impérieuse d'une action décisive sur la colline du 203 mètres , j'avais déjà renvoyé le major Stempnevski (qui avait eu un certain repos) avec 20 hommes volontaires des 2e et 4e compagnies de mon régiment. Comme il connaissait chaque centimètre de la colline des 203 mètres , le major Stempnevski reçut l'ordre d'assister le nouveau commandant dans l'organisation d'une attaque contre les Japonais qui occupaient alors nos abris anti-bombes.

Compte tenu de l'importance de l'attaque envisagée, j'ai souhaité me rendre moi-même sur la colline. J'envoyai demander au général Kondratenko deux autres compagnies, mais il refusa de me les donner, se proposant d'entreprendre lui-même un mouvement. Il ne me restait donc plus qu'à voir le matin de quelle partie je pourrais le mieux retirer deux compagnies.

A ce moment, un officier fut amené sur une civière, et je fus horrifié de voir que c'était notre vaillant capitaine Yarsevitch , blessé à la poitrine. J'ai couru vers lui et lui ai demandé s'il était gravement blessé, sur quoi il m'a montré son sein droit en disant d'une voix très faible : « Ce n'est rien, je vais m'en remettre. Tout va bien sur la colline... ils peuvent se battre encore un peu... avec succès... mais il faut les relever... ils n'ont pas dormi et sont mauvais payeurs. Laissez-les m'emmener à l'hôpital. Après lui avoir assuré que sa blessure n'était pas dangereuse, nous nous sommes retournés, déterminés à trouver des hommes, coûte que coûte, pour relever la garnison de la colline, sachant cependant que c'était presque impossible, car *nous* n'avions pas d'hommes. et au centre , [90] où il y avait quelques réserves, elles seraient peut-être plus nécessaires que chez nous, puisque là aussi les combats avaient été très violents. Ce n'est pas sans raison que le général Kondratenko nous avait livrés à nous-mêmes.

Le capitaine Yarsevitch fut blessé alors qu'il se précipitait à la tête de sa compagnie sur la tranchée occupée par les Japonais. Rencontrés par un feu brûlant et voyant la chute de leur commandant, les hommes le relevèrent et coururent en arrière. Comme il est important qu'une compagnie respecte et aime son commandant ! Les hommes ont fait pour lui tout ce qui pouvait être fait.

Tôt le matin du 22, la canonnade, avec le flot de blessés qui en résultait depuis la colline des 203 mètres , recommença. Les réserves n'étaient pas arrivées, mais nous avons reçu des informations selon lesquelles l'ennemi rassemblait une force importante sous la colline des 203 mètres . On pourrait presque dire que nous étions impuissants, car nous n'avions pas un seul homme en réserve.

Ensuite, un ordre est venu du général Smirnov nous ordonnant « d'envoyer immédiatement deux canons à tir rapide à l'arrière contre les Japonais rassemblés sous la colline des 203 mètres ». Le colonel Irman, le colonel Romanovski , le major Gobiato et d'autres officiers artilleurs ont eu une longue discussion sur les armes à retirer. Ils décidèrent enfin de téléphoner au lieutenant Yasinski pour qu'il quitte les positions du Lao-tieh Shan en passant par le kao - *liang vers* Pigeon Bay, à l'arrière des Japonais. Le message fut envoyé et le colonel Irman lui-même partit dans cette direction, me laissant au téléphone. À peine deux heures s'étaient écoulées avant que quelqu'un l'aperçoive galoper vers notre quartier général de toutes ses forces.

Nous avons couru à sa rencontre. "La victoire! La victoire!" cria notre colonel en se dirigeant vers la porte. Nous l'avons inondé de questions.

« Les Japonais sont en pleine retraite sous la colline des 203 mètres et dans les tranchées à proximité », a-t-il crié en descendant de cheval. Le lieutenant Yasinski s'était placé au centre même d'eux, en une minute il en avait détruit la moitié et en une autre la plupart des survivants. Complètement démoralisés, ils s'enfuirent pêle-mêle, comme des perdrix, et évacuèrent même leurs tranchées de Saddle Hill.

Nous étions comme des fous ; Je ne pense pas avoir jamais éprouvé un tel sentiment de joie.

Un peu plus tard, le lieutenant Podgourski arriva avec ses petites bombes de 6 à 10 livres. Mais comme nous n'avions pas de réserves, nous ne pouvions retirer un seul homme, l'ennemi étant en force devant toutes les collines.

Podgourski s'est rendu à la colline des 203 mètres . Tout y était calme maintenant ; même les tirs de fusils avaient cessé. J'attendais encore l'arrivée des deux compagnies que j'avais l'intention d'envoyer pour chasser les Japonais, parce que j'avais très peu confiance dans l'efficacité des bombes. Il me semblait que ceux qui devaient les lancer ne pourraient pas s'approcher suffisamment des tranchées japonaises.

À peine une heure s'était écoulée depuis le départ de Podgourski , que plusieurs explosions terribles furent entendues depuis la colline du 203 mètres , suivies d'une douzaine d' explosions mineures, puis d'une explosion de tirs de fusil. Nous avons entendu un « Hourra ! » a crié au téléphone. Les Japonais ont été décimés par les bombes et les autres ont été abattus alors qu'ils dévalaient la colline. Notre moral s'est élevé et un soupir de soulagement s'est fait entendre à la réception de ce message. J'ai immédiatement envoyé un rapport sur les résultats au général Kondratenko.

C'est ce qui s'était passé. A l'arrivée du lieutenant Podgourski , le capitaine Sichev , le major Stempnevski et le capitaine Kramorenko (à l'initiative duquel l'attaque était principalement due) formèrent le plan suivant : faire appel à des volontaires parmi les officiers et les hommes pour attaquer les Japonais avec les bombes, les diviser. en deux groupes et, lors du tir d'une roquette, un groupe agira depuis un flanc de la tranchée et l'autre depuis l'autre flanc. Le lieutenant Podgourski devait diriger un groupe. Comme convenu, les deux partis se sont lancés dans un silence absolu vers leurs objectifs. Alors le lieutenant Podgourski et trois volontaires, les fusiliers Trufanov et Butorin de la 4e compagnie du 5e régiment, et le marin Fomeenitch , se tortillèrent à plat ventre jusqu'à la tranchée et y installèrent les détonateurs de leurs bombes. La distance était encore assez grande pour lancer, mais comme il semblait impossible de ramper plus près sans être observé, ils décidèrent d'essayer. Fomeenitch fut le premier à lancer sa bombe, mais elle échoua. L'ennemi n'y prêta pas la moindre attention. Le signal n'ayant pas encore été donné, il fut décidé de ne plus lancer de bombes pour le moment. Puis, voyant qu'ils n'étaient pas en bonne position pour lancer, le lieutenant Podgourski et Fomeenitch rampèrent sur l'autre flanc et rejoignirent le détachement du capitaine Kramorenko . Ils réussirent alors à s'approcher assez près des pare-bombes et le lieutenant Podgourski lança sa bombe, qui échoua cependant également.

"Laissez-moi essayer à nouveau, monsieur", a déclaré Fomeenitch au lieutenant Podgourski et au 10-lb. Le missile, lancé avec un bras puissant et une visée précise, est tombé directement dans l'entrée du pare-bombes. Il y eut un rugissement assourdissant et une grande colonne de fumée, combinée à des fragments de planches, de poutres, de poutres de fer et de membres brisés, jaillit haut dans les airs. Tous les autres hommes sont alors sortis en courant et ont lancé leurs bombes. Dans un rugissement terrible, les pare-bombes furent mis en pièces. Des mottes de terre, des morceaux de planches et de poutres, des fragments de corps humains tombaient tout autour de nos braves. Ceux des Japonais qui restèrent en vie s'enfuirent en bas de la colline, mais furent tous abattus par les hommes du capitaine Kramorenko . Tout était fini en deux minutes. [91]

Louange et tout honneur à Podgourski et Kramorenko ! Notre joie ne connaissait aucune limite, alors que les Japonais étaient littéralement abasourdis.

CORPS JAPONAIS AU SOMMET D'UNE COLLINE DE 203 MÈTRES.

Leurs attaques vaines, mais désespérées, leur avaient coûté quelques milliers d'hommes, [92] dont les corps jonchaient toutes les pentes de la colline des 203 mètres et obstruaient les ravins au pied de celle-ci.

Le lendemain (23 septembre), nous avons récupéré un certain nombre de fusils et d'outils de creusement. Nous avons marché librement autour de la colline des 203 mètres et de ses environs, et n'avons entendu aucun coup de feu des Japonais. L'artillerie ennemie était également silencieuse, et si nous n'avions eu qu'une division de plus, nous aurions pu reprendre toutes nos anciennes positions, les Japonais les ayant apparemment abandonnées.

Des groupes de Chinois ont été envoyés pour collecter les corps sur la colline des 203 mètres , ils ont creusé des fosses sur place et y ont enterré les morts. Nos hommes furent inhumés près du quartier général de l'état-major. De nombreux morts gisaient depuis longtemps dans les tranchées de la colline du 203 mètres , parmi les défenseurs vivants.

Reposez en paix, braves hommes ! Vos actes héroïques porteront de tels fruits sur le sol russe que des milliers de personnes comme vous surgiront désormais.

# CHAPITRE VIII

Réparer les dégâts, renforcer et compléter les ouvrages sur les différentes collines.

Le lendemain matin (24 septembre), les dégâts causés à nos tranchées et à nos batteries furent soigneusement étudiés, et nous nous mimes immédiatement au travail avec empressement pour renouveler celles qui avaient été ruinées et pour achever celles restées intactes.

Plusieurs pare-bombes avaient été brisés par de lourds obus, tandis que certains s'étaient effondrés à cause des obus frappant le parapet sur lequel reposaient les poutres soutenant les toits.

Les tranchées elles-mêmes étaient si peu profondes qu'on ne pouvait pas se tenir debout dans les blindages. Le général Fock, venu également sur la colline pour inspecter les travaux, était très mécontent. Il a ordonné que les tranchées soient approfondies jusqu'à 7 pieds (le sol était en roche solide) et que la couverture aérienne des blindages soit renforcée par une épaisseur de pierre suffisante pour les rendre résistants aux obus lourds (3 pieds et demi de pierre et 14 pouces de terre). ; que les poutres de 6 et 8 pouces qui maintiennent les toits devraient être supportées sur des montants de 8 pouces ; qu'un pare-bombes soit fait pour le commandant et les officiers, ainsi que pour le sergent-major et les sous-officiers ; que la batterie du flanc droit serait transformée en redoute ; qu'une redoute serait taillée dans le roc sur le flanc gauche et munie d'un fossé intérieur de 3 pieds de profondeur, à côtés verticaux ; et qu'un abattis de fils de fer devrait être construit devant lui, et des abris anti-bombes avec des toits de fer à l'intérieur.

Tout au long de cette journée, des chariots contenant toutes sortes de matériaux se sont dirigés vers la colline des 203 mètres . Les ouvriers pullulaient sur la colline comme des abeilles, mais l'ennemi ne nous dérangea pas d'un seul coup de feu.

J'étais heureux de constater que deux officiers sapeurs étaient placés sous mes ordres : le major Gemmelmann et l'enseigne Yermakov, un homme capable et pratique. J'ai chargé ce dernier de superviser les travaux en cours au sommet de la colline des 203 mètres .

Son idée était de recourir au dynamitage, et j'étais tout à fait d'accord, car nos outils de creusement ne servaient presque à rien dans le sol dur et rocailleux.

J'avais déjà tracé la trace d'une redoute pour une compagnie sur Akasaka Yama, dont le sol était semblable, et j'y avais mis le major Mousious avec sa compagnie pour la construire.

J'ai donné l'ordre que les tranchées existantes sur False Hill soient repliées afin que les pentes de 203 Meter Hill puissent être balayées par le feu venant du sud-ouest. Partout, le travail avançait à toute vitesse.

Paralysés par leurs défaites, les Japonais ne donnèrent aucun signe de vie pendant trois jours. Pendant ces trois jours, la centaine de Chinois que nous employions n'ont pas pu ramasser tous les corps, et il était à peine possible de respirer sur la colline des 203 mètres à cause de la puanteur accablante. Les corps des Japonais sont restés dans les ravins près de la colline jusqu'à la toute fin du siège.

J'avais réussi à me procurer quelques centaines de pouds de fil de fer barbelé, et j'espérais ainsi pouvoir rendre la colline des 203 mètres imprenable contre toutes les attaques ordinaires. L'ouvrage devenait intéressant pour toute la garnison, et surtout pour le 5e régiment, dont l'honneur était lié au sort de cette hauteur ensanglantée.

Après l'échec des attaques de septembre, nous avons connu une période assez calme dans ma section de défense , et ma première pensée a été de donner aux compagnies occupant la colline du 203 mètres toutes les chances de se reposer.

Nous les remplaçâmes par d'autres, et les défenseurs furent cantonnés près du quartier général de l'état-major. Oh mon dieu! Je n'oublierai jamais le spectacle qu'ils ont présenté en descendant la colline. Émaciés, en haillons et tellement couverts de terre qu'il était impossible de voir la couleur de leurs visages, mais néanmoins d'une humeur splendide. Toutes les compagnies avaient perdu au moins les deux tiers de leurs effectifs en tués et blessés. Le colonel Irman et moi-même nous sommes relayés pour les complimenter et les féliciter. Il ne restait plus que 70 de mes hommes. Après avoir recommandé certains d'entre eux pour les croix de Saint-Georges, j'ai reçu la réponse ironique du général Fock : « sur 70 hommes, j'en avais recommandé la moitié pour des récompenses ». Le général Fock oubliait, bien sûr, que ces 70 représentaient un tiers de l'effectif initial, et qu'il y en avait eu plus de 200 à l'origine [93] sur la colline des 203 mètres .

Voyant que les Japonais étaient devenus apathiques, nous avons commencé à travailler ouvertement de jour. Cela nous a rendu les choses beaucoup plus faciles partout, et particulièrement à Akasaka Yama et sur le flanc gauche de Division Hill.

La quasi-totalité du 27e régiment fut placée sous mes ordres pour occuper nos positions défensives et notre ligne de combat, qui étaient, dans l'ensemble, très faibles. Comme ils ne venaient pas tous ensemble, mais arrivaient par compagnies, ils étaient postés sur des collines différentes, ainsi que des compagnies d'autres régiments qui montaient à différents moments.

Par ordre du général Kondratenko, le 5e régiment fut réparti sur toutes les collines, afin de rendre la défense plus tenace.

Nous laissant dans une paix relative, les Japonais commencèrent à bombarder la ville le 24 septembre et il devenait dangereux de s'y promener.

Nos forts centraux commençaient également à souffrir des tirs des canons ennemis. Nous voyions constamment de gros obus éclater près des forts Yi-tzu Shan et Ta-an-tzu Shan.

* * * * *

Dès le début du mois de septembre, il commença à faire froid la nuit et il fallut songer à préparer les dispositions hivernales pour les troupes. Encore une fois, nous avons dû collecter du matériel et le transporter sur place, mais comment nos chevaux pourraient-ils faire ce travail sans fourrage ? Il n'était pas bon non plus pour les hommes de se retrouver sans viande. Nous n'avions plus mangé de bœuf depuis le 10 septembre et nous ne mangions que de la chair de cheval.

En été, les hommes pouvaient être cantonnés sur la ligne de combat proprement dite ; les officiers et les hommes dormaient en plein air dans leurs tranchées ou dans des tentes dressées dans des positions sûres derrière les tranchées. Mais c'était impossible en hiver. Ainsi, sur mes ordres, des pare-bombes chauds (du type montré sur la planche n° II), conçus par les commandants de compagnie eux-mêmes, furent construits dans les tranchées. Il fallut aussi aménager des lieux clos pour les cuisines de l'entreprise, et enfin il fallut prendre des bains, car les hommes commençaient à souffrir beaucoup de la vermine.

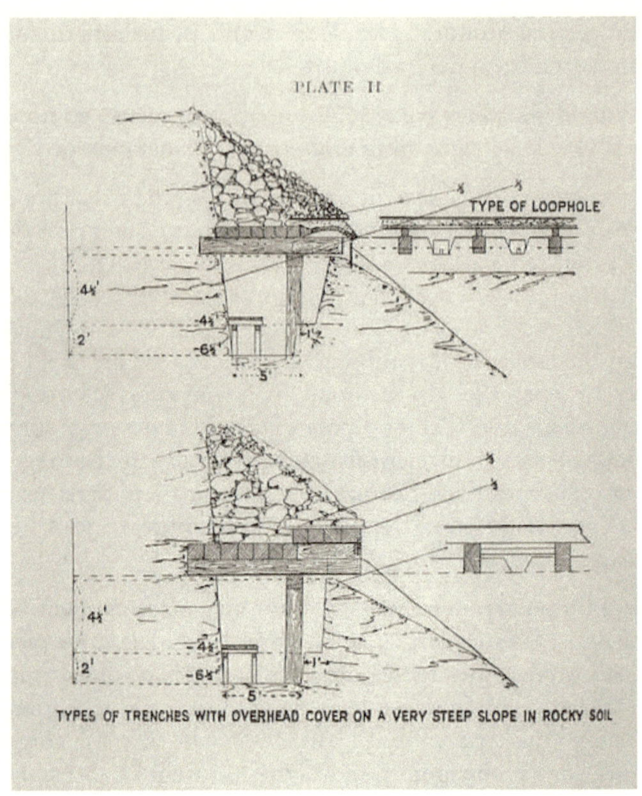


## PLAQUE II
## TYPES DE TRANCHÉES AVEC COUVERTURE AÉRIENNE SUR PENTE TRÈS FORTE EN SOL ROCHEUX

Nous avions besoin d'une quantité énorme de sacs de sable pour compléter les tranchées et de barbelés pour faire les enchevêtrements. Il fallut donc augmenter les approvisionnements régimentaires en matériel et en outils, et il fallut également chercher des charpentiers.

On fit appel aux artilleurs pour qu'ils nous aident à amener tout ce qui était nécessaire sur les positions et, en réponse, ils nous donnèrent plusieurs dizaines de chariots à quatre chevaux.

Grâce au court repos et à la paix qui régnaient dans notre section, les officiers et les soldats reprirent un peu le moral. Sous divers prétextes, les officiers commencèrent à se rassembler au quartier général et dans les quartiers de l'officier commandant le front occidental.

Diverses rumeurs , exagérées bien sûr, furent racontées, les intentions probables des Japonais furent discutées et des anecdotes intéressantes racontées ; en un mot, nous étions tous de bonne humeur, malgré la maigreur de notre table, qui ne contenait guère que de la chair de cheval et du raifort.

Avec quel enthousiasme n'avons-nous pas dévoré cette racine amère ! Il y avait beaucoup de vodka et de vin, mais je ne voyais presque jamais personne ivre.

L'ennemi tourna maintenant toute son attention vers notre centre , [94] et le rugissement des tirs de canons et de fusils descendit continuellement vers nous depuis ce côté. J'ai souvent, au cours de ma tournée d'inspection autour des positions, vu des bouffées de fumée provenant d'éclats d'obus au-dessus des forts du centre .

Ce n'était pas du tout agréable en ville. Les obus tombèrent non seulement sur les maisons, mais aussi sur les hôpitaux. Un obus éclatant dans la ville a blessé notre payeur, le lieutenant Frost, au visage et à la tête, le sous-lieutenant Bobirev à la tête, le père Vasili légèrement à la tête et le capitaine Felitzin également. J'ordonnai donc que les chevaux soient piquetés sur le flanc gauche, près de l'état-major du 28e Régiment, car il n'était pas sécuritaire de les laisser à leurs anciennes places sur Red Hill. L'avantage des solides pare-bombes que j'avais faits pour les réserves derrière Red Hill et sur le flanc droit devant la caserne navale, au cœur même de la ville, était maintenant apparent.

Le 1er octobre, nous apprenions que l'ennemi avait déployé des obusiers de 11 pouces. C'était une nouvelle sérieuse pour nous. On pouvait sentir que 203 Meter Hill était pratiquement sûr contre les projectiles de 6 pouces, mais 11 pouces étaient une tout autre affaire. J'avais pensé que l'ennemi ne serait jamais capable de prendre la Colline des 203 mètres et Akasaka Yama. Que fallait-il faire maintenant ?

Le colonel Irman et moi avons réfléchi longuement et sérieusement à cette question difficile, mais nous ne voyions qu'une seule solution : creuser plus profondément dans la roche. Nous avons décidé de le faire, en espérant que la précision des obusiers de 11 pouces ne serait pas très grande, même si je dois reconnaître que je n'avais pas beaucoup confiance en cette supposition. Le rapport disait que les obus de 11 pouces venaient de derrière Feng- huang Shan, qui n'était qu'à 5 verstes de nos positions, et je savais ce que nos longs canons de 10 pouces pouvaient faire à 10 verstes.

Ce soir-là, un grand nombre d'officiers se sont rassemblés au quartier général, des officiers de toutes les armes étant présents, parmi lesquels il y a eu de nombreuses discussions et discussions sur les obusiers de 11 pouces. Finalement, ils se consolèrent avec la remarque de quelqu'un selon laquelle Port Arthur ne serait pas pris par un seul canon de 11 pouces.

Certains commencèrent alors à protester contre un tel argument. "Pourquoi pensez-vous", ont-ils dit, "que les Japonais n'ont qu'un seul canon de 11 pouces, et non une douzaine ?" « Parce que ce serait une tâche très difficile et longue de les élever et de les mettre en place ; et d'ailleurs, d'où les prendraient-ils ? "Alors d'où ont-ils trouvé ces 700 000 hommes, au lieu des 350 000 que nous leur attribuions ?" Cette question était sans réponse.

* * * * *

Les Japonais n'avaient pas bougé depuis un certain temps, mais ils recommencèrent à montrer des signes d'activité. C'était le 3 octobre ; sur la colline du 203 mètres, nos hommes étaient assis autour des samovars [95] qu'ils avaient placés sur la route, et nettoyaient leurs vêtements et réparaient leurs bottes, qui avaient beaucoup souffert sur ce sol pierreux. Je me rendis à la redoute supérieure, où je constatai que de bons progrès avaient été réalisés grâce au dynamitage réussi. Il y a peu de temps nous avions fait le tracé [96] de la redoute, et maintenant elle était pleinement capable de se défendre . Les systèmes de drainage et d'approvisionnement en eau au sommet de la colline étaient en voie d'achèvement. Le colonel Doubeedi , du département de la construction navale, qui avait été chargé à ma demande de superviser la construction des fortifications de ma section, nous procura de nombreux outils et beaucoup de matériel. Il s'était procuré une machine à vapeur et des tuyaux pour pomper l'eau, et avait promis que dans une semaine il y aurait un réservoir sur la colline avec autant d'eau qu'il en faudrait ; et, à en juger par le rythme actuel des progrès, cela semble très probable.

Cette nuit-là, nos sentinelles rapportèrent qu'un grand nombre d'ennemis travaillaient entre Saddle Hill et Namako Yama, et quand je revins le lendemain matin, j'aperçus une ligne ininterrompue de tranchées, recouvertes de sacs de sable, s'étendant de Saddle Hill à Namako Yama. Sur une colline peu éloignée, située à l'ouest, j'ai remarqué une courte longueur de tranchée, également revêtue , et l'ennemi y travaillait apparemment des deux côtés. C'était une sève !

À partir de trois points de la tranchée entre Akasaka Yama et Saddle Hill, les Japonais avaient commencé à creuser des passages pour les opérations de sape. Hourra! l'ennemi en avait assez des attaques directes et allait entreprendre régulièrement des travaux de siège contre nos tranchées.

Je suis passé de la colline des 203 mètres à Akasaka Yama. De bons progrès y avaient été réalisés, il était désormais possible de vivre dans les tranchées et on pouvait compter sur une défense acharnée. Depuis Akasaka Yama, j'ai dû traverser jusqu'à Division Hill. Cela devait être fait le plus rapidement possible, car les Japonais tiraient toujours sur les hommes traversant à découvert, et le besoin d'une tranchée de communication entre ces points devenait très pressant. J'étais très fatigué après ma marche à travers les tranchées, et au moment où j'atteignis la 7e compagnie sur Division Hill, j'étais à bout de souffle. Tous les travaux de l'ennemi contre ma section devaient être clairement visibles d'ici. Chaque colline et chaque monticule qui m'étaient si familiers étaient couronnés de tranchées japonaises. Ils s'étaient considérablement rapprochés de nous et les approches entre les lignes de tranchées avant et arrière étaient clairement visibles. Derrière le volcan éteint, j'ai vu une sève typique avec des traversées, menant tout droit vers le flanc gauche de Division Hill. Grâce à mes lunettes, je pouvais voir les hommes au travail.

J'expliquai l'importance de ces travaux aux officiers et aux hommes sur toutes les collines, et j'ordonnai aux premiers d'appeler des volontaires et de faire des sorties, pour détruire les têtes de sape et les hommes qui y travaillaient ; j'ai ainsi donné toute son ampleur à l'entreprise russe, que j'ai toujours encouragée de toutes les manières imaginables.

La capture de Namako Yama a rendu l'intercommunication extrêmement difficile à l'arrière de nos positions. Il fallait désormais construire un réseau régulier de tranchées de communication, ce qui demandait des travaux très lourds. J'ai eu la chance d'avoir avec moi le major Gemmelmann , l'enseigne Yermakov et le lieutenant Fetter pour m'aider dans mes fortifications de campagne.

Il n'était pas nécessaire pour moi d'indiquer maintenant la position de chaque tranchée, car nos officiers comprenaient parfaitement le but et l'objet du travail des sapeurs, et étaient eux-mêmes compétents pour l'entreprendre.

L'effet redoutable des petites grenades à main nous a démontré la nécessité d'en avoir un magasin ou un magasin, c'est pourquoi le colonel Irman s'est adressé au général Kondratenko, qui n'a pas perdu de temps pour donner les ordres nécessaires.

Le lieutenant Melik- Porsadanov reçut l'ordre de construire une usine de mélinite et reçut les hommes nécessaires à son exploitation. En quelques jours nous avons pu tester l'efficacité de cette usine. Cependant, avant d'utiliser ses produits, nos artilleurs proposaient de tirer quelques-uns de ces petits obus sur l'ennemi à partir de leurs canons de montagne, en utilisant des fusées temporisées . Quelques centaines leur furent immédiatement fournies, avec des instructions pour leur utilisation. Ils étaient répartis entre les artilleurs des positions avancées.

A partir de ce moment-là, le soir, nous nous mettions au travail pour trouver un moyen de remplacer la mitrailleuse lente des grenades par une sorte de mécanisme de mise à feu. Nos mineurs ont fait preuve des plus grandes capacités inventives et ont réfléchi et essayé plusieurs excellents modèles. Il est dommage qu'ils aient pris autant de temps à réaliser, car le match lent de

Bickford est resté jusqu'à la fin du siège pratiquement la seule méthode d'allumage. Les soldats, comme c'était naturel, étaient tous favorables aux grenades qui éclateraient à l'impact.

Une grenade à allumette lente est une arme très imparfaite. Il suffit de se mettre à la place d'un carabinier, presque face à face avec l'ennemi, allumant au vent la allumette lente de la grenade. L'allumette est éteinte : il en allume une autre ; mais l'ennemi se rapproche toujours plus. Enfin , le match lent rattrape, la grenade est lancée sur l'ennemi, en une seconde il y a une explosion effrayante, et l'ennemi a disparu. Il ne reste plus qu'un voile de fumée noire, et au-dessus, haut dans les airs, volent des morceaux de vêtements et des morceaux de corps humains – bras, jambes et têtes. C'est à peu près l'effet d'un 5 livres. bombe à pyroxyline. Nos hommes crient « Hourra ! » et les survivants de l'ennemi stupéfait dévalent la colline tête baissée et se cachent dans leurs tranchées. Mais il arrive parfois que le match lent s'éteigne, ou que la bombe éclate après que l'ennemi l'a dépassée. À l'avenir, avant le déclenchement de la guerre, il faudra équiper les grenades à pyroxyline et à mélinite d'un mécanisme pratique.

Le 19 octobre, notre vaillant colonel Irman entra dans les quartiers d'état-major, blessé à la cuisse. Je lui avais dit à maintes reprises de ne pas s'exposer dans les tranchées.

En allant d'une tranchée à l'autre sur False Hill, il avait eu une bonne leçon pour l'avenir ! Dieu merci! la balle n'a pas touché l'os. C'était un homme très courageux, notre colonel, mais quelque peu téméraire, et en tant qu'officier commandant tout le front ouest de la ligne défensive , il aurait dû être plus prudent.

J'étais presque toujours avec lui, et autrefois c'était très exceptionnel que j'occupe une des positions sans lui. Mais au fil du temps, il est devenu évident que l'un de nous devait toujours être près du téléphone à notre quartier général, afin que les ordres puissent être transmis sans délai.

La première section du front occidental était la mienne, mais comme les autres sections sous le commandement du colonel Irman étaient encore hors de portée du feu ennemi, il établit son quartier général dans le cercle de ma section, et lorsque l'ennemi m'obligea à déplacer mon quartier général vers Dans un endroit moins dangereux, je les fis placer en alignement avec le quartier général de l'officier commandant le front occidental, ce qui était tout à fait une meilleure disposition.

Après que le 27e régiment eut occupé Akasaka Yama et que les compagnies du 4e bataillon de réserve furent réparties sur différentes parties de la ligne défensive, ils commencèrent à envoyer des marins dans la réserve. C'étaient de très bons hommes, ces marins, mais là où la patience, la patience et la connaissance des tactiques d'infanterie sont essentielles, il ne faut jamais les envoyer, car ils sont alors pire qu'inutiles.

Par exemple, la redoute gauche sur la colline du 203 mètres était occupée par des marins. L'heure du thé arriva et les matelots, sous les yeux mêmes de l'ennemi, quittèrent un à un la redoute et descendirent la colline sans même poster de sentinelles. Je ne me souviens pas de ce que je voulais, mais j'avais envoyé un infirmier à la redoute. Une minute plus tard, il revenait précipitamment, comprenant parfaitement le danger de la situation, et rapportait : « Il n'y a personne du tout dans la redoute, monsieur ! Bien sûr, j'y envoyai aussitôt quelques hommes de réserve, et j'envoyai tous les officiers de marine, qui refusaient de croire que leurs hommes fussent capables de pareilles folies, à la poursuite des matelots.

J'ai eu beaucoup de mal avec les marins. Parfois ils n'avaient pas de bouilloires, parfois ils n'avaient pas de vêtements chauds et devaient être ravitaillés par le régiment, d'autres fois ils étaient fatigués et voulaient se reposer, et ainsi de suite, et ainsi de suite ; mais c'étaient d'excellents combattants, surtout s'ils étaient menés par de bons officiers.


Mais il nous fallait maintenant réfléchir à ce qu'il fallait faire des sapes japonaises, qui s'allongeaient progressivement dans notre direction. Après une inspection minutieuse, nous avons constaté qu'ils avaient fait ce qui suit : contre la colline 203 mètres , des parallèles depuis l'ouest et le nord ; une longue approche au-delà de Namako Yama, de l'autre côté de la vallée ; contre Division Hill, à quelque distance de là, plusieurs parallèles distincts.

Environ deux jours après la construction des parallèles sous la colline 203 mètres , nous remarquâmes plusieurs têtes de sève dont les parapets étaient entièrement faits de sacs de sable ; apparemment, la nature rocheuse du sol rendait impossible tout creusement profond.

Environ deux jours plus tard, les approches sous la colline 203 Meter étaient clairement visibles. Ils étaient cinq : deux de l'ouest et trois du nord.

Depuis l'arrière du volcan éteint, une approche avait été effectuée vers le flanc gauche de Division Hill. Grâce à l'utilisation de sacs de sable en paille, l'ennemi s'enfuit assez rapidement. Parfois, plus d'un sagène (7 pieds) était fabriqué en une nuit. [97] Nous avons observé attentivement leurs progrès.

Des sorties à petite échelle, organisées par les commandants des collines, furent faites pour tenter d'entraver les travaux. Nous décidâmes également de demander de temps en temps au général Kondratenko d'ordonner à tous les obusiers de la forteresse de concentrer leur feu sur les points où l'ennemi progressait dans ses opérations de sape. Cela aurait été excellent si le tir des obusiers avait été plus précis, mais nous avons nous-mêmes parfois souffert de leur mauvais tir. Nous avions particulièrement peur des gros canons navals, dont les obus tombaient fréquemment près de nous, de manière gênante. Cependant, ils causèrent également beaucoup de désagréments à l'ennemi. Il est regrettable qu'en raison du manque de munitions, ils ne soient pas en mesure de maintenir un feu continu. Si des travaux sur les sucs étaient remarqués de jour, nous entretenions un feu nourri de fusil sur les têtes de sucs. Les balles ont évidemment pénétré les sacs de sable, car l'ennemi a cessé de les installer, et n'a repris le travail, avec beaucoup de précautions, que lorsque le feu a cessé. Pour les empêcher de travailler la nuit, j'ordonnai de fabriquer des supports pour les fusils, qui furent posés avec le plus grand soin sur les têtes de sève, et toute la nuit on tira avec ces fusils. Sur les conseils du général Fock, nous avons fixé les fusils avec de la motte et de la terre afin qu'ils ne puissent pas bouger de leur position. [98]

Comme nous pouvions utiliser nos canons de campagne avec efficacité contre les têtes de sape sur le flanc gauche de Division Hill, j'ai obtenu un canon et je l'ai placé au sommet de Division Hill, absolument à l'abri des regards de l'ennemi, et j'ai ouvert le feu sur la tête de Division Hill. la sève. Le troisième coup de feu l'atteignit assez bien et, dispersant les sacs de sable, ouvrit la tranchée intérieure. En trois jours environ, l'excellent entraînement de ce canon obligea l'ennemi à cesser complètement d'exploiter cette sève, et je me sentis en conséquence beaucoup plus à l'aise dans mon esprit à propos de Division Hill. Mais la sape s'est poursuivie de manière sûre et régulière autour de la colline des 203 mètres . Nos sorties étaient le seul moyen efficace de vérifier les travaux.

J'ai oublié de mentionner nos sorties réussies contre les sapes sur le flanc gauche de Division Hill. Nous y avions notre 1er détachement de reconnaissance et les 3e, 7e et 12e compagnies du 5e régiment. Nos éclaireurs sous l'enseigne par intérim Elechevski , un excellent officier de notre régiment, ont effectué deux sorties très réussies, en plus de plusieurs sorties plutôt infructueuses. À chaque fois, les Japonais furent anéantis par des grenades et des charges à la baïonnette, et leurs terrassements furent démolis. Après ces sorties et l'excellent tir de mon canon de campagne, cette sève ne fit plus aucun progrès ; mais les tirs du Volcan Extinct et de Namako Yama ne nous ont pas laissé de repos. Afin de sécuriser le flanc gauche de Division Hill et de disposer de moyens de communication avec celui-ci, nous avons dû creuser des tranchées à l'arrière et des passages de communication d'au moins 2 verstes de longueur. Le travail a été effectué sous les ordres du lieutenant Kostoushko (qui était mon officier d'ordonnance vers la fin du siège) avec un nombre limité d'hommes. C'était un travail très dur. En raison de la négligence et de l'indifférence de nos hommes face au danger, il ne se passait jamais un jour sans faire quelques victimes.

Durant les premières semaines d'octobre, les Japonais se sont montrés très forts en face de notre centre (Fort Erh -lung, et la Redoute de Pan-lung Ouest, et la vallée du Lun-ho), et, comme nous sur la Colline des 203 Mètres et l'Akasaka Yama. Les tirs de fusils n'y cessaient ni de jour ni de nuit, et les obus japonais de toutes sortes tombaient constamment autour des positions.

Lors de mes inspections, j'observais souvent les mouvements de l'ennemi contre nos positions centrales depuis Division Hill. J'avais une excellente vue sur le terrain devant les forts Erh -lung et Sung- shu . Un jour, j'ai observé quelque chose de très intéressant et instructif, que je vais maintenant décrire.

Tout en choisissant une position pour un obusier de campagne et un canon à tir rapide sur Division Hill, je me suis dirigé vers l'extrême flanc droit et j'ai vu devant moi l'image suivante. Les forts Erh -lung et Sung- shu furent littéralement balayés par une tempête d'obus, et des ravins en contrebas de grandes masses d'infanterie japonaise montaient vers les forts en question, et nous pouvions clairement voir leurs lignes de tirailleurs sur le terrain découvert. Ce mouvement était apparemment inaperçu depuis les forts Erh -lung et Sung- shu , mais depuis le fort Yi-tzu Shan, tout devait être clairement visible.

« Pourquoi, pensai-je, le Fort Yi-tzu Shan ne tire-t-il pas ? Je posai la question par téléphone et reçus ma réponse que les munitions étaient rares dans le fort et devaient être réservées exclusivement pour repousser les assauts. J'ai immédiatement donné l'ordre d'ouvrir le feu sur l'ennemi qui avançait sur le fort Erh -lung.

REGARDER UN BOMBARDEMENT DU FORT ERH-LUNG. LE COLONEL IRMAN EST REPRÉSENTÉ À DROITE AVEC UNE

CASQUETTE DE FOURRURE, ET LE GÉNÉRAL TRETIAKOV À
SA DROITE.

Le feu fut ouvert et j'eus le plaisir de constater que nos obus obligeaient les tirailleurs japonais à se réfugier dans les replis du terrain. Après cela, nos tirs cessèrent et les lignes sortirent de nouveau et commencèrent à monter vers le fort et la batterie.

J'ai donné l'ordre de reprendre le feu, mais j'ai reçu la réponse que toutes les munitions avaient été dépensées et que d'autres n'arriveraient pas avant la nuit, même si elles étaient réclamées immédiatement ; et cela alors que les Japonais étaient déjà presque arrivés au glacis et commençaient à s'enterrer sous les yeux de toute notre artillerie.

Assurément, dans de telles circonstances, c'était absolument irrationnel. S'ils avaient eu seulement quelques munitions au fort Yi-tzu Shan, les Japonais auraient été balayés de terre devant le fort Erh , comme la poussière devant un balai, car ils se trouvaient là à courte portée de nos canons. Mais en réalité, ils se trouvaient dans une position intenable, face aux canons lourds à longue portée du fort Erh -lung et enfilés depuis le fort Yi-tzu Shan, également bien armé. En raison d'une économie similaire en munitions d'armes à feu, ils avaient également été laissés en possession incontestée de Namako Yama et du volcan éteint.

On rapporte qu'un grand nombre d'obus furent pris après la reddition de la forteresse, alors pourquoi l'ennemi fut-il autorisé à rester, sans être inquiété par l'artillerie, dans des positions proches de nos lignes ?

Il est vrai que les canons lourds du fort Ta-yang- ku Nord ont endommagé à plusieurs reprises les tranchées japonaises sur le volcan éteint, mais un tir continu aurait dû être dirigé sur cette colline, afin d'empêcher l'ennemi d'attaquer le flanc gauche. de Division Hill et tirant sur nos hommes dans les tranchées de communication à l'arrière.

# CHAPITRE IX

Fortification de la colline 203 mètres —Situation au début de novembre—
Opérations minières.

Lors de mes inspections, je devais maintenant courir et sauter comme une
chèvre de traversée en traversée, et même ramper à quatre pattes. J'avais en
effet de bonnes raisons de me plaindre plus souvent peut-être que quiconque
de l'inaction de notre artillerie.

Peu de temps auparavant, les Japonais avaient détruit notre charrette à eau
alors qu'elle se dirigeait vers Division Hill. Eh bien, nous avons mangé les
chevaux, mais la charrette elle-même a été brisée en morceaux, et tout cela
parce que nos canons permettaient à l'ennemi de s'approcher trop près de
nos positions.

Dieu merci! les Japonais ne pouvaient pas voir notre quartier général, sinon
la structure aurait été rasée. Les obus perdus à eux seuls lui ont causé un
certain nombre de dégâts, on peut donc imaginer ce qui se serait passé si
l'artillerie adverse s'était effectivement positionnée dessus.

Il y a peu de temps, alors que les Japonais envoyaient un ballon, je suis monté
sur le toit d'un des immeubles pour voir si nous étions visibles des hommes
dans sa voiture.

Je pouvais voir distinctement le ballon à travers mon télescope, mais il
semblait très douteux que les Japonais puissent voir les cheminées de nos
maisons, nous ne nous inquiétions donc plus de leur sécurité.


J'ai déjà dit que les opérations de sape japonaises près de la colline 203 mètres
progressaient à un rythme rapide et que, par conséquent, nous nous creusions
la tête pour trouver des moyens d'entraver leur travail. J'ai proposé de faire
une sortie à grande échelle. Afin d'assurer son succès, j'ai pris une photo de
notre propre colline et de celle des usines japonaises, et j'ai demandé au major
Fofanov , l'officier commandant notre 5e compagnie, que j'avais choisi pour
diriger la sortie, de faire une étude minutieuse de le terrain lui-même, mais
nos officiers supérieurs refusèrent finalement de nous autoriser à faire une
sortie à grande échelle. Il fallut donc se contenter d'une série de petites. De
nombreux hommes se sont toujours portés volontaires pour ces sorties,
parmi lesquels l'enseigne par intérim Makurin et le carabinier Stoliarov du 1er
détachement de reconnaissance se sont particulièrement distingués.

Une de leurs sorties fut brillamment réussie. Les Japonais dans les sapes et
les tranchées furent frappés à la baïonnette, les tranchées furent détruites et
une quantité d'outils de creusement fut capturée, alors que nos propres pertes

furent insignifiantes. Cependant, une sortie effectuée par Makurin dans la nuit du 20 au 21 octobre fut un échec, probablement parce que les Japonais l'avaient prévu, et nos hommes furent ainsi accueillis par des tirs de fusils et de grenades à main. Nos pertes furent lourdes, Makurin lui-même étant grièvement blessé au bras.

Ces sorties étaient notre seul moyen de combattre le travail de sève japonais, jusqu'à ce que nous découvrions enfin une nouvelle méthode, celle qui avait été essayée par l'aspirant Vlassev au centre de nos positions. Une description de la procédure nous fut donnée alors que nous buvions tous du thé (dont nous avions toujours une réserve abondante) au quartier général, et nous décidâmes aussitôt de tenter l'expérience nous-mêmes.

Le lendemain, nous avons traîné un canon de 42 lignes [99] jusqu'à la colline de 203 mètres , l'avons monté dans une tranchée et, avec la permission du général Kondratenko, avons demandé à l'aspirant Vlassev de venir. Sous sa direction, un bâton d'environ 4 pieds de long fut fixé à la base d'un obus cylindro -conique de calibre 41,5 linia . Cette queue en bois était enfoncée dans le canon du canon, préalablement chargé d'une petite quantité de poudre. Lors du tir, l'obus avec sa queue s'est envolé vers la sève de l'ennemi, où le canon de 20 livres. une charge de pyroxyline explosa et détruisit tous les ouvrages ennemis ainsi que les hommes occupés à les construire. L'aspirant Vlassev et le major Gobiato (un artilleur) entreprirent d'essayer cette méthode de tir. Même si les premiers tirs n'ont pas été couronnés de succès, la queue en bois étant soit brûlée, soit brisée, et l'obus ne tombant pas là où il était prévu, ils ont néanmoins semé la peur dans le cœur des Japonais ! Par la suite, les tirs devinrent plus précis et les obus tombèrent fréquemment directement dans les tranchées.

Pour les futures guerres de forteresse, des moyens pratiques doivent être conçus pour lancer des munitions de 20 livres. charge avec précision sur une courte distance, et alors une approche rapprochée sera rendue si difficile qu'elle sera presque impossible.

Après avoir constaté la position de ce canon dangereux, l'ennemi a dirigé un feu intense sur lui, mais il lui a fallu un mois pour le démonter, et cela uniquement parce qu'il nous était impossible de le protéger dans les tranchées des chutes constantes d'obus lourds. .


Le tir de ces gros obus à queue était observé avec le plus grand intérêt par nos tirailleurs. Mais l'ennemi, pour ne pas être en reste, commença également à nous lancer de grosses mines, dont l'effet de l'explosion était considérablement supérieur à celui de son obus de 11 pouces, mais leur effet de frappe était faible et se limitait à un rugissement terrible et un volume de fumée indescriptible.

BLINDAGE SUR LE FLANC GAUCHE DE LA COLLINE DE 203 MÈTRES. LES HOMMES SONT DES FUSILIERS DE LA 2ÈME COMPAGNIE DU 5ÈME RÉGIMENT.

Au cours du mois dernier, les travaux de fortification de la colline 203 mètres avaient progressé rapidement. On pouvait désormais circuler librement dans les tranchées, sans risquer de se cogner la tête contre les traverses des blindages. Des abris avaient été aménagés à l'arrière des tranchées, afin qu'un tiers des défenseurs puissent se replier la nuit et se reposer correctement. Les blindages dans les endroits les plus exposés avaient été renforcés par des rails et des plaques de fer de ½ pouce, sur lesquelles étaient empilées de la terre et des pierres jusqu'à une hauteur d'environ 6 pieds, et les meurtrières étaient munies de boucliers de fer de ½ pouce, avec une ouverture en forme de croix au milieu pour le fusil, de sorte que les hommes se sentaient assez en sécurité lors des échanges de tirs avec les Japonais.

Malheureusement, l'ennemi a commencé à intensifier sensiblement ses tirs sur la colline avec ses obusiers de 11 pouces. Un obus a touché une traverse de 9 pieds d'épaisseur, l'a fait exploser, malgré le fait qu'elle était presque entièrement constituée de roche solide, et a détruit tous les passages qui l'entouraient. Je suis allé voir quels dégâts avaient été causés et j'ai vu qu'il faudrait beaucoup de travail pour les réparer. Le passage autour de la traverse avait été soufflé jusqu'à une profondeur de 7 pieds. Trois tirailleurs, qui se tenaient le long de la traverse près d'une embrasure, ont été tués.

J'ai demandé aux hommes : « Eh bien, qu'aimez-vous ce genre de visiteur ? Trouvez-vous cela éprouvant ? » « Pas du tout, monsieur. Ils font rarement beaucoup de dégâts, à part nous brûler un peu – regardez là ! et un soldat désigna l'une des collines proches du col Shipinsin où pendait un nuage de fumée. Une seconde plus tard, un énorme obus de 11 pouces a crié au-dessus de la colline et, frappant quelque part derrière, a éclaté avec un terrible rugissement. Des milliers d'éclats volèrent dans toutes les directions. « À des kilomètres de là », dit d'une voix traînante l'un des hommes avec indifférence.

«C'est pourquoi ils vous ont mis ici», ai-je continué. « Tout le monde sait quels hommes splendides vous êtes, et que vous ne vous abandonnerez pas ; vous devez être fier d'être si honoré par toute la garnison. Les hommes du 5e régiment sont postés dans toutes les positions les plus dangereuses.

"Nous *sommes* fiers, monsieur", répondit un chœur de voix.

Voilà comment les choses se passaient lorsqu'il n'y avait pas d'attaque. Mais la fin devait venir. Les sapes ennemies étaient arrivées à mi-hauteur de la colline et nous continuions à renforcer nos positions.

203 Meter Hill était désormais entourée d'une ceinture complète d'enchevêtrements de câbles. Pour renforcer encore cet obstacle, j'ai ordonné qu'on y construise des abattis. Des arbres ont été abattus près du quartier général et traînés jusqu'à la colline. De cette manière, une attaque ouverte devenait absolument impossible. Les redoutes et les tranchées d'Akasaka Yama sont également achevées. L'enseigne par intérim Yermakov et le major Mousious se sont surpassés. Le général Fock est venu à Akasaka Yama et a été très satisfait du travail effectué là-bas, dont il a, je crois, parlé dans ses « Notes ». [100]

J'avais de nombreuses compagnies d'autres régiments sur les postes de ma section. Comme je l'ai déjà dit, ces compagnies étaient envoyées au fur et à mesure des besoins, et elles se sont donc plutôt mélangées. Cela était à tous égards tout à fait indésirable, car chaque fois que quelque chose tournait mal, il était impossible de déterminer qui était réellement responsable.

Il m'est apparu très clairement que ce n'est pas du tout la même chose que quatre compagnies d'unités différentes occupent une position, ou qu'elle soit défendue par un bataillon, sous son propre commandant.

Compte tenu de cela, l'ensemble du 27e Régiment, à l'exception de la 1re Compagnie, reçut l'ordre de se concentrer sur Akasaka Yama et le 5e sur Division Hill, la colline de 203 mètres étant défendue comme auparavant par les 2e, 4e et 6e Compagnies. du 5e Régiment, avec quatre mitrailleuses, la 1re Compagnie du 27e Régiment et la 7e Compagnie du 14e Régiment sous le lieutenant Vanikovski . Ces hommes connaissaient tous leurs différentes positions et étaient devenus indifférents au danger constant et tout à fait habitués à regarder du haut l'ennemi creusant en contrebas sans aucun sentiment d'alarme particulier.

Je dois admettre qu'au vu de mon expérience passée, je n'aimais pas remplacer mes entreprises éprouvées par de nouvelles. Je les ai donc organisés en relèves : deux jours de repos près de l'état-major pour un sur place.

Interval Hill était occupée par une compagnie du 25e Régiment sous les ordres du major Veselovski . Dans la réserve j'avais les compagnies du 4e bataillon de réserve.

* * * * *

Vers la fin novembre, les fortifications de toutes les collines étaient terminées. Sur la colline du 203 mètres se trouvait une immense redoute, avec deux donjons, entièrement entourée de fils de fer. [101] L'intervalle entre 203 Meter Hill et False Hill était couvert par plusieurs rangées de fougasses. Akasaka Yama était encerclé par une ligne de tranchées bien construites et possédait une forte redoute au sommet, avec deux plus faibles sur le flanc droit. Sur Division Hill, il y avait une grande redoute avec deux retranchements, dont le feu était dirigé vers le volcan éteint, car nous pensions qu'une attaque viendrait certainement de cette direction.

Les tranchées de communication vers Akasaka Yama et Division Hill étaient bien cachées et imperméables aux tirs de fusils. False Hill était également entourée de tranchées bien construites, avec des passages de communication couverts y menant.

L'espace compris entre False Hill et le fort Ta-yang- kou Nord était le seul élément de la section ressemblant à une position fortifiée au sens ordinaire du mot, et il n'était tenu que par deux compagnies et quatre canons de petit calibre . Toutes les collines étaient autonomes et capables de résister séparément, et en cas de besoin je pouvais renforcer chacune d'elles par deux ou trois compagnies de la réserve générale.

Les hommes sur les positions vivaient désormais dans un bien plus grand confort qu'auparavant, d'autant plus qu'il y avait de la place pour tous dans des abris couverts appropriés la nuit.

Ils avaient tous de bonnes cuisines et à Akasaka Yama, même des bains avaient été préparés. En ce qui concerne la nourriture, il y avait cependant peu de variété, ni beurre ni viande de bœuf n'étant disponible. Où avaient été emmenés les chevaux d'artillerie ? Nous n'en avons vu aucun. Nous mangions souvent des mulets et des chevaux tués sur les positions, mais certains régiments ne parvenaient même pas à s'en procurer. En conséquence, la garnison commençait à souffrir du scorbut, et finalement cette maladie maudite s'infiltra furtivement parmi nous également et tua nombre de nos meilleurs hommes.

* * * * *

Pendant que nous étions pour ainsi dire tranquilles, des événements importants se déroulaient au centre . [102] À maintes reprises, nous recevions de là des rapports sur la défaite des attaques ennemies et leurs lourdes pertes. Mais nous savions aussi que les approches ennemies étaient à portée de frappe des forts et que les opérations minières ne tarderaient pas à commencer.

Le 8 novembre au soir, je reçus une note du général Kondratenko m'invitant à venir examiner les travaux miniers du Fort Chikuan [ 103] , où l'on entendait déjà travailler les mineurs ennemis. Le but principal de cet examen était de déterminer à quelle distance se déroulaient leurs travaux.

Ce soir-là, je suis arrivé à Port Arthur et j'ai rencontré le colonel Grigorenko. [104] Après avoir pris le thé avec lui et un groupe d'officiers assez nombreux, qui nous faisaient sentir tout à fait chez nous, nous partîmes tous en voiture pour Fort Chikuan , où nous arrivâmes sans incident.

En compagnie du général Nikijine , du colonel Reiss et de plusieurs officiers d'état-major, nous passâmes par la porte nord de la ville, où la sentinelle était encline à nous arrêter, car, comme il le disait, elle n'avait reçu aucun ordre de nous laisser passer.

La route traversait des ravins sombres et par un chemin qui m'était tout à fait inconnu. En une demi-heure, nous atteignîmes le quartier général du général Nadyein , qui se composait de deux casernes entourées de tous côtés et couvertes de plusieurs rangées de sacs de sable.

Le général Nadyein avait mis du temps à construire ce système anti-éclats et avait utilisé des milliers de sacs de sable pour sa construction. À l'intérieur, c'était confortable et lumineux. Il se tenait tout près, sous une falaise abrupte. Sur le chemin, nous avions entendu de nombreuses balles siffler, mais les logements du personnel eux-mêmes se trouvaient dans un endroit absolument sûr.

Des fils téléphoniques sur des poteaux de service rayonnaient dans toutes les directions depuis le siège social.

Le général Kondratenko et le colonel Irman nous rejoignirent ici et nous accompagnèrent jusqu'à la position, jusqu'aux lignes avancées de laquelle nous nous dirigeâmes à pied.

Il y avait un crépitement continu de tirs de fusils de tous côtés, et il faisait déjà assez sombre. Nous empruntâmes les étroits passages de communication, aboutissant parfois dans un ravin profond, et de là dans les tranchées de combat, où nos tirailleurs se tenaient en silence, leurs pardessus à moitié ouverts (un manteau retourné ressemble de loin à un rocher). , et les hommes de ma section portaient toujours leurs manteaux comme ça). Parfois, certains d'entre eux visaient et tiraient dans l'obscurité.

Au moment où je dépassais l'un des hommes, il m'a littéralement assourdi un instant avec le bruit de son fusil. « Sur quoi tirez-vous ? » J'ai demandé. "Dans la tranchée là-bas, monsieur." « Pourquoi tirez-vous dans la tranchée ? "J'ai vu quelque chose bouger là-bas", a-t-il déclaré. J'ai regardé par-dessus le parapet. La tranchée ennemie était en effet très proche, [105] mais je doute qu'il soit possible d'y voir quoi que ce soit bouger.

Nous marchâmes ainsi longtemps, tantôt rampant sur le sol, tantôt debout de toute notre hauteur, le colonel Reiss subissant le plus d'inconvénients. Il devait se pencher tout le temps, car il était si grand que, sans cela, sa tête aurait dépassé d'un bon pied les parapets des tranchées.

Finalement nous nous arrêtâmes. "Quel est le problème?" avons-nous demandé à ceux qui étaient devant. « Nous devons courir un par un sur ce terrain découvert. » J'ai couru à mon tour. Il y avait beaucoup de tirs ici, je suppose pour faire savoir aux Japonais que nous étions en alerte. Les tirs de fusil étaient cependant accompagnés de décharges assez fréquentes de ce qui semblait être des armes lourdes.

Après avoir fait encore un tour, nous vîmes devant nous un spectacle magnifique, qui expliquait tout de suite la détonation que nous avions entendue. Il ne s'agissait pas de coups de feu , mais de l'éclatement des grenades à main japonaises lancées sur Fort Chikuan . J'ai pensé à quel point ce serait agréable d'être touché à la tête par un tel projectile.

Mais c'était effectivement un spectacle merveilleux. De derrière le parapet du Chikuan ( nous étions près de la gorge), des jets de feu sifflants, isolés ou en « bouquets », jaillissaient haut dans les airs et, tombant dans le fort, éclataient avec une détonation semblable à celle d'un canon lourd. .

Pendant environ cinq minutes, nous avons regardé ce magnifique feu d'artifice. Un officier qui se trouvait plus au front expliqua que les missiles étaient des cartouches de pyroxyline ou de mélinite, auxquelles était fixée une ouate saturée de kérosène. La ouate fut allumée et la cartouche jetée dans le fort par quelque moyen mécanique, et là elle éclata dès que la « allumette lente » eut brûlé.

Les Japonais espéraient par ce moyen mettre le feu aux sacs de sable, aux planches et aux poutres qui étaient entassés en tas à l'entrée du fort.

Ne sachant pas combien de temps durerait cette démonstration, nous avons traversé l'entrée du fort dans un bâtiment à l'épreuve des bombes de l'autre côté sans que personne ne soit blessé. Grâce à la lueur de quelques petites lanternes et aux flammes des ouates qui flambaient partout, j'ai pu constater que le fort était presque complètement détruit ; les parapets et les traverses présentaient un aspect absolument ruiné, partout des morceaux de planches et de poutres provenant de pare-bombes explosés étaient entassés, et il y avait de nombreux trous profonds et larges où des obus de 11 pouces avaient éclaté.

J'ai remarqué plusieurs tirailleurs sur le parapet, couchés derrière des sacs de sable. C'étaient des sentinelles. J'ai également remarqué un retranchement bien construit dans le principal saillant du fort.

En suivant les autres le plus rapidement possible dans la pierre à l'épreuve des bombes, j'ai pris conscience qu'un instant auparavant j'avais été quelque peu inquiet de savoir si je devais m'échapper sans avoir le visage endommagé (juste avant d'avoir vu un soldat avec le visage et armes horriblement brûlées).

La grande casemate voûtée dans laquelle nous étions entrés était remplie de soldats tranquillement assis tout autour. Nous l'avons traversé et avons tourné à gauche, puis avons franchi plusieurs portes jusqu'à ce que nous nous trouvions soudain dans la casemate bien éclairée de l'officier commandant le fort. Nous nous y reposâmes un peu. Le colonel Grigorenko nous expliqua la situation en nous faisant comprendre que les troupes minières ennemies, forant leur passage dans deux directions, s'étaient déjà approchées très près du mur des semi-caponnières placées dans le saillant principal du fort, tandis que nous avions contre-miné à deux endroits.

Il fallait maintenant déterminer à quelle distance nous nous trouvions des mineurs ennemis et calculer la charge nécessaire. Il y avait très peu de mineurs experts parmi les officiers ou les hommes. La compagnie de sapeurs n'avait été formée que récemment et son commandant était un expert en pontons, tandis que tous les autres officiers étaient jeunes. Le major Linder (commandant la compagnie) n'avait jamais eu aucune expérience des opérations minières, et les seules personnes qui en connaissaient quelque chose étaient le colonel Grigorenko et le lieutenant-colonel Rashevski . Le premier avait servi avec moi dans le 6e bataillon et savait que j'avais pratiqué pendant quelques années les opérations minières offensives et défensives à l'École des ingénieurs de Kiev, et c'est pour cette raison qu'il m'avait demandé de venir l'aider à ce moment critique. Selon l'officier qui surveillait les travaux dans nos mines, l'ennemi était extrêmement proche, mais à ce moment-là, il n'entendait que de temps à autre le bruit d'un creusement très prudent.

Après avoir entendu ce rapport, nous sommes tous passés à la semi-caponnière. Nous avons parcouru une distance considérable à travers de sombres casemates, puis sommes arrivés à l'endroit où se faisait l'exploitation minière. Nous avons ordonné à tout le monde de sortir de la mine et sommes montés pour écouter. Le colonel Grigorenko et le lieutenant-colonel Rashevski étaient avec moi. Nous avons commencé à écouter, mais nos mouvements et notre respiration empêchaient de bien entendre, alors mes deux compagnons sont sortis et je suis resté seul. En approchant mon oreille du mur le plus proche de l'ennemi, je retins mon souffle et écoutai attentivement, mais aucun son ne rompit le silence de mort.

Je reconnais que lorsque mes camarades sont sortis de la mine, qui descendait abruptement en direction de l'ennemi, je n'ai pas été très heureux.

Supposons que l'ennemi ait lancé sa charge et soit sur le point de la faire exploser ! Il ne resterait plus grand-chose de moi !

Dans mon imagination, j'évoquais des images très inquiétantes, et toujours aucun bruit de l'ennemi. Cela m'a plutôt confirmé dans l'exactitude de ma supposition.

longuement et attentivement , changeant plusieurs fois de position, car mes jambes devenaient raides et à l'étroit parce que je ne parvenais pas à les étirer. J'ai tendu l'oreille,... pas un son. Soudain... un coup, un coup très prudent, puis... un autre et un autre ; J'ai essayé de deviner la direction de l'ennemi et à quelle distance il se trouvait. Bien que la formation soit un peu de la nature du grès, on devrait néanmoins pouvoir en juger avec assez de précision. L'homme travaillait très prudemment avec une pioche, et je pouvais l'entendre de tous les côtés de notre mine. Comme si c'était le cas maintenant (on n'oublie pas de tels moments !), je me souviens que les coups retentissaient près du côté gauche du couloir et un peu au-dessus. La distance était inférieure à celle d'un sagène (7 pieds), mais supérieure à celle d'un archine (28 pouces).

Bien que l'ouvrier ait utilisé sa pioche avec beaucoup de précautions, il raclait néanmoins assez bruyamment la terre meuble et les pierres.

Ce bruit de grattage était clairement audible à travers le rocher intermédiaire, mais on pensait très probablement qu'un ennemi de l'autre côté ne pouvait pas l'entendre.

Quand j'eus bien décidé de la position de l'attaquant et du défenseur l'un par rapport à l'autre, je sortis de la mine et rapportai le résultat de mes observations. Le colonel Grigorenko et ses mineurs acceptèrent mes conclusions et décidèrent de porter plainte. Un rapport fut fait au commandant de la colline, qui avait lui-même entendu l'ennemi à l'œuvre, et il fit lui-même exploser notre mine, ce qui détruisit complètement celle des

Japonais, et, éclatant le long de la galerie, jeta des planches, des outils et des hommes vers nous. destruction.

Cependant, après avoir ouvert une partie de la caponnière, qui n'était plus protégée par la terre, les Japonais la firent exploser à la dynamite et devinrent maîtres d'une partie de l'intérieur, et à partir de ce moment il y eut une lutte continuelle pour la possession de cet endroit. , qui a duré très longtemps. Quelqu'un qui était réellement là doit cependant décrire ce qui s'est passé. Je ne le sais que par ce que j'en ai entendu, et je ne peux donner aucune information fiable, sauf ce que j'ai personnellement vu lors d'une visite au fort après que les Japonais eurent fait sauter le toit de la galerie.

Je ne me souviens plus pourquoi je suis allé au fort ce jour-là, mais je pense que c'était simplement par curiosité. Le toit d'un grand intérieur à l'épreuve des bombes avait alors été détruit par un obus de 11 pouces, et j'ai remarqué l'ampleur des dégâts causés. J'ai vu le mur de bois séparant la partie en ruine de la casemate de la partie indemne et habitable, près de laquelle le général Kondratenko et sept des meilleurs officiers du général Gorbatovski furent tués.

Lorsque je quittai la semi-caponnière, elle était épaisse de la fumée de nos fusils, bien qu'il fût possible d'y respirer. Près du mur de sacs de sable qui séparait la partie occupée par les Japonais de la nôtre se tenaient deux tirailleurs qui continuaient de tirer à travers les embrasures sur l'ennemi caché dans l'obscurité de l'autre côté. Il y avait un énorme tas de douilles vides entassées autour d'eux, atteignant presque leur taille.

* * * * *

L'ennemi de ma section travaillait sur ses sapes, et nous continuions à tirer sur les sapes, à y lancer des grenades et à faire fréquemment des sorties, dont la majorité étaient très réussies. Beaucoup des hommes qui prirent part à ces sorties méritaient et étaient recommandés pour les croix de Saint-Georges ; mais le général Fock n'attribua au 5e régiment aucune bravoure particulière et garda les listes de récompenses (en ordonnant de les réduire et de les regrouper sur une seule feuille générale), de sorte que, lorsque finalement la forteresse tomba, elles furent probablement toutes perdues, et de nombreux actes héroïques n'ont pas été récompensés.

GROUPE D'OFFICIERS AU DÎNER. AU BOUT DE LA TABLE LE COLONEL SEMENOV, À SA DROITE LE GÉNÉRAL KONDRATENKO, À SA GAUCHE LE GÉNÉRAL GORBATOVSKI (AVEC CROIX), ET À CÔTÉ DE LUI LE COLONEL IRMAN.

Profitant de cette période de calme relatif, nous variions occasionnellement notre travail quotidien en nous rendant en ville ou en visitant d'autres parties de notre ligne de défense . Cependant, entrer dans la ville n'était pas un plaisir, car elle était continuellement balayée par le feu, et un jour, mes chevaux furent presque tués par un obus éclatant juste devant eux.

J'allais généralement voir le colonel Grigorenko, mais je rendais aussi visite, quoique rarement, au commandant (le général Smirnov) et au général Stessel. Nous pourrions toujours prendre le thé avec eux et entendre les dernières nouvelles sur tout.

Il était très intéressant d'aller à Golden Hill, d'où l'on tirait continuellement sur les torpilleurs ennemis, et où l'on s'attendait dernièrement à une attaque de brûlots. Les projecteurs restèrent allumés toute la nuit, et si l'un des navires japonais traversait la zone éclairée, il s'en sortait mal. Toutes les batteries côtières ouvriraient à la fois un feu terrible sur le malheureux navire, et la mer autour de lui bouillonnerait et jaillirait des colonnes d'eau rejetées par l'obus qui tombait. Dans la ville, les tirs sonnaient comme le tonnerre, et comme le bombardement se poursuivait presque toujours la nuit, l'éclair des canons produisait l'effet de la foudre ; en effet, quand on entendait le grondement et le fracas sourds et incessants, et qu'on voyait les éclairs fréquents, il semblait que ce n'était pas l'œuvre de la main de l'homme, mais un grand phénomène naturel. Mais cette démonstration nous a coûté des centaines de précieux coquillages que nous n'avons pu remplacer.

Les Japonais surveillaient la mer avec une grande attention, et même les jonques chinoises avaient de grandes difficultés à se faufiler devant eux. Imaginez notre surprise et notre joie lorsqu'une nuit, un *bateau à vapeur* est entré dans Pigeon Bay. L'hypothèse générale était qu'ils avaient apporté des mitrailleuses et des obus.

On nous dit que le navire avait apporté des provisions et que ma femme m'avait envoyé de Tientsin une grande quantité de vivres ; mais le major Dostovalov, l'officier chargé des magasins et des transports, n'a pas voulu me dire de quelle espèce il s'agissait ni quelle était leur quantité. Tout ce qui avait été apporté fut réquisitionné par le personnel du commissariat, et plusieurs jours se passèrent sans qu'un mot ne soit dit sur nos cadeaux.

donc allé voir le major Dostovalov et je lui ai demandé de me remettre ce qui m'avait été envoyé.

« Oui, j'ai quelque chose pour toi, dit-il, mais je n'ai pas encore pu vous l'envoyer. Si tu veux, je te donnerai cinq jambons de Westphalie et nous considérerons que tout est correct, hein ?

Je ne m'attendais pas à obtenir autant, je dois l'avouer, et j'ai eu l'eau à la bouche à la pensée des cinq jambons.

"Plutôt", dis-je. "Je serai tout à fait satisfait."

J'ai reçu mes cinq jambons et je suis rentré chez moi triomphant.

Les officiers étaient encore plus contents que moi et nous démolîmes les jambons avec le plus grand plaisir, très bien disposés à l'égard du major Dostovalov, qui avait ajouté, tandis que je m'éloignais : « Je suis désolé que vous soyez arrivé un peu en retard, Colonel, car Je vous en aurais donné davantage, mais je ne peux pas maintenant, car il ne me reste plus que les généraux.

J'appris ensuite que ma femme m'avait envoyé douze jambons, des fruits, des saucisses, du café, etc., pour une valeur totale de 300 roubles HYPERLINK "https://www.gutenberg.org/cache/epub/59741/pg59741-images.html" \l "Footnote_106_106". Ainsi, après déduction des cinq jambons que j'avais effectivement reçus, il en restait une bonne quantité, qui furent toutes récupérées par les officiers supérieurs.

Bien que nous en soyons plutôt mécontents et qu'il y ait eu beaucoup de grognements, nous avons néanmoins reproché encore plus au major Dostovalov et à notre consul Chi-fu ( Tiddeman ) de ne pas nous envoyer de journaux.

# CHAPITRE X

Événements sur la colline du 203 mètres du 23 au 30 novembre.

Vers le 23 novembre, les sapes faites par les Japonais contre le flanc gauche de la colline des 203 mètres avaient atteint presque la ligne inférieure de l'enchevêtrement de barbelés, mais celles qui se trouvaient en face étaient encore très loin. Nous avons donc conclu qu'il n'y avait aucune probabilité d'attaque sur la colline pour l'instant ; et quant à une attaque sur le centre de nos positions, dans la section du général Gorbatovski , nous n'en prévoyions certainement aucune, car il serait plus avantageux pour les Japonais, ayant une si grande supériorité numérique, d'attaquer la forteresse sur tout son front à le même instant.

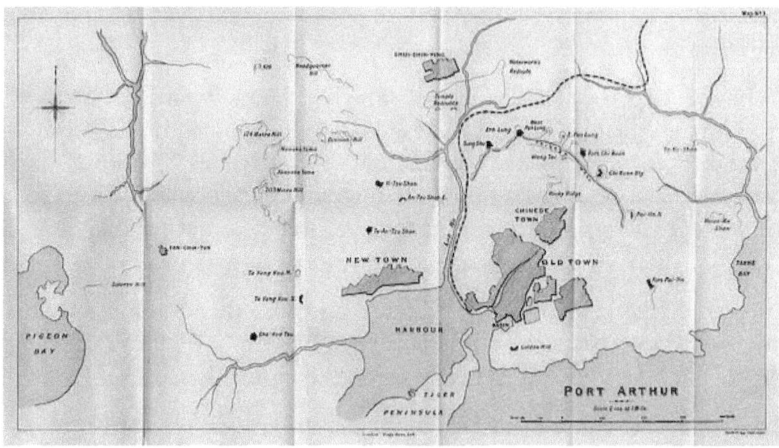

PORT ARTHURCarte No . 3.

Londres : Hugh Rees, Ltd.

*Geog ¹ de Stanford . Estab ¹., Londres.*

Cependant, malgré nos déductions, nous avons remarqué depuis nos points d'observation que les 23, 24 et 25 novembre, des mouvements inhabituels se produisaient du côté de l'ennemi. Apparemment, de nouvelles troupes arrivaient. La même chose a été observée depuis nos positions et nos batteries.

Des troupes étaient envoyées à la colline de 174 mètres . «Ils *nous* sont destinés », nous sommes-nous dit. Le bombardement de toutes nos positions par des canons lourds est devenu plus féroce et notre flanc gauche sur la colline des 203 mètres a gravement souffert. L'ennemi fit une tranchée s'éloignant à droite de sa première sève, et comme de là il pouvait très probablement voir le port, nous décidâmes de faire une sortie pour le détruire.

Le 26, le bombardement de la colline 203 mètres et des forts centraux de notre position devint encore plus intense, de sorte qu'il devint clair qu'une attaque était imminente et nous nous préparâmes en conséquence. A partir de ce moment, nous gardâmes dans les tranchées nos stormers, *c'est-à-dire les troupes affectées à résister à l'assaut.* Les malades du scorbut étaient affectés à cette tâche, et comme il était très pénible pour les hommes atteints de cette maladie de devoir rester dans les tranchées, nous les envoyions à l'arrière, hors de danger, où ils pouvaient se prélasser au soleil. soleil. Dès qu'une attaque était anticipée, l'ordre était lancé : « Stormers à leurs postes ! » sur quoi ils durent quitter leur lieu de cachette et gravir la colline jusqu'aux tranchées.

Un message téléphonique est arrivé indiquant que notre centre était attaqué. [107]

Je me rendis à Akasaka Yama et constatai que les ouvrages de terrassement sur son flanc gauche avaient été gravement endommagés et que les fortifications en face avaient également été détruites. J'ai tout de suite reconnu que, malgré la solidité de nos ouvrages sur la colline du 203 mètres , ils ne protégeraient pas nos hommes de la force destructrice de l'obus de 11 pouces.

Le 26 novembre, l'ennemi a tiré vingt-cinq obus de 11 pouces, huit de 6 pouces, 60 mines [108] et 300 obus de petit calibre . La redoute sur le flanc gauche de la colline du 203 mètres a été très endommagée.

Du flanc droit du 203 mètres Sur la colline, nous avons assisté à un terrible bombardement dirigé contre les forts Erh -lung et Sung- shu . Nous avons entendu le crépitement des tirs de fusils de tous côtés, mais je n'ai vu aucun signe d'assaut. De retour à l'état-major, j'appris la bonne nouvelle que toutes les attaques avaient été repoussées, causant d'énormes pertes à l'ennemi. Cette nouvelle, je téléphonai immédiatement à toutes nos collines et j'ordonnai aux garnisons de se préparer à l'attaque. Afin d'empêcher davantage notre ligne d'être percée, j'ai appelé les compagnies non combattantes [109] des 5e, 13e et 28e régiments, et j'ai occupé avec elles une deuxième ligne de défense .

L'ennemi a littéralement balayé le 203 mètres et les autres collines avec le feu. D'après divers signes le 26 novembre, nous avons conclu que les Japonais se préparaient à attaquer mon front, j'ai donc remonté la réserve et j'ai donné l'ordre à tous d'être prêts à faire face à l'assaut imminent.

Tôt le matin du 27, [110] 203 Meter Hill ressemblait à un volcan en éruption. Apparemment, l'ennemi voulait le balayer de la surface de la terre avec ses obus. Des messages téléphoniques arrivaient chaque minute du commandant, signalant les terribles dégâts causés par les projectiles de 11 pouces.

Finalement, vers 8 heures du matin, tous les téléphones étaient hors service et vers 9 heures du matin, un infirmier arriva au galop et rapporta que la colline était aux mains des Japonais. C'était apparemment une erreur, car nous ne pouvions voir aucun signe de notre retraite de la colline et tout semblait être comme avant. En fait, les ouvrages sur la colline avaient été presque complètement détruits, mais les pertes avaient été minimes, car seules des sentinelles et de petits secours se trouvaient dans les tranchées.

A 17 heures, les Japonais attaquent mais sont repoussés. Le commandant envoya cependant chercher des renforts et davantage d'officiers, dont il resta très peu. J'envoyai quelques renforts, et avec eux l'enseigne navale Deitchman, que nous connaissions déjà comme un officier extrêmement courageux, que, avec l'approbation du colonel Irman, je nommai officier d'ordonnance auprès du commandant.

Il faisait déjà nuit lorsque Deitchman atteignit la colline et, à son arrivée, il constata que tout n'allait pas bien. Il apparut que l'attaque n'avait pas été entièrement repoussée et qu'un petit corps de Japonais était logé dans un blindage près de la batterie centrale, en attendant des renforts. Le commandant convoqua aussitôt un conseil de guerre qui décida aussitôt de chasser les Japonais de cette place forte. L'enseigne par intérim Yermakov, connaissant parfaitement les positions de toutes les fortifications, fut chargé d'organiser la contre-attaque. Il a formé trois groupes de volontaires avec lesquels réaliser ses projets. La première, sous le commandement de la flotte Morosov , devait attaquer les Japonais depuis le flanc droit ; le second, sous les ordres d'un officier dont je n'ai pas su le nom, devait faire de même du flanc gauche ; et la troisième, sous Deitchman, était de précipiter l'ennemi du front. Au signal donné, toutes les colonnes se précipitèrent sur les blindages, mais l'enseigne Deitchman reçut une balle dans la tête et fut tué sur le coup. Cependant, des grenades furent lancées dans le blindage et anéantirent les Japonais. L'enseigne de flotte Morosov fut le premier à se précipiter.

Ce jour-là, l'ennemi a tiré trente obus de 11 pouces, environ trois cents de 6 pouces et un grand nombre d' obus de plus petit calibre à 203 mètres de colline.

Le 28 novembre, à l'aube, les Japonais continuèrent de bombarder la colline et détruisirent tout ce qui avait été réparé pendant la nuit. Dès le petit matin, les tirs se sont intensifiés et les Japonais ont finalement lancé l'attaque.

À midi, ils avaient complètement détruit les tranchées de la colline avec leurs obus, et comme le général Kondratenko était arrivé au quartier général, je me préparais à me rendre personnellement à la colline du 203 mètres pour diriger les affaires. Dans la journée, nous repoussâmes deux attaques et j'envoyai en appui toutes mes réserves : la 6e compagnie de marins et les compagnies non combattantes des 14e et 16e régiments.

Un certain nombre d'officiers de différents corps s'étaient rassemblés au quartier général, tous observant avec impatience le déroulement des combats sur la colline du 203 mètres à travers leurs lunettes.

Le 28, à 16 h 30, les Japonais attaquèrent de nouveau la colline malheureuse. Notre reste décimé fut coupé en morceaux et l'ennemi s'empara des deux parapets supérieurs. [111]

A Akasaka Yama aussi, les choses n'allaient pas bien et vers 14 heures, j'envoyai la 7e compagnie du 27e régiment, qui venait tout juste d'arriver.

À 17 heures, j'ai monté à cheval et suis allé jusqu'à la colline des 203 mètres . Le père Vassili m'a offert en guise de charme un petit crucifix en argent que j'ai mis.

J'atteignis le pied de la colline. Dans le ravin près du poste de secours se trouvait une foule innombrable d'hommes blessés et non blessés. Les pentes arrière de la colline étaient couvertes d'hommes allongés dans des postures différentes, des blessés morts sur le chemin du retour. La compagnie de réserve était sous les armes, les hommes s'aplatissaient contre la falaise, tandis que les obus explosaient tout autour. Le sommet de la colline était enveloppé de fumée suite à l'éclatement de projectiles de toutes sortes.

Après avoir laissé mon cheval près du poste de secours et appelé tous les hommes sains et saufs qui s'abritaient sous la colline, je me mis à grimper et parvins au sommet de la route sans une égratignure.

Ici, une scène de ruine vraiment horrible se présenta à mes yeux. Les pare-bombes en planches légères, construits à partir du côté abrupt de la tranchée le long de laquelle passait la route, ont été presque tous détruits et étouffés par des corps mutilés et des fragments de membres humains déchirés. Toute la route était simplement bloquée par des poutres brisées et des cadavres.

Enjambant tout cela et glissant sur les planches saturées de sang, j'atteignis le téléphone à l'épreuve des bombes, qui, par merveille, n'avait pas été touché. Ici, j'ai trouvé le commandant et plusieurs officiers, tous apparemment perdus quant à la marche à suivre.

Blindages sur une colline de 203 mètres détruite par des tirs d'obus. LES HOMMES SONT ASSIS PARMI LES RUINES D'UN BLINDAGE ENTIÈREMENT DÉTRUIT PAR UN COQUE DE 11 POUCES.

En quelques mots, le commandant m'expliqua la situation. C'était encore pire que ce à quoi je m'attendais et il fallait faire quelque chose immédiatement.

Toutes les réserves étant épuisées, nous en formâmes une avec les hommes que j'avais amenés avec moi. Bien que les deux parapets fussent aux mains des Japonais, nos hommes s'accrochaient comme une mort sinistre au sol derrière eux, aux blindages, aux passages étroits et aux tranchées de communication. Tout l'espace compris entre les deux parapets était encore en notre possession. La tranchée circulaire inférieure était presque complètement détruite, mais nos hommes étaient toujours fermement logés dans les quelques parties intactes de celle-ci. Il me semblait donc qu'il fallait chasser les Japonais d'un seul coup bien dirigé, et que d'ailleurs ce ne serait pas une affaire difficile.

Pour mettre mon plan à exécution, je formai un seul commandement avec les hommes que j'avais amenés avec moi, je fis servir des grenades à chaque homme, et après leur avoir fait une courte harangue, je les envoyai les uns contre le parapet gauche. et certains contre la droite. Voyant que tout n'était pas encore perdu, et menés par de jeunes officiers, les vaillants camarades se précipitèrent sur les travaux avec une acclamation sauvage. C'était vers 19 heures

Celui de gauche fut pris d'un seul coup. L'autre ne tomba pas immédiatement et les hommes s'arrêtèrent devant lui, mais se précipitèrent de nouveau de leur propre initiative et chassèrent l'ennemi, de nombreux officiers, dont le lieutenant Yermakov, étant témoins de leur action. Les grenades à main ont été utilisées librement et se sont révélées une fois de plus d'une valeur inestimable.

J'ai immédiatement envoyé un rapport au général Stessel et au général Kondratenko. Le premier m'avait donné personnellement l'ordre de lui faire part par téléphone de tout ce qui s'était passé sur la Colline 203 Mètres , et je reçus maintenant de lui un message de félicitations. Dès que les Japonais furent chassés des parapets, les tirs d'artillerie de l'ennemi devinrent plus violents et furent dirigés principalement sur le flanc gauche de la tranchée circulaire et sur le parapet au-dessus.

Afin de ne pas exposer inutilement ceux de mes hommes qui tenaient la ligne inférieure de tranchées, maintenant complètement détruite, je leur ai ordonné de contourner la route supérieure à l'arrière et de former la réserve. Nous avons abandonné la tranchée circulaire en ruine, à l'exception de son flanc gauche, mais l'ennemi, sans s'en rendre compte, a continué à achever sa destruction, dépensant des milliers d' obus .

J'envoyai chercher des sacs de sable et des renforts pour réparer immédiatement les dégâts causés aux tranchées et aux parapets au sommet de la colline. Quelques heures plus tard, deux compagnies de marins et un chariot à deux roues chargé de grenades à main arrivèrent. J'ai placé les marins dans les abris de réserve (fossés profonds, un au-dessus et un en dessous de la route inférieure), qui étaient pratiquement à l'abri du feu.

Le lieutenant Fenster, sapeur, arriva sur la colline et proposa de réparer les tranchées et les parapets pendant la nuit. La face nord du parapet gauche et les protections anti-bombes qu'il contenait étaient si ruinées que je ne pouvais pas les traverser jusqu'à sa face ouest, et l'extrémité gauche de la tranchée reliant le parapet était arasée jusqu'au sol, mais le la face arrière de l'œuvre est restée intacte.

Il était impératif que tous ces dégâts soient immédiatement réparés avec des sacs de sable, à condition qu'il n'y ait pas d'attaque entre-temps.

Toutes les tranchées ennemies autour de la colline étaient pleines de Japonais.

La nuit tombait le 28 novembre lorsque des grenades à main commencèrent à éclater dans le parapet gauche et qu'un soldat accourut annonçant que les Japonais attaquaient. Nous nous sommes précipités sur la route où se trouvaient les réserves. C'est là que se rejoignaient les voies de communication de toutes les fortifications de la colline, et il y avait aussi un creux dans le sol, utilisé comme poste de secours. Mais les explosions des grenades à main cessèrent brusquement et tout devint silencieux, à l'exception du rugissement du canon ; nos grenades à main semblent avoir repoussé les Japonais dans leurs tranchées. Mais que se passerait-il en pleine

nuit lorsqu'il était impossible de voir à quelle distance se trouvait l'ennemi ?
J'avais peur qu'il y ait une panique. Pour repousser si facilement l'attaque
ennemie, nous avons reçu une grande aide des détachements dirigés par les
lieutenants Siromiatnikov et Nejentsev , qui avaient pris l'ennemi à revers en
direction de la position du major Soloveiev .

* * * * *

Cette nuit-là (le 28 novembre) fut sombre, et tout était apparemment calme
depuis la dernière attaque, seul le rugissement occasionnel d'une grenade à
main qui explosait brisait le silence. Je n'ai pas pu dormir de la nuit, mais j'ai
continué à envoyer des infirmiers dans toutes les directions et à converser
avec le personnel par fil téléphonique. Tout le monde voulait savoir ce qui se
passait sur la colline. Pendant la nuit, plusieurs chariots à deux roues sont
arrivés avec des grenades à main que j'ai ordonné de stocker dans les pare-
bombes près du poste de secours.

Vers 4 heures du matin, les tirs ont repris et le flot de blessés a commencé à
descendre de la crête jusqu'au pied de la colline et au-delà.

Les Japonais avaient lancé de nombreuses attaques vaines, et nous pouvions
survivre à tout sauf à des tirs nourris. Mais il fallait considérer l'effet moral ;
nos hommes étaient habitués aux obus et aux lourdes pertes, et ils y étaient
devenus tout à fait indifférents, mais les attaques de l'infanterie leur mettaient
les nerfs à rude épreuve. Et voici qu'une d'elles était en cours : des grenades
à main éclataient dans le parapet gauche, et un infirmier accourut demander
des renforts, des officiers et des grenades à main. Des grenades
commencèrent alors à éclater sur le parapet droit, et nos hommes y
envoyèrent également du ravitaillement. J'ai envoyé tout ce qu'ils
demandaient et j'ai demandé au colonel Irman de m'envoyer des officiers de
l'état-major. En réponse, on m'envoya le capitaine Bielozerov . Un travail
sérieux était à faire, car des coups de feu éclatèrent, annonçant une attaque
imminente. J'ai ordonné à la compagnie au pied de la colline de monter sur
la route supérieure et j'ai demandé une autre compagnie par téléphone. La
réponse est venue qu'il n'y en avait pas de disponible. J'ai alors téléphoné
pour que notre 5e compagnie quitte ses lignes sur la colline de la division,
près du fort Yi-tzu Shan, où elle venait tout juste de revenir, et qu'elle atteigne
immédiatement la colline des 203 mètres . Les tirs et les éclats de grenades se
multiplièrent, tandis que les bombardements cessèrent : c'était vraiment un
mauvais signe.

- 161 -

## LES DERNIÈRES RÉSERVES POUR UNE COLLINE DE 203 MÈTRES PENDANT LES COMBATS DE NOVEMBRE.

En effet, nos hommes s'envolaient déjà du parapet gauche. J'ai amené ma compagnie de matelots, je l'ai envoyée à la rencontre des fugitifs et je me suis crié d'une voix rauque : « Arrêtez, arrêtez ! des renforts ! Néanmoins, ils ne voulurent pas s'arrêter et les marins hésitèrent également et s'arrêtèrent. Il y avait beaucoup de confusion, et ce que j'ai crié, ce que j'ai fait, je ne m'en souviens plus très bien maintenant. Il semble cependant que j'aie réussi à rallier les hommes, car ceux de mon propre régiment ont commencé à se rassembler autour de moi ; et quand je me trouvai à la tête d'un nombre considérable d'hommes, je les menai contre le parapet gauche. Les tirailleurs et les matelots se précipitèrent et se précipitèrent vers le travail avec le capitaine Bielozerov , qui fut le premier à entrer. La même chose s'est produite en ce qui concerne le parapet de droite, mais la situation n'était pas si mauvaise là-bas, car aucune panique ne s'était produite. , et ils m'avaient simplement fait savoir que les Japonais l'avaient pris, mais que nos hommes tenaient toujours le rempart arrière. Avec les autres officiers, j'ai conduit un détachement de marins à travers les passages de communication jusqu'au chantier. Les Japonais résistèrent mal, et en quelques minutes nous avions pris la place à la pointe de la baïonnette. J'envoyai un long rapport écrit , les tirs d'obus ayant détruit les câbles téléphoniques, mais nos sapeurs les reconnectèrent en dix minutes.

Ici, je voudrais dire un mot ou deux sur nos sapeurs. Je n'en avais que très peu, soit sur la colline du 203 mètres , soit dans ma section de défense , mais ils étaient tous intrépides et irréprochables. Malgré le danger constant, ils travaillaient avec une parfaite insouciance. Beaucoup d'entre eux furent mis *hors de combat* . Un obus est tombé sur le pare-bombes où ils travaillaient et a gravement blessé huit d'entre eux, sans que l'énergie et l'audace de ceux qui restaient n'aient été en rien diminuées. Ils cherchaient toujours des occasions de se rendre utiles et, en effet, leurs services rendus à leur pays et à leur tsar avaient un grand effet sur les soldats avec lesquels ils entraient en contact.

* * * * *

Ayant pris le commandement de la colline 203 mètres , je ne pouvais bien sûr pas exercer de contrôle sur les autres collines défendues, c'est pourquoi le colonel Irman a assumé cette tâche. Etant ainsi ignorant de ce qui se passait au-delà de la colline des 203 mètres , je me sentais très mal à l'aise à propos d'Akasaka Yama, que l'ennemi attaquait à nouveau. En remontant jusqu'au ravin devant la colline des 203 mètres , les Japonais avaient chassé une tête de sève de ce ravin tout droit vers le pied de l'Akasaka Yama, puis, arrêtant le travail à environ 70 pieds de là, ils avaient couru en groupe pour une petite étendue de terrain mort sous la falaise face à Namako Yama et avait commencé à faire quelque chose là-bas, comme nous pouvions clairement le voir. Bien que j'aie fait construire un abattis au-dessus de cette falaise et que notre tranchée longeait l'abattis, ce point était le plus vulnérable de toutes les défenses d'Akasaka Yama, et mes craintes se sont réalisées, car l'ennemi a choisi précisément ce point pour son combat. attaque.

J'étais d'autant plus inquiet au sujet d'Akasaka Yama que, s'il tombait aux mains de l'ennemi, la communication avec la colline des 203 mètres par l'arrière serait interrompue, cette dernière pourrait alors être enfilée de toutes parts, et il deviendrait impossible de la tenir. plus longtemps. D'un autre côté, tant qu'Akasaka Yama restait nôtre, il apportait un fort soutien à la Colline des 203 mètres et empêchait l'ennemi de l'attaquer depuis le front et le flanc droit. Les Japonais ont tenté une fois de le faire et ont souffert très durement, plusieurs centaines d'hommes tombant sur les pentes nord de la colline des 203 mètres sous le feu des fusils et des mitrailleuses d'Akasaka Yama.

* * * * *

Ayant reçu un sévère échec, l'ennemi cessa d'attaquer, mais continua à travailler sur ses parallèles et à faire un zigzag vers la droite. C'était très grave pour nous, car cela amenait les Japonais jusqu'à un point de la colline d'où ils pouvaient observer la chute de leurs obus dans la zone portuaire . Sans doute il faudrait faire une sortie en force.

En lançant au moins trois compagnies sur l'ennemi dans la nuit, nous pourrions le chasser de son parallèle et le détruire. Les pertes seraient lourdes, mais les succès remportés seraient proportionnés. Dans l'état actuel des choses, nous avons tout juste réussi à tenir la colline et nos pertes ont été sévères. Nous ne pouvions obtenir des renforts qu'avec les plus grandes difficultés, car ils étaient recherchés pour la section du général Gorbatovski , qui était également attaquée. Mais il était impossible de tenir la colline sans réserves ; ou bien il faudrait sacrifier plusieurs compagnies par jour, ou bien la colline serait abandonnée.

L'effet effrayant de l'obus de 11 pouces nous a fait penser qu'il était opportun de creuser des grottes à flanc de colline pour protéger les hommes, et nous avons commencé à le faire, mais il était alors trop tard. Celles que nous avons eu le temps de réaliser étaient à peine assez grandes pour abriter quelques hommes.

Le 29 novembre, la soirée approchait déjà. Les bombardements ralentissaient (les Japonais devaient être à court de munitions) et des volutes de fumée apparaissaient dans les endroits couverts de feu, sous la colline, où les hommes allumaient du feu pour leur thé. Tout semblait indiquer que la journée se terminerait tranquillement, et j'étais tout à fait satisfait, ne me doutant pas du tout du tour que les matelots du parapet gauche allaient me jouer. J'y avais envoyé mon ordonnance (je ne me souviens plus pourquoi) ; dix minutes plus tard, il revint vers moi en courant et me rapporta qu'il n'y avait pas un seul homme dans le parapet : il était absolument vide.

« Mais où sont les marins ? J'ai pleuré.

« Je ne sais pas, monsieur ! Ils ont dû partir.

J'envoyai aussitôt chercher les officiers de marine et leur ordonnai de retrouver leurs hommes et de les renvoyer à leur poste, et en attendant j'envoyai au parapet tous les hommes près de moi, une dizaine de tirailleurs et d'éclaireurs, qui me servaient d'infirmiers.

J'avais toujours près de moi quelques hommes connaissant parfaitement les fortifications de la colline. C'était essentiel, car un homme qui ne connaissait pas toutes les caractéristiques pouvait très facilement se perdre dans le labyrinthe des tranchées et des voies de communication, et ainsi ne pas transmettre mes ordres à ceux à qui ils étaient destinés.

Une heure plus tard, les matelots étaient tous rassemblés, et je leur pardonnai seulement leur stupide action en considération de leur splendide attaque précédente et de la manière dont ils avaient chassé les Japonais des parapets. J'ordonnai aux officiers de marine d'être toujours avec leurs hommes et de ne pas rester dans les pare-bombes, leur rappelant que c'était la deuxième fois que les matelots se rendaient coupables de quitter leur poste.

La nuit était déjà tombée – pour moi c'était toujours une période difficile, car il est impossible d'exercer un contrôle efficace dans l'obscurité – et la seule chose que je pouvais faire était de parcourir la colline et d'encourager mes hommes en leur parlant. Mais ma voix avait presque entièrement disparu, à force de crier constamment pendant la journée.

Quand la nuit fut tombée, des sapeurs arrivèrent, apportant des sacs de sable. Des renforts – deux compagnies – sont également arrivés. J'ai décidé de laisser dormir ceux qui étaient réellement sur la ligne de combat et de faire travailler ceux qui venaient d'arriver ; mais quel sommeil et quel travail étaient possibles sous une grêle d'obus de toutes sortes ? Nous avions disponible pour le travail de nuit, outre le lieutenant Fenster et l'enseigne par intérim Yermakov, le lieutenant Reinbott de la Fortress Mining Company. Même si j'étais vraiment fatigué ces deux derniers jours, je n'avais toujours pas envie de manger ou de dormir.

Dès le jour du 30, les tirs s'intensifièrent et nous assistâmes à la destruction complète de la face droite du parapet gauche par le jeu de plusieurs projectiles de 11 pouces bien dirigés. Heureusement, l'ennemi n'a pas réussi à faire beaucoup de dégâts du côté qui était ouvert à ses attaques constantes, mais le fossé intérieur était complètement rempli de cadavres, tant de nos propres hommes que des Japonais, que nous n'avons pas pu enlever. Cela était impossible, car pendant la journée, cette face de l'ouvrage était balayée par des éclats d'obus provenant du flanc et de l'arrière, et la nuit, nos hommes étaient toujours sur le « qui vive » pour une attaque et ne pouvaient pas quitter la couverture. du parapet; d'ailleurs il faudrait beaucoup d'hommes pour emporter les morts, et nous n'avions personne à revendre.

A 8 heures du matin, les Japonais attaquent soudainement le parapet gauche, s'emparent de la partie avant et lèvent leur drapeau. La vue de ce drapeau remplissait toujours nos hommes de fureur. Je le savais et, le montrant du doigt, j'ai crié à la réserve : « Allez le démonter, mes gars ! et, comme un seul homme, nos matelots se précipitèrent au travail. Je les ai menés sur une certaine distance, et un instant après, il n'y avait aucun signe des Japonais ni de leur drapeau. Deux fois encore, le drapeau hostile apparut au sommet de la colline, mais à chaque fois il fut arraché par ma poignée de réserves.

Vers 11 heures du matin, ou un peu plus tôt, j'étais en conversation téléphonique à l'épreuve des bombes avec le commandant, le major Stempnevski , l'enseigne par intérim Yermakov et plusieurs officiers de la marine. Soudain, nous avons entendu des cris et des tirs irréguliers de fusils. Je me suis précipité sur la route et voici ce que j'ai vu. Nos hommes étaient en pleine fuite depuis le centre de la colline et le flanc gauche, et beaucoup d'entre eux tombaient éperdument dans leur hâte de s'enfuir. Non loin du pare-bombes, j'ai dû sauter par-dessus le corps d'un Japonais, apparemment tout juste tué. J'ai commencé à crier "Stop, stop!" et pour faire respecter mes paroles, j'ai dégainé mon épée et j'ai frappé l'un après l'autre (avec le plat, bien sûr), le lieutenant Podgourski et les autres officiers qui m'accompagnaient faisant de même. Les hommes écoutèrent ma voix et, s'arrêtant sur place, ouvrirent un feu dispersé au sommet de la colline. J'avais alors hâte d'aller dans la réserve, car, à cause des tirs, ma voix ne pouvait pas porter aussi loin, mais craignant que mes hommes ne me suivent, je ne suis pas revenu moi-même, mais j'ai envoyé Ermakov.

À ce moment-là, nous pouvions voir des soldats japonais bondir sur le sommet et ils commencèrent aussitôt à tirer le long de la route. Au même moment, plusieurs dizaines d'hommes se précipitèrent vers moi et, se tenant autour de moi, se mirent à tirer et à crier d'une voix rauque : « Hourra ! Au milieu de tout ce bruit et de ces tirs, j'avais l'impression que les choses échappaient à mon contrôle, tandis que le nombre de Japonais sur la colline ne cessait de croître. Heureusement, les réserves n'étaient plus qu'à dix pas de moi, et j'apercevais déjà Yermakov et Fenster devant moi ; ils avaient tous les deux des fusils. Il ne restait plus qu'à se précipiter avec les nouveaux venus et les hommes que j'avais autour de moi, et c'est ce que nous fîmes. Ceux qui s'étaient retirés, se trouvant renforcés, se jetèrent sur les Japonais avec un cri assourdissant, et nous étions de nouveau maîtres de la colline.

Si la réserve n'était pas arrivée au moment critique, nous aurions été chassés de la colline, et alors, en fait, il aurait été impossible de la reprendre, car les Japonais étaient fortement renforcés. Une fois au sommet, il nous a été très facile de lancer des grenades à main. Ils s'effondrèrent et causèrent d'effroyables ravages parmi l'ennemi en retraite. Nos fusils et notre artillerie, qui ouvraient tous deux un feu nourri au pied de la colline et dans les ravins voisins , complétaient utilement les grenades. En moins de dix minutes, les Japonais avaient disparu dans leurs tranchées et, une fois de plus, nous respirions librement.

Sans attendre que les canons ennemis ouvrent le feu, je ramène mes hommes dans la réserve anti-bombes ; et j'ai eu de la chance de l'avoir fait, car presque immédiatement des obus ont commencé à éclater par-dessus, le recouvrant d'un nuage de fumée noire empoisonnée. Une fois de plus, nos hommes légèrement et grièvement blessés commencèrent à boitiller ou à être emportés loin du sommet.

C'était un spectacle terrible ; mais c'était merveilleux de voir comment ces héros mouraient sans peur ou souffraient sans se plaindre.

Le nombre de cadavres sur la route augmentait rapidement et, par conséquent, il était difficile de respirer à cause de l'odeur nauséabonde.

Le moment était certainement venu de demander à des hommes de ramasser les morts.

MORTS RUSSES SUR UNE COLLINE DE 203 MÈTRES EN ATTENTE D'INTERMEMENT.

J'envoyai un rapport de tout ce qui s'était passé, puis je me rendis avec le commandant et quelques autres officiers à notre poste d'observation près du poste de secours, où il y avait un nombre énorme de blessés, obligeant les chirurgiens à travailler dur.

Je me souviens comme si c'était aujourd'hui que je m'étais tourné le visage vers l'arrière et que je regardais la foule d'hommes qui se tenaient près du poste de secours inférieur, en me demandant d'où ils venaient tous. Soudain, il y a eu une terrible explosion et j'ai été projeté à terre avec une force terrible. Le choc fut si grand que pendant un moment j'en restai abasourdi. Quand je me levai enfin, éparpillant la terre qui me recouvrait, il y avait devant moi un grand tas de cadavres, et au-dessous d'eux gisait le commandant, le major Stempnevski . Tous étaient immobiles, mais d'horribles halètements et des gémissements déchirants remplissaient l'air. Je me suis retourné. A mes pieds se trouvaient plusieurs morts, et sur eux, face contre terre, gisaient l'enseigne par intérim Reishetov et le sergent-major de la 2e compagnie, tandis qu'un jeune mécanicien naval était assis par terre, criant de douleur et serrant des deux mains sa main gauche. côté. D'autres, comme moi, reprenaient maintenant leurs esprits, et nous commencions à séparer les morts des blessés. Un assistant-chirurgien a couru vers le jeune mécanicien et l'a transporté vers le bas, et nous avons mis le major Stempnevski dans le pare-éclats. Il était conscient. Le sang coulait de sa tête et de son visage.

« Où es-tu blessé, Stanislav Youlianovitch ? Je lui ai dit; et il a répondu : « Mon dos est blessé et je ne peux pas respirer. »

«Ils vous emmèneront en bas», dis-je.

"Non non; attendez que la fusillade ait ralenti.

donc laissé allongé dans le pare-éclats. L'obus avait probablement touché la falaise près de laquelle nous nous trouvions, mais, heureusement, j'étais un peu plus loin et je n'avais reçu qu'un mauvais coup à l'épaule droite. Une heure plus tard, ils emmenèrent notre vaillant commandant au poste de secours inférieur, et je me sentais très seul.

Je rapportai ce qui s'était passé et demandai qu'un des autres officiers soit envoyé pour remplacer le commandant. Bien que les Japonais aient reçu plus d'une bonne leçon de notre part, ils n'étaient pas satisfaits et sortaient ici et là de leurs tranchées en nombre considérable, mais étaient immédiatement repoussés par les tirs de fusils et de mitrailleuses de la colline des 203 mètres et d'Akasaka. Yama. Cependant, avec une obstination démoniaque, ils se faufilèrent à deux reprises à travers nos enchevêtrements de barbelés, et sur le flanc gauche arrivèrent même jusqu'au parapet, mais, décimés par les grenades à main, ils se brisèrent et s'enfuirent, jonchant de leurs morts les pentes de la colline.

Ce fut une journée marquante, tant pour nous que pour les Japonais. Vers 20 heures, je venais de monter dans un blindé pour prendre à manger, lorsque j'entendis des cris de « Hourra ! » et de nouvelles explosions de bombes, qui m'ont signalé une énième attaque. Je me suis précipité hors du blindé et j'ai vu nos matelots et nos tirailleurs se pressant sur le parapet près de la gorge du parapet et y lançant des grenades à main. Cela avait l'air mauvais, car les Japonais ont dû les chasser du travail. Je dis aux autres officiers de placer les quelques dizaines d'hommes qui étaient sur la route derrière les pierres et les rochers près du parapet, de manière à empêcher l'ennemi de s'emparer de la route, et de marquer en même temps le point extrême au-delà duquel nos hommes ne doit en aucun cas reculer.

J'ai immédiatement fait appeler la réserve, qui consistait alors en notre 1er détachement de scouts. Ce n'était pas une tâche facile de gravir une colline telle que 203 mètres , et cela ne pouvait pas non plus être fait en un instant, aussi un temps considérable s'écoula-t-il avant que le capitaine Vaseeliev n'arrive avec ses hommes. La poignée qui défendait la gorge du rempart au-dessus avait considérablement diminué, et j'ai signalé que les Japonais étaient arrivés jusqu'au flanc gauche de la tranchée de liaison, maintenant complètement détruite, et s'y étaient établis. Mais apparemment, ils n'avaient pas pris pied très solidement et l'intérieur de l'ouvrage était inoccupé. Cela signifiait que nos hommes, surpris par la soudaineté de l'attaque, avaient évacué l'ouvrage dont la façade avait été capturée par l'ennemi. J'ai crié aux défenseurs en leur ordonnant de ne pas reculer d'un pas supplémentaire, mais de tenir bon de tout ce qu'ils valaient, car j'arrivais immédiatement avec les éclaireurs à leur soutien. Un officier, qui était resté dans le pare-bombes au centre des travaux, envoya un ordonnance pour me dire que les ennemis avaient occupé le parapet, mais qu'ils craignaient de descendre dans les travaux. Malheureusement, je n'ai pas pu connaître le nom de cet officier.

Après avoir indiqué au capitaine Vaseeliev où faire son attaque et pris les dispositions nécessaires, je m'adressai brièvement aux hommes, puis je partis avec eux contre le point que j'avais décidé d'attaquer, le flanc droit du parapet gauche et le flanc gauche du parapet gauche. flanc de la tranchée de liaison. Bien sûr, les braves gens m'ont devancé, et la précipitation de ces hommes, ainsi que des quelques hommes restés qui avaient défendu la gorge du parapet, et de quelques autres fusiliers apparus quelque part sur la droite, chassa les Japonais de leurs tranchées. Il ne faut pas longtemps pour le dire, mais cela n'a pas été fait aussi rapidement.


Le détachement du capitaine Vaseeliev et tous ceux qui se précipitaient avec lui criaient longtemps « Hourra ! tirer et lancer des grenades à main. Les Japonais sur le parapet opposèrent une résistance obstinée. Avec quelques autres officiers, je suis resté dans la gorge du parapet et j'ai entendu nos hommes crier « Hourra ! et je les vis courir le long des tranchées étroites jusqu'à la face avant, que les Japonais tenaient toujours. Puis deux explosions se firent entendre, suivies d'autres, et l'instant d'après nos hommes se trouvèrent sur le parapet. Des dizaines de grenades à main furent lancées sur l'ennemi en retraite, de sorte que la colline même semblait trembler sous leurs violentes explosions. Je descendis aussitôt sur la route pour donner l'ordre de faire remonter immédiatement tous ceux qui étaient descendus de la colline. Chaque fois que l'alarme sonnait, un bon nombre d'hommes étaient toujours là.

Mais j'avais prévu les choses, car toute une compagnie — une centaine d'hommes environ — montait vers moi la colline, des matelots et des fusiliers, menés par leur cornet de campagne, qui reçurent de moi sur-le-champ la croix de Saint-Georges. Ce fut pour lui une agréable surprise ; mais une désagréable m'attendait.

Sentant que la colline était à nouveau sûre, je me trouvais sur la route, au centre de mes positions, lorsque le capitaine Vaseeliev s'approcha rapidement de moi et me rapporta : « Je suis grièvement blessé, colonel, et je ne peux plus commander. Permettez-moi de descendre au poste de secours.

"Très bien," dis-je. « De tout mon cœur, je vous souhaite un prompt rétablissement. La croix de Saint-Georges est à vous.

Le régiment avait perdu encore un autre vaillant officier, mais Dieu merci ! pas pour toujours.

Tout étant désormais calme sur la colline, j'envoyai un rapport au colonel Irman et lui demandai de demander au général Kondratenko la permission de quitter la colline pour me reposer et panser ma blessure. J'ai également demandé des sacs de sable et des hommes pour réparer les dégâts. Tout ce que je demandais fut envoyé et trois officiers du génie arrivèrent également. Il n'était pas nécessaire de leur montrer où le travail devait être fait, et je venais de m'asseoir pour me reposer — il était maintenant vers minuit — lorsque j'ai vu arriver le colonel Irman et mon adjudant, le lieutenant Kostoushko-Valeejinitch . Après avoir fait un rapport complet et expliqué la situation actuelle, je les ai emmenés dans le blindé du commandant, où le colonel Irman a immédiatement exprimé le souhait d'inspecter la colline et de remercier les hommes d'avoir repoussé les attaques.

Il a disparu dans la tranchée avec le lieutenant Kostoushko et je me suis allongé pour me reposer, épuisé par le manque de sommeil. Parler fort dans le blindé m'a réveillé. En ouvrant les yeux, j'ai vu une foule d'officiers de marine, certains d'entre eux étant de vieux amis, mais d'autres nouveaux arrivants, qui avaient été envoyés sur la colline depuis le quartier général.

Je dois mentionner ici que les détachements navals étaient fréquemment commandés par des chefs du département naval ou par des enseignes de la flotte. Beaucoup d'entre eux étaient des hommes remarquables, parmi lesquels Losev et Morossov se distinguaient particulièrement par leur bravoure inégalée.

Je n'avais presque rien mangé depuis quatre jours et je n'avais presque pas dormi.

CARTE DES DÉFENSES OUEST DE PORT ARTHUR.Carte No · 4.

carte russe.Londres : Hugh Rees, Ltd.

*Geogl de Stanford . Estabt ., Londres.*

# CHAPITRE XI

Les combats du 1er décembre – Les reconnaissances de nuit – « L'officier idéal » – Les attaques de la colline des 203 mètres le 4 décembre – Les événements d'Akasaka Yama du 27 novembre au 4 décembre.

Le 1er décembre s'est déroulé comme d'habitude, jusqu'à la tombée de la nuit, lorsque quelque chose d'assez grave s'est produit. En raison des alarmes constantes et de mes craintes pour la sécurité de la colline, je ne pouvais pas penser à manger, mais, profitant d'une période de calme relatif, et espérant que les Japonais mettraient un certain temps à se remettre de la sévère leçon qu'ils avaient reçue. J'étais sorti, j'étais sorti à l'air libre (c'était terriblement proche dans le pare-bombes) et j'étais assis sur la pente du parapet, quand soudain l'alarme s'est déclenchée. Des tirs de fusils ont éclaté, accompagnés du rugissement des grenades à main éclatantes. Je me levai d'un bond et vis que nos hommes s'envolaient du parapet gauche, heureusement cependant, ils n'étaient encore que quelques-uns. L'aspirant Soimonov était là avec les marins.

« De quoi s'agit-il ? » J'ai crié.

« Les grenades à main étaient de trop pour nous. Tout le monde est parti et les Japonais ont capturé notre travail.

" Imbéciles !" J'ai crié après eux. « Vous vous êtes encore endormi. Revenez immédiatement et dites à l'aspirant Soimonov que je lui ordonne de renvoyer les Japonais à nouveau.

Là-dessus, les marins se sont retournés et ont couru devant moi. Dix minutes plus tard, il y eut un crépitement de tirs provenant du parapet gauche, suivi d'un grand « Hourra ! et puis, un instant après, silence. Un ordre de l'aspirant Soimonov accourut vers moi et me rapporta qu'ils avaient regagné la tranchée, mais que les Japonais étaient toujours en possession de l'ouvrage lui-même, d'où je conclus que les matelots seuls étaient numériquement trop faibles pour reprendre la place.

J'ai envoyé un télégramme au personnel : « Envoyez-moi une nouvelle compagnie », mais il n'y en avait probablement aucune disponible, car je n'ai même pas reçu de réponse. Tout était désormais calme au sommet de la colline. Je ne savais pas quoi faire dans ces circonstances difficiles. Vers 2 heures du matin, je reçus un message : « La compagnie non combattante du 12e régiment arrive sous les ordres du sergent-major Kournossov . Organisez immédiatement une contre-attaque et chassez les Japonais.

LES DERNIÈRES RÉSERVES VERS LA COLLINE DE 203 MÈTRES. AU DISTANCE, ON VOIT UNE COLLINE DE 203 MÈTRES AU CENTRE, UNE FAUX COLLINE À GAUCHE ET AKASAKA YAMA À DROITE.

Très vite, ces renforts arrivèrent. Prenant en outre un petit corps d'hommes trouvé au pied de la colline, je leur ai moi-même montré le chemin (personne d'autre ne connaissait aussi bien la disposition des fortifications), puis j'ai fait le tour avec Kournossov et j'ai inspecté de tous côtés le parapet gauche. .

Les Japonais qui s'y trouvaient restaient très silencieux. [112] J'ai posté mes hommes, j'ai nommé des chefs pour chaque colonne (un devait attaquer par l'arrière et un par le flanc droit) et je leur ai indiqué leurs points d'attaque. Au signal donné, les deux colonnes devaient attaquer simultanément. Cependant, avant que le signal n'ait été donné, les hommes se sont soudainement mis à tirer et à crier « Hourra ! Il y avait un tel mélange de bruits qu'il était impossible de faire entendre sa voix et, à cause de l'obscurité, il était hors de question de donner l'exemple. Pendant longtemps, il y eut de nombreux tirs intermittents et des cris désordonnés, puis finalement tout redevint calme pendant un bref espace, pour être suivi de nouveaux cris et de tirs quelques secondes plus tard.

«Eh bien», me suis-je dit, «nous ne ferons jamais rien avec ces non-combattants», et l'obscurité et le dédale de tranchées au-dessus de la scène d'action se sont combinés pour rendre inutiles toutes les tentatives de contrôle. J'ai décidé d'attendre jusqu'à l'aube et j'ai envoyé un rapport à cet effet.

Tout redevint calme, alors Soimonov arriva et rapporta que les tirailleurs avaient commencé à tirer et à crier, et que ses matelots s'étaient précipités sur le parapet, mais avaient été accueillis par des coups de feu. Il faisait tout à fait sombre, et les hommes s'étaient jetés sur la pente du parapet et ne voulaient plus avancer. Ils pensaient qu'il y avait beaucoup de Japonais dans le travail, et on pouvait en voir quelqu'un en train de fumer juste à l'entrée du bâtiment anti-bombes.

"Pourquoi pensez-vous qu'il y a beaucoup de Japonais dans les parapets ?" J'ai demandé.

« Je ne sais pas, j'en suis sûr, combien il y en a, mais je pense personnellement qu'il ne peut pas y en avoir beaucoup, car leur volée était dispersée ; mais nos hommes ont perdu confiance à cause de l'obscurité.


« Prenez quelques grenades et jetez-les au travail », leur ai-je dit, et je leur ai envoyé une centaine de grenades.

En quelques minutes, les grenades éclatèrent dans les travaux, puis tout redevint silencieux. Ce silence dura longtemps. Ne supportant plus le suspense, j'ai envoyé un officier à Soimonov pour savoir ce qui se passait.

Environ deux heures plus tard, l'officier revint et rapporta qu'il avait parcouru les travaux le long de la ligne inférieure des tranchées et qu'il n'avait rencontré personne. Il s'était alors glissé dans une embrasure et avait regardé l'ouvrage, où l'on ne voyait rien d'autre qu'un tas de planches et de poutres fumantes , avec parmi elles une tête d'homme calcinée. Nos hommes avaient alors aussitôt réoccupé le parapet.

Apparemment, les Japonais avaient été chassés par nos grenades à main et l'endroit était vide. J'envoyai aussitôt un rapport sur ce qui s'était passé, et remplaçai les matelots par une compagnie de fusiliers qui venait d'arriver.

J'ai malheureusement oublié le nom du jeune officier courageux qui avait grimpé sur le parapet, mais il n'est pas trop tard pour qu'il se manifeste maintenant et, s'il le fait, il recevra certainement la croix de Saint-Georges.

Mon dos commençait à me faire très mal avec une sorte de sensation de brûlure. Pendant tout ce temps, je ne m'étais pas déshabillé pour voir si ma blessure causée par l'éclatement de l'obus était grave ou non, et en plus, j'étais absolument épuisé. Je sentais que je devais essayer de reprendre des forces et j'attendais avec impatience une réponse à ma demande de permission de quitter la colline pour faire examiner et panser correctement ma blessure. La sanction fut enfin prononcée, et le sous-lieutenant Organov fut envoyé pour me remplacer ; mais il me dit avant mon départ que, comme il ne savait rien des fortifications de la colline et de leur disposition, il ne pouvait donc espérer être un commandant efficace, et me pria de revenir le plus tôt possible. J'ai promis de revenir le lendemain matin, puis je suis parti à l'état-major.

Le Dr Theodore S. Troitski m'a examiné et a trouvé une petite plaie percée provenant d'une écharde qui avait été enfoncée à une certaine distance dans mon dos, ainsi qu'une grande ecchymose bleue. Lorsque mon domestique, Peter Ravinski , a secoué ma veste grise doublée de laine, une grande quantité de petits éclats sont tombés. L'épaisseur de la ouate et du tissu les avait empêchés de pénétrer et ils s'étaient logés dans la doublure. Un seul — probablement plus gros que les autres — avait traversé la pièce et causé la blessure. Après une courte conversation avec le général Kondratenko, je me suis endormi.

Le lendemain (2 décembre), le médecin-chef de la forteresse est venu dans la matinée au quartier du personnel et m'a fait emmener à l'hôpital de campagne n° 9, où le Dr Krjivetz a opéré, mais il n'a pas réussi à retirer l'écharde. Il dit que le chercher impliquerait de déchirer la plaie, et comme l'éclat était très petit, à en juger par la perforation, il jugea préférable de le laisser pour le moment.

Après l'opération, je suis retourné au personnel. Le général Kondratenko, qui s'y trouvait déjà, semblait très inquiet.

« On vous a déjà demandé sur la colline. Tout ne va pas bien là-haut et le commandant semble très inquiet. S'il vous plaît, partez le plus tôt possible, Nikolaï Alexandrovitch .

J'ai immédiatement commandé mon cheval et je suis parti.

* * * * *

Apparemment, tout était calme sur la colline et il n'y avait aucun signe de désordre. Arrivé au pied de la colline, je trouvai une foule d'hommes de diverses unités et corps, que le capitaine prince Nikoladtse avait rassemblés et essayait d'organiser. Après avoir souhaité aux hommes « Bonjour », [113] j'ai commencé à gravir la colline.

Les tirs furent très décousus et j'atteignis la route en arrière sans encombre. Le commandant m'a accueilli avec un plaisir non dissimulé et m'a rapporté que tout allait bien.

« Pourquoi as-tu été si alarmé ? » J'ai demandé.

« J'ai l'impression d'être perdu dans une forêt, monsieur : je ne connais ni les officiers, ni les hommes, ni l'endroit. Personne n'a dormi la nuit dernière », répondit le jeune commandant, visiblement très préoccupé par son impuissance.

En fait, les choses n'auraient pas pu être meilleures. Chacun était à son poste. Plusieurs détachements de marins étaient arrivés, celui du lieutenant Lavrov étant composé d'un groupe d'hommes vraiment splendide. Tous les marins étaient de très bonne humeur, tout comme Lavrov lui-même. Il vint aussitôt et me rapporta que ses hommes étaient prêts à tout. Ces hommes, qui constituaient à l'origine une section de ballons, avaient fabriqué un ballon, mais, comme il n'y avait aucun moyen de produire de l'hydrogène, on ne pouvait le faire monter. Comme cela aurait pu nous être utile !

« Si vous appelez des volontaires, dit le lieutenant, mes camarades répondront à un homme. Et il a dit la vérité.

Tard dans la soirée, voulant reconnaître la tranchée inférieure vide et les tranchées japonaises devant la colline, j'appelai des volontaires, sur quoi tous les hommes du détachement s'avancèrent. Puis on tira au sort, et trois hommes, ravis de leur bonne fortune, entrèrent dans le blindé du commandant ; il s'agissait du quartier-maître (artificier) Yakov Artouk et de deux AB de 1re classe : Ivan Nefedov et Theodore Pilshchikov . L'un d'eux surtout, un garçon imberbe, m'a impressionné par sa joie évidente. Je leur ai expliqué ce qu'ils devaient faire et je les ai renvoyés.

Tout était désormais calme. Une dizaine d'officiers s'étaient rassemblés dans le véhicule anti-bombes. Nous discutâmes de ce qu'il fallait faire pour protéger notre route à l'arrière (où nous avions toujours un certain nombre d'hommes) du feu direct d'une batterie que les Japonais avaient placée près du village de Shui-shih-ying. [114] Finalement, nous sommes arrivés à la conclusion que la seule façon d'y parvenir était de la détruire avec les canons des forts.

J'ai immédiatement envoyé une demande au général Kondratenko pour que cela puisse être fait. J'ai donné l'ordre que personne ne devait quitter les tranchées sauf en service. Nous avons alors décidé de faire des traversées afin de donner une sorte de couverture à ceux qui devaient être sur la route. Les hommes quittaient généralement les tranchées pour aller chercher de l'eau ou des grenades à main, dont nous avions besoin en très grand nombre, et, Dieu merci ! Le lieutenant Melik- Porsadanov et l'aspirant Vlassev nous en approvisionnaient régulièrement. [115]

Comme je n'avais pas eu suffisamment de repos au quartier général, j'ai ressenti à ce moment-là une somnolence accablante, alors je me suis allongé sur un matelas et je me suis endormi profondément.

A 2 heures du matin, j'ai été réveillé. Les marins envoyés en reconnaissance étaient revenus sains et saufs et rapportèrent qu'ils s'étaient rendus dans la tranchée japonaise la plus éloignée. Là, ils n'avaient trouvé qu'une seule sentinelle qu'ils avaient tuée, mais pas un seul Japonais ne se trouvait dans les tranchées (qui étaient nombreuses) devant la colline. Notre tranchée circulaire en ruine était également déserte, mais il était impossible d'y marcher, car elle était pleine de terre, de pierres et d'éclats de bois et de fer.

Je félicitai les hommes et leur décernai des croix (le général Kondratenko en avait fourni plusieurs pour les remettre sur place à ceux qui se distingueraient). Cette méthode de récompense rapide fit une profonde impression sur chacun .

J'ai ensuite envoyé trois autres volontaires pour savoir où se trouvaient les Japonais sur la gauche de la colline, les sélectionnés étant Bereznouk , 1ère classe AB, Semen Boudarev (il avait une mère et une femme), et Kholodenko, également 1ère classe AB.


J'avais des raisons de penser que notre tranchée ronde de gauche, que nous avions évacuée, était toujours inoccupée par les Japonais. Si tel était le cas, il était indispensable de l'occuper le plus loin possible, car c'était un excellent *point d'appui* pour faire des sorties contre la tête de l'ennemi.

Nous attendîmes longtemps le retour de nos trois vaillants hommes, mais nous n'avions aucun signe d'eux.

Le jour se leva (3 décembre). Sur le flanc gauche, des grenades à main éclataient, accompagnées du rugissement d'obus de 11 pouces. Beaucoup de ces derniers sont tombés par-dessus la crête près de l'abri téléphonique ; certains n'éclatèrent pas du tout, mais, frappant la terre, ricochèrent lentement vers False Hill, se retournant sans cesse dans leur fuite. C'était un spectacle saisissant, et les soldats l'observèrent avec beaucoup d'intérêt, plaisantant sur le mauvais placement des artilleurs japonais.

Un détachement de non-combattants (je ne me souviens plus de quel régiment), sous les ordres d'un quartier-maître, arriva pour compenser nos pertes de la veille. Les hommes furent placés dans les tranchées réservées aux réserves, et l'officier regarda la route et les tas de morts qui y gisaient. Je lui ai suggéré de s'asseoir dans la tranchée ou de se tenir debout sous la berge presque perpendiculaire de la route. Mais le jeune homme a déclaré qu'il n'avait pas peur de tels missiles, désignant de la main un obus de 11 pouces qui s'éloignait après avoir ricoché sur le sol ; mais juste à ce moment-là, il y eut un rugissement terrible, et il fut caché dans la fumée noire d'un gros obus qui avait éclaté juste là où il se trouvait. Une fois la fumée dissipée, il n'était plus là.


Un message arriva du parapet gauche disant qu'il n'y avait presque personne et demandant au moins quelques renforts, alors que les Japonais commençaient à bouger. J'ai envoyé le sous-lieutenant Shakovskoi et vingt hommes avec des grenades à main. Vers midi, la canonnade était si terrible qu'il était impossible de parler sur un ton de voix ordinaire et qu'il fallait crier pour se faire entendre. Notre route inférieure a été balayée par des obus, mais nous n'avons pas eu beaucoup de victimes. Un nouveau commandant arriva également, le major Veselevski , officier courageux et intelligent, qui m'avait plus d'une fois rendu de bons services et qui exécutait toujours promptement mes instructions.

* * * * *

Il est toujours bon de voir un officier calme et serein face à un poste de danger : on se sent plus fort, à la fois moralement et physiquement. Le visage souriant du commandant et ses ordres discrets faisaient une forte impression sur les hommes. Un tel commandant leur inspire toujours une foi illimitée : ils le regardent avec une sorte de crainte superstitieuse et sentent qu'ils *doivent* lui obéir, même dans les moments d'extrême péril. J'affirmerai même que plus le danger est grand, plus les hommes se soumettront aveuglément à la volonté d'un commandant qui a gagné leur confiance et leur respect.

Un bon officier représente beaucoup au combat, tout comme un mauvais officier peut causer des dommages irréparables.

Les officiers doivent être sélectionnés avec beaucoup de soin et ceux qui ne sont pas fiables doivent être éliminés par tous les moyens possibles. Une connaissance approfondie de la science militaire n'est pas essentielle ; ce qui compte vraiment, c'est l'esprit, l'individualité d'un homme ; mais il est difficile de définir dans un langage exact les caractéristiques requises, et de les reconnaître en temps de paix est encore plus difficile, car peu d'hommes les manifestent extérieurement. Malheureusement, un commandant ne choisit pas lui-même ses officiers, mais il les fait jeter à sa tête bon gré mal gré, et comment, en effet, peut-on espérer avoir *tous* les officiers du meilleur type ? Néanmoins, les gouverneurs et les instructeurs des académies et collèges militaires peuvent être d'une grande aide par des recommandations judicieuses.

honorable , noblesse de pensée, sens de la haute vocation de la profession d'officier, voilà ce que tout militaire devrait avoir inculqué dans sa nature dès sa jeunesse. C'est pour cette raison que les officiers doivent être recrutés dans des familles porteuses de nobles traditions.

La force physique et la santé sont également des facteurs importants ; par conséquent, les officiers doivent être encouragés à s'adonner à des sports de toutes sortes, afin de développer la rapidité de leurs mouvements et la force de leurs membres.

Un officier doit mener une vie cultivée, voire fastidieuse, et ainsi atténuer la rudesse de notre officier militaire moyen. Les officiers doivent occuper une position élevée dans la société, mais en même temps ils doivent être formés pour supporter les épreuves de la guerre de bon gré et avec sérénité. Et à cette fin, ils doivent toujours garder à l'esprit que leur profession, jusque dans ses moindres détails, est d'une grande importance nationale, voire impériale.

Un officier vraiment talentueux n'a pas de prix, mais un tel homme est cent fois plus rare qu'un peintre, un professeur ou un autre civil talentueux.

* * * * *

La journée [116] était maintenant très avancée, mais le bombardement continuait sans se relâcher et les obus tombaient très près de nos bombes sur la route inférieure. Tout cela était l'œuvre de la batterie de Shui-shih-ying, que nos canons n'avaient pas encore réussi à faire taire. Bien que notre bâtiment à l'épreuve des bombes ait été construit tout contre la falaise abrupte, avec des poutres de 8 et 9 pouces, le toit n'était composé que de poutres de 8 pouces, avec une couche de grosses pierres cimentées avec de l'argile, d'environ une archine d'épaisseur. Bien que ce projectile soit à l'épreuve des obus de 6 pouces, comme nous l'avons constaté en le frappant, le projectile d'obusier de 11 pouces était une tout autre affaire.

donc assis dans cette cabine à l'épreuve des bombes et avons discuté tranquillement. Nous avons été surpris de la folie des Japonais, qui commençaient tout juste à escalader la colline de 203 mètres , alors qu'ils auraient dû le faire bien plus tôt. Ils s'étaient brisé la tête contre nos forts forts centraux et avaient perdu toute une armée en essayant de s'en emparer.

Qu'est-ce qui les empêchait de débarquer en force à Pigeon Bay, d'occuper le Laotieh Shan , d'y détruire notre flotte, puis de prendre la Nouvelle Ville, très mal défendue du côté du Laotieh Shan ?

Il est absurde de leur attribuer des connaissances et des compétences exceptionnelles en science militaire. Je ne reconnais pas non plus qu'ils soient exceptionnellement courageux, opinion sur laquelle mes tirailleurs sont d'accord avec moi.

Les Japonais sont très prudents et n'ont aucune raison de se vanter de leur audace. Certes, ils attaquent sans broncher ; à cela, les raisons sont multiples : tout d'abord, leur succès initial ; deuxièmement, l'infériorité numérique de notre garnison ; et troisièmement, le fait qu'ils risquent d'être bombardés d'éclats d'obus s'ils n'avancent pas.

Je suis absolument convaincu que dans une campagne future, quand nous aurons une double ligne en Mandchourie, quand Vladivostok sera fortement fortifiée, quand nous aurons deux fois plus de canons, en plus des Maxims pour chaque compagnie, nous les vaincrons complètement et les chasserons. le continent.

C'est ainsi que nous avons tenu bon, assis dans notre blindé jusqu'au soir. Les tirs se sont calmés et, à l'instar des hommes, nous avons pu sortir notre samovar et prendre le thé.

Nos pertes ce jour-là, malgré les tirs nourris des canons, furent relativement faibles. Les hommes avaient appris à connaître les lieux, à éviter les éclats et à trouver des coins à l'abri du feu.

A 20 heures, comme d'habitude, le dîner était servi avec 1 livre de chair de cheval par tête. Les samovars chantaient et les hommes montaient et descendaient librement la colline, certains d'entre eux se baignant dans le ruisseau au pied. Tous se rendirent alors, à l'exception des sentinelles, qui se tenaient debout, des grenades à main prêtes, et surveillaient attentivement l'ennemi. Si une grenade se faisait entendre, tout le monde prenait les armes. Les hommes des tranchées furent relevés à leur tour par petits détachements.

Les ingénieurs, qui faisaient partie des réserves arrivées vers 20 heures sous l'enseigne par intérim Yermolov, commencèrent le travail en réparant, ou plutôt en reconstruisant, les tranchées avec leurs sacs de sable, et commencèrent en outre à creuser une tranchée de communication. le long de l'arrière de la colline. Comme d'habitude, il ne restait que peu des anciennes tranchées, et il était heureux que j'aie eu un nombre considérable de sacs entreposés dans le dépôt régimentaire, prêts à faire face à de telles urgences.

A minuit, j'ai fait le tour du parapet gauche et d'autres fortifications. Le premier était complètement détruit, à l'exception de sa face gauche, et le fossé intérieur était rempli de cadavres. Providentiellement, tout était calme, alors j'ai donné l'ordre de les emporter. De la batterie centrale et de ses pièces de flanc, il ne restait plus que des tas de détritus et des sacs de sable déchirés.

Le parapet droit n'avait pas trop souffert et était parfaitement défendable. Les Japonais s'abstiennent de l'attaquer, car les tirs d'Akasaka Yama leur barrent la route. Une tentative d'attaquer cette partie de la colline des 203 mètres leur avait coûté plus d'un millier d'hommes, et leurs approches étaient encore loin du sommet.

Le flanc gauche de la tranchée ronde inférieure était tout à fait entier et les hommes y étaient parfaitement à l'aise. Ils avaient construit un mur épais et solide entre eux et la partie en ruine de la tranchée et avaient décidé de faire une petite sortie cette nuit-là.

Le matin du 4 décembre, en raison du mauvais succès de cette sortie, il y eut de nombreux tirs croisés et lancers de grenades. La batterie près de Shui-shih-ying nous causa encore des ennuis considérables, et trois officiers et plusieurs hommes furent blessés.

Vers 8 heures du matin, des tirs nourris de fusils et plusieurs explosions ont été entendus sur le parapet gauche – un signe inquiétant.

Je suis sorti et j'ai appelé la réserve. On m'apprit que les Japonais attaquaient et le commandant demanda des renforts. Aussi, pour les encourager, j'envoyai quelques hommes.

À ma grande surprise, j'ai entendu des cris provenant des ouvriers attaqués et j'ai vu nos hommes descendre la colline en courant. Ils avaient été chassés et étaient en pleine retraite. Avec les autres officiers et la réserve, je me précipitai à leur rencontre, espérant arrêter les fuyards, mais il était déjà trop tard et je fus emporté. Les hommes des parapets s'enfuirent jusqu'aux pentes inférieures de la colline. La réserve, cependant, a tenu bon. J'ai crié vers le commandant de ce dernier, mais il n'a pas été trouvé et j'ai dû le remplacer.

Heureusement que la réserve était composée d'une de mes propres compagnies. Nous avons chargé sur la colline et chassé les Japonais des parapets avec nos grenades à main, mais celles de l'ennemi nous ont infligé de lourdes pertes. Par mes ordres, le parapet fut alors occupé par la réserve.

A ce moment-là, le commandant était en train d'inspecter le flanc gauche de la colline et ne vit donc pas ce qui se passait. Les ouvriers qui renouvelaient la batterie centrale entre les parapets contribuèrent matériellement à la défaite des Japonais en attaquant leur flanc gauche. Je ne sais pas qui était l'officier qui les a conduits à l'attaque.

J'ai traversé quelques mauvais moments au cours de cette panique et j'étais reconnaissant que l'ennemi ne soit pas en force. Par la suite, j'ai appris que les Japonais s'étaient glissés inaperçus et avaient lancé plusieurs grenades directement sur nos hommes. Un officier a été tué et de nombreux hommes ont été frappés à la baïonnette ou réduits en atomes ; les autres se sont cassés et ont couru.

ROUTE DERRIÈRE UNE COLLINE DE 203 MÈTRES APRÈS LES
COMBATS DU 28 NOVEMBRE.

Toutes mes réserves étant désormais épuisées, j'ai envoyé une demande pour avoir le plus de marins possible. Comme une attaque déterminée semblait maintenant imminente, je me rendis plus tôt que d'habitude à ma station d'observation. Des tirs de fusil éclatèrent à nouveau dans le parapet gauche, signe que les Japonais se rassemblaient dans leurs parallèles.

La batterie de Shui-shih-ying nous causait des ennuis incessants. Afin de ne pas attirer son attention, j'ai donné l'ordre de déplacer le poste de secours vers un point proche du pied de la colline. J'ai retiré la moitié des hommes du parapet droit pour former une réserve. Mais ils ne m'ont envoyé que dix hommes, disant qu'ils formaient la moitié d'une compagnie. Les hommes de gauche tenaient bon.

Le duel à la carabine et à la grenade s'est poursuivi pendant très longtemps.

De toute évidence, les Japonais avaient décidé de ne pas attaquer, dissuadés par nos grenades à main, et les bombardements se poursuivirent sans relâche. Les « valises » de 11 pouces [117] (comme les hommes appelaient l'obus de 11 pouces) éclataient continuellement dans le parapet droit. Le flanc droit de la colline fut complètement détruit par eux, et le seul signe de ce qui était autrefois des fortifications était la ligne de crête couverte d'éclats et de fragments de poutres. Mais, comme je l'ai déjà dit, ils n'aimaient pas attaquer ce flanc, car il était balayé par le feu de flanc des tranchées d'Akasaka Yama, dont les Japonais redoutaient beaucoup en raison de leurs terribles pertes antérieures.

De nombreux blessés sortaient du parapet gauche, et quelques-uns, incapables de marcher, roulaient lentement vers le bas. La vue de ces hommes se traînant péniblement sur la pente raide m'a toujours profondément touché. De temps en temps, plusieurs infirmiers m'étaient envoyés pour demander des renforts et des grenades à main. Je n'ai pas pu leur apporter beaucoup d'aide, mais j'ai envoyé cinq hommes de la réserve avec des grenades, ce qui, je l'espérais, leur donnerait un peu d'encouragement.

Enfin, Dieu merci ! quelques matelots arrivèrent, et avec eux un certain nombre d'officiers. J'envoyai aussitôt un détachement dans le parapet sous un enseigne naval. Ils y arrivèrent sans perte et enjambèrent le parapet, l'entrée ayant été détruite. Soudain, j'ai vu l'enseigne sortir en courant de l'ouvrage avec une vingtaine de matelots et de fusiliers à sa suite. Mon cœur se serra. Pendant que je les regardais, l'enseigne se coucha et les matelots, faisant de même, se mirent à tirer. Comme cependant ils se trouvaient à l'endroit même où tombait constamment l'obus de 11 pouces, j'envoyai à l'enseigne l'ordre de retourner au parapet. J'ai vu l'infirmier l'atteindre et lui donner mon ordre, mais néanmoins ils sont tous restés couchés sur place.

Ma colère monta et j'envoyai dire à l'enseigne que s'il restait là où il était, je lui tirerais dessus comme un chien. Un instant plus tard, je sentis que j'avais été trop pressé, mais l'infirmier était déjà parti. Environ un quart d'heure plus tard, je reçus en réponse l'information qu'une partie du fossé s'était effondrée et que le parapet avait été démoli, rendant impossible d'y rester plus longtemps. Je lui ai donc adressé des excuses pour ma réprimande hâtive et je l'ai remercié pour son entreprise et son courage. Un sous-officier, revenu chercher des grenades à main, lui apporta ce message.

Bien que de nombreux obus tombèrent autour de la petite troupe de matelots et de l'enseigne navale, qui resta à genoux, l'épée nue à la main, il n'y eut aucune victime. Beaucoup furent blessés, même à proximité des pare-balles et sur la route, mais ces hommes semblaient avoir une vie charmée, et tous les officiers qui se tenaient près de moi s'émerveillèrent de leur extraordinaire chance.

Puis soudain, il y a eu le cri d'un obus de 11 pouces. Avec un rugissement assourdissant, il a éclaté juste au-dessus d'eux, et une épaisse fumée noire a masqué l'horrible image, pendant que nous retenions tous notre souffle. La fumée se dissipa et nous vîmes les matelots toujours étendus là et l'enseigne agenouillée comme auparavant. Une fois de plus, nous avons respiré librement. Malheureusement, j'ai oublié de connaître le nom de cet officier.

Les tirs ont commencé à s'atténuer, signe certain d'une attaque imminente. Nos grenades à main éclatèrent en plus grand nombre encore sur le parapet. J'envoyai un groupe de matelots vers l'ouvrage et un autre dans la tranchée centrale pour être prêts en cas de besoin à charger avec la baïonnette depuis le flanc. Mais aucune attaque n'a eu lieu. Les Japonais ne purent apparemment pas se résoudre à affronter la pluie de grenades.

Le soir tombait et nous attendions toujours l'attaque. C'est alors qu'un incident alarmant s'est produit. Un détachement de notre 3e compagnie, sous les ordres de l'enseigne par intérim Moskvin, était stationné en réserve dans un emplacement de canons. Les hommes étaient assis juste au bas de l'emplacement, mais la tête de l'enseigne par intérim était visible au-dessus. Soudain, un gros obus a éclaté, me semble-t-il, juste au-dessus de lui. Lorsque la fumée s'est dissipée, il gisait immobile sur les marches de l'emplacement. Il fut immédiatement transporté sur la route et trouvé étourdi, mais apparemment indemne ; Comment se fait-il qu'il n'ait pas été réduit en atomes dépasse ma compréhension.

Il s'est avéré par la suite que Moskvin avait été blessé intérieurement à la poitrine et à la tête, à la suite de quoi il avait complètement perdu l'audition et la parole, et était paralysé du côté droit. C'était un garçon courageux et je me sentais vraiment désolé pour lui. Environ un mois après, il a retrouvé la parole et la capacité de mouvement. Plus tard , il fut fait prisonnier de guerre et mourut finalement ici à Kiev. Je n'ai pas pu assister personnellement à ses funérailles, mais ma femme a suivi sa dépouille jusqu'à sa dernière demeure.

La journée était désormais terminée et il n'y avait eu aucune agression. C'était presque incroyable. M'étais-je effectivement trompé sur les intentions des Japonais ?

Ce soir-là, un grand nombre d'unités s'étaient rassemblées sur la colline du 203 mètres et, pour éviter le surpeuplement, j'en ai envoyé la moitié à l'endroit où se trouvaient les cuisines.

Quiconque lit attentivement ces lignes pourrait très bien se poser la question « Comment ça se passe ? Des hommes sont constamment envoyés sur la colline, mais aucun ne semble en sortir ? Mais il ne faut pas oublier que 203 mètres de colline nous ont coûté 4 000 hommes. [118] Les unités arrivaient en bon ordre, mais, dès que de lourdes pertes survenaient, elles étaient généralement mélangées avec des arrivants plus tardifs.

À L'ÉPREUVE DES BOMBES DANS LA REDOUTE AU SOMMET
D'UNE COLLINE DE 203 MÈTRES.

Le plus âgé des survivants venait me voir et me rapportait que telle compagnie ou tel détachement avait pratiquement été anéanti, qu'il ne restait plus qu'un nombre limité d'hommes et pouvaient-ils se reposer ?

J'ai toujours félicité ces détachements pour leur comportement héroïque et j'ai accédé à la demande à condition qu'il y ait de nouvelles unités sur la colline qui aient eu le temps de bien connaître ses fortifications et leur disposition.

Peu de temps après la malheureuse expérience de Moskvine, nous avons retrouvé l'esprit plus tranquille et nous nous sommes rassemblés dans le véhicule anti-bombes du commandant pour boire du thé. Le samovar chantait sur la table à laquelle nous étions assis, le commandant et moi. Il donna du thé à chacun son tour, car il ne nous restait plus que deux verres. Les marins qui venaient d'arriver nous racontèrent tout ce qui s'était passé au centre , où nous avions brillamment repoussé toutes les attaques japonaises. Tout le monde était convaincu qu'il n'y aurait plus de grands assauts de ce genre, l'ennemi ayant perdu plus de 10 000 hommes.

Ils nous parlèrent de Losev qui, après avoir reçu l'ordre de chasser les Japonais d'une tranchée qu'ils avaient capturée sous le glacis du fort Erh - lung, avait adopté une méthode très simple pour exécuter l'ordre. Accompagné de quelques hommes, il prit plusieurs grenades dans ses bras, grimpa droit sur le glacis et lança les grenades dans la tranchée. Les Japonais, plongés dans la confusion, sautèrent hors de la tranchée et se retirèrent, sur quoi nos hommes la réoccupèrent aussitôt.

Le capitaine Sirotko , commandant notre 9e compagnie, raconta tout ce qui s'était passé sur Akasaka Yama au cours des derniers jours.

Comme on s'en souvient, cette importante colline était défendue par une tranchée et une grande redoute au sommet, appelée par nous Karmenny (la Redoute de Pierre). Cette redoute fut encore renforcée par des abattis. Les compagnies des 5e et 27e régiments tenaient la colline sous le commandement du lieutenant-colonel Boudiarnski , un officier remarquablement entreprenant et audacieux.

Parallèlement aux attaques sur la colline des 203 mètres, les Japonais ont attaqué Akasaka Yama, après avoir d'abord détruit les tranchées devant la Redoute de Pierre par des tirs d'armes à feu.

Le 27 novembre, après avoir balayé le point d'attaque prévu avec un terrible tir d'artillerie, ils se précipitèrent dans les tranchées devant la Redoute de Pierre, chassant un détachement d'éclaireurs et la 4e compagnie du 27e régiment. Le lieutenant-colonel Boudiarnski fit sortir la moitié gauche de notre 9e compagnie des tranchées qui n'étaient pas attaquées et lui ordonna d'aller au secours de ses camarades déconfits.

A 19 heures, cette demi-compagnie atteignit la position indiquée et y trouva déjà un détachement de scouts, à la gauche duquel les Japonais étaient établis. Ils occupèrent immédiatement cette tranchée à gauche du détachement éclaireur du 27e régiment, chassant les Japonais devant eux, et coupèrent ainsi la retraite à ceux qui se trouvaient près de la Redoute de Pierre et y jetaient déjà des grenades à main.

Les effectifs pairs de la demi-compagnie gauche reçurent l'ordre de se lever et de tirer vers l'avant, tandis que les effectifs impairs devaient faire demi-tour et tirer sur les Japonais près de la Redoute de Pierre. Ces tirs inattendus sur leurs arrières, combinés à l'élan de notre 12e Compagnie et de la 7e Compagnie du 14e Régiment depuis le front hors de la Redoute de Pierre, provoquèrent la panique parmi l'ennemi, qui se replia dans la tranchée occupée par la 9e Compagnie. , où ils ont été envoyés à un homme à la baïonnette. Les différentes unités occupent désormais leurs anciennes positions et les hommes de la moitié gauche de notre 9e Compagnie regagnent leurs propres tranchées.

Le 28 novembre, à 13 heures, la moitié droite de la 9e compagnie est envoyée à la Redoute de Pierre au secours de la 8e compagnie du 27e régiment, durement pressée par les Japonais. A 14 heures, cette demi-compagnie, sous le commandement du sergent-major Platonov, atteint la 8e compagnie, dont le commandant lui donne immédiatement l'ordre de s'étendre le long du flanc gauche de la Redoute de Pierre, en s'abritant derrière les rochers. À ce moment-là, les Japonais envahissaient la colline des 203 mètres et avaient repoussé une partie des 4e et 8e compagnies du 27e régiment du col entre la colline des 203 mètres et Akasaka Yama. Les hommes de ces compagnies se retiraient, mais la moitié droite de la 9e compagnie ouvrit le feu sur les attaquants japonais et les obligea à se réfugier dans les tranchées. Puis, aidés par les compagnies en retraite, ils s'élancèrent tous à la baïonnette, chassèrent l'ennemi des tranchées qu'ils occupaient et s'emparèrent de celles qui se trouvaient sur leur flanc gauche.

A 18 heures, les Japonais attaquent à nouveau et prennent les tranchées occupées par les 4e et 5e compagnies et le détachement d'éclaireurs du 27e régiment, ainsi que la 12e compagnie du 5e régiment. Les compagnies se retirèrent en désordre, mais la moitié gauche de la 9e compagnie, dirigée par le capitaine Sirotko lui-même, fut envoyée à ce moment et les atteignit à temps. Agrandissant la 4e section, le capitaine Sirotko barrait la retraite aux fuyards et les refoulait, tandis que les hommes de la 3e section se précipitaient sur les tranchées capturées et, tournant vers la gauche, chassaient les Japonais. Peu à peu, les autres sociétés reprennent ensuite leurs anciennes positions. Les hommes se battaient non seulement à la baïonnette, mais même à poings nus.

Après cette repoussée décisive des Japonais, la zone dangereuse fut tenue par les 9e, 10e et 12e compagnies du 5e régiment, qui repoussèrent plus de quatre attaques pendant la nuit.

Le 29 novembre, la 9e Compagnie bénéficie d'un repos bien mérité et est reléguée dans la réserve.

Le 30, le détachement éclaireur du 27e régiment est chassé de ses tranchées. L'ennemi attaqua furieusement Akasaka Yama, et comme le commandant craignait que leur succès local contre le détachement de reconnaissance ne devienne un succès général, il envoya la 9e compagnie occuper les hauteurs à l'arrière, [121] où elle resta jusqu'à midi. Cependant, lorsque les 3e, 10e et 12e compagnies du 5e régiment eurent résisté avec succès aux attaques japonaises et que l'assaut fut abandonné, la 9e compagnie fut envoyée pour renforcer le flanc gauche et garder le contact avec la colline de 203 mètres .

Dans la soirée, la moitié gauche de cette compagnie reçut l'ordre de relever la 3e compagnie du 5e régiment. À peu près au même moment, la moitié droite de la 9e compagnie, qui tenait la ligne inférieure de tranchées sur le flanc gauche d'Akasaka Yama, repoussa une autre attaque sur le col situé entre cette dernière et la colline des 203 mètres .

Ce jour-là, trois hommes de la 9e compagnie, blessés, rejoignirent leur compagnie aussitôt que leurs blessures furent pansées. Le général Stessel les rencontra et les récompensa tous par des croix de Saint-Georges. Le capitaine Sirotko déclara que ce sont les seules récompenses reçues par la 9e compagnie après neuf jours de combats incessants. Beaucoup reçurent des récompenses après coup, mais il vaut mieux les donner soit pendant le combat lui-même — le droit d'en être donné au préalable aux commandants de compagnies —, soit directement après. Une telle reconnaissance immédiate contribue grandement à remonter le moral des différentes unités. Le général Kondratenko, avec la permission du général Stessel, remettait fréquemment des croix à nos soldats et exprimait son regret de n'avoir pas davantage à distribuer.

Le 1er décembre, les Japonais escaladèrent la colline de 203 mètres et, se trouvant sous la falaise abrupte sur le flanc droit, commencèrent à enfiler les tranchées d'Akasaka Yama, mais la 9e compagnie les chassa avec son feu.

Garder les tranchées près de la falaise elle-même était la tâche la plus dangereuse de toutes. L'ennemi les chassait constamment de leurs têtes de sève, et les hommes les occupaient à contrecœur. L'observation était également extrêmement difficile et l'endroit était souvent laissé sans défense.

Le capitaine Sirotko attira sur ce point l'attention du commandant dès qu'il eut connaissance de la situation par les hommes envoyés par lui.

Le 2 décembre, la 9e compagnie reçut l'ordre d'occuper les tranchées pratiquement en ruine sur le plateau devant la Redoute de Pierre, position la plus périlleuse. Ils étaient pleins de cadavres, tant de nos hommes que des Japonais, résultat de trois attaques faites par les 9e et 10e compagnies du 5e régiment les 27 et 28 novembre.

Les sapes japonaises n'étaient qu'à 20 ou 30 pas de ces tranchées.

La 9e Compagnie resta dans cette position jusqu'à 14 heures le 4 décembre.

Tout au long de ces combats, les compagnies résistèrent à d'innombrables attaques à l'aide de grenades à pyroxyline, amenées jusqu'à la ligne de tir par des hommes spécialement dépêchés à cet effet.

Le 4 décembre à 14 heures, après neuf jours de combats incessants, la 9e compagnie se retire, après avoir perdu 60 pour cent en tués et blessés. de sa force. Pendant ces neuf jours, les hommes de la compagnie, épuisés et sans sommeil, tinrent les tranchées sous un feu d'artillerie infernal, chassèrent les Japonais de ceux qu'ils avaient capturés à coups de fusils, de grenades à main et de charges à la baïonnette, et repoussèrent tous les assauts des troupes. leur ennemi persistant, ne montrant jamais, même un instant, le moindre signe de faiblesse face à cette terrible épreuve.

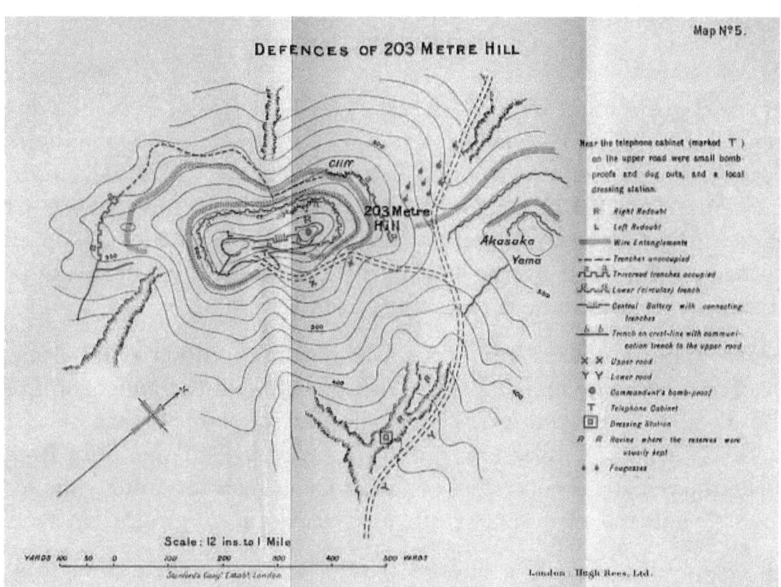


DÉFENSES DE LA COLLINE DE 203 MÈTRESCarte N °. 5.

Londres : Hugh Rees, Ltd.

*Geog ¹ de Stanford . Estab ¹., Londres.*

# CHAPITRE XII

L'auteur est grièvement blessé. — Assaut final et prise de la colline des 203 mètres le 5 décembre. — Les hôpitaux. — Mort du général Kondratenko, le 15 décembre. — Retraite de la colline d'Intervalle, le 25 décembre. — Évacuation du fort Erh -lung et d'une partie de la muraille de Chine, décembre 28 — Attaque japonaise contre la muraille de Chine, 30 décembre — Destruction du fort Sung- shu , 31 décembre — Prise de Wang-tai, 31 décembre — Reddition de la forteresse, 2 janvier 1905.

Après avoir fini le thé et épuisé notre conversation, nous avons décidé de nous reposer, mais les cris et les tirs nous ont rapidement fait sortir de l'abri des bombes. Il s'est avéré que c'était une fausse alerte. Je grimpai dans la tranchée de liaison et m'assurai que tout allait bien, même si les hommes semblaient être dans un état agité et s'attendaient manifestement à de sérieux combats. Je suis retourné sur la route et j'y ai rejoint un groupe d'officiers.

Nous avons tous remarqué que les batteries japonaises de Shui-shih-ying balayaient tout notre arrière-plan. Juste au moment où je réfléchissais à ce fait inquiétant, il y eut un énorme rugissement... J'ai senti un coup effrayant sur le côté gauche de ma tête et j'ai été jeté dans le fossé.

Étourdi et presque inconscient, j'étais incapable de me relever à nouveau. Cependant, j'étais heureux à l'idée de ne pas avoir été tué sur le coup. Quelqu'un m'a aidé à me relever et m'a soutenu, et j'ai alors vu le major Veselovski et plusieurs autres officiers étendus morts près de moi, le premier ayant la moitié de la tête arrachée. À ma gauche, la plupart des hommes du poste de secours étaient entassés les uns sur les autres, et le reste était déjà au travail parmi leurs camarades tombés. Le lieutenant Rofalovski , un homme très courageux, qui avait autrefois été mon officier d'ordonnance, apparut soudain sur les lieux et m'aida à me porter en bas. Je pensais pouvoir marcher, mais j'étais à peine en état de juger.

donc été transporté jusqu'au poste de secours inférieur, sentant un flot de sang chaud couler dans mon cou, et à mon arrivée là-bas, ma tête était bandée. De ce qui s'est passé après cela, je n'ai pas beaucoup de souvenir, mais je me souviens que des gens parlaient de temps en temps alors que j'étais allongé dans un état semi-conscient. Finalement, j'ai perdu toute connaissance, jusqu'à ce que j'entende quelqu'un dire : « C'est le colonel Tretiakov. » J'ai alors ouvert les yeux et j'ai ressenti au même moment une douleur aiguë et lancinante sur le côté gauche de mon visage et de ma tête. J'étais transporté sur une civière. Quelqu'un chevauchait derrière moi et le bruit des sabots sur la route dure me frappait douloureusement la tête. "Qui monte?" J'ai demandé. Ils m'ont dit que j'entendais mes propres chargeurs, qui étaient toujours gardés à l'abri près des cuisines lorsque j'étais sur la colline. Au moment où nous avons atteint la ville, la conscience était complètement revenue, mais la douleur dans ma tête et mon cou s'est intensifiée et un de mes yeux palpitait violemment. J'ai pensé qu'il avait dû être éteint et je l'ai touché avec ma main, mais tout semblait aller bien. Je ne pouvais pas voir avec, parce que ma tête et ce côté de mon visage étaient couverts de bandages.

Quelques minutes après, ma civière était déposée et un médecin se penchait sur moi. "Comment vous sentez-vous?" Il a demandé. "J'ai très mal à la tête." Le médecin m'a examiné et m'a dit que j'allais bien. Me sentant quelque peu encouragé par cela, je me suis assis sur la civière, mais ma tête me faisait terriblement mal et j'avais des vertiges. J'ai entendu quelqu'un dites à voix basse : « Eh bien, il n'y a aucun espoir ; le cerveau est gravement lacéré.

J'ai involontairement touché ma tête, mais il me semblait que tout allait bien. Puis je me suis rendu compte qu'ils parlaient du malheureux commandant Veselovski . Peu de temps après, j'ai été emmené à l'hôpital de la Croix-Rouge et confortablement installé là-bas.

Lors de l'examen, les chirurgiens ont trouvé un certain nombre de petits éclats dans ma tête et mon cou, ainsi qu'un très gros éclat dans mon œil, qu'ils ont immédiatement retirés. J'avais une grosse écharde dans le cou, qui s'était logée près de la colonne vertébrale et m'empêchait de tourner la tête. Je pouvais même le sentir avec ma main. Ensuite, ils ont appliqué les rayons X et l'ont extrait, mais il restait un peu d'os éclaté, que je peux encore sentir maintenant.

Pendant trois jours, je suis resté allongé sous la douleur, mais après cela, la douleur s'est atténuée et j'ai commencé à m'intéresser à ce qui se passait autour de moi.

Mais je vais trop vite.

Le lieutenant-colonel Saifoolin prit ma place sur la colline, mais il fut blessé au même bras et presque à la même partie où, lors de la bataille de Nan Shan, il avait été blessé auparavant.

Le soir du 6 décembre, j'ai entendu une rumeur selon laquelle 203 Meter Hill avait été capturé, et le 7, mon adjudant est arrivé et a confirmé cette désastreuse information.

À la chute de 203 mètres Hill, nous avons abandonné Akasaka Yama, ainsi que Division et False Hills. Division Hill représentait pour nous une perte irréparable, car non seulement elle était capable d'être défendue étape par étape, mais, en outre, elle protégeait le fort de Ta-an-tzu Shan. Sans doute les défenseurs auraient-ils pu tenir encore quelque temps. Le colonel Irman lui-même tenta de le reprendre, mais fut incapable de rassembler suffisamment d'hommes à cet effet. J'ai également entendu dire que les hommes suivants étaient restés à l'épreuve des bombes du commandant : Lossev , un téléphoniste , le sous-lieutenant Goudkov , le commandant blessé de notre 6e compagnie, et une partie de notre 1er détachement de reconnaissance, qui a refusé de quitter la colline et est resté à leur poste dans le parapet droit.

Avec ces hommes au travail, il aurait peut-être été possible de chasser les Japonais une fois de plus, mais apparemment le général Kondratenko a jugé inutile de continuer à tenir la colline au coût possible de 500 hommes par jour, et c'était peut-être une raison suffisante. pour l'évacuer. Le colonel Irman a dû envoyer plusieurs hommes au parapet avec l'ordre direct au 1er détachement de scouts de quitter la colline, avant qu'ils n'abandonnent leur poste.

Ce qui suit est le récit de la lutte finale pour la colline des 203 mètres tel que je l'ai entendu du capitaine Sirotko .


Vers 13 heures le 5 décembre, la 9e Compagnie [122] fut déplacée du quartier général de l'état-major à la colline 203 Meter . Trente-six hommes du corps médical venaient de s'y ajouter, de sorte qu'il se composait désormais d'un officier de compagnie, de deux enseignes par intérim et de 102 soldats. Le général Kondratenko en personne donna à la compagnie l'ordre d'atteindre la colline le plus rapidement possible.

Sous un feu nourri de fusils, qui fit plusieurs victimes, la compagnie atteignit le pied de la colline des 203 mètres vers 14 heures. Juste au moment où elle atteignait la colline, les Japonais capturèrent toute la ligne de crête et commencèrent à balayer la route à l'arrière avec des tirs de fusils. et en jetant des pierres et des grenades à main. Notre 6e Compagnie, postée sur les contre-pentes, souffrit beaucoup de ces missiles.

La tranchée au-dessus de la route était pleine de tirailleurs de diverses compagnies et unités, mais on ne pouvait pas les inciter à quitter leur abri.

Par conséquent, le lieutenant-colonel Saifoolin a ordonné à la 9e compagnie d'avancer à travers la tranchée à gauche de la tranchée. Sous une pluie de balles, de pierres et de grenades, la compagnie chargea à la baïonnette et chassa l'ennemi de la tranchée en ruine sur la ligne de crête. Puis le reste des hommes, encouragés par le succès de leurs camarades, se précipitèrent vers le sommet.

La compagnie, avec le capitaine Sirotko , les enseignes par intérim Lesenkov et Grouzdev , et les commandants d'escouade et de section à sa tête, se précipita alors hors de la position qu'elle venait de prendre et chargea par-dessus la crête, appuyée sur son flanc droit par la 6e compagnie sous les ordres de la 6e compagnie. Capitaine Sazonov et sous-lieutenant Goudkov . Ils furent cependant accueillis par une telle tempête de balles, d'éclats d'obus et de grenades qu'en quelques instants ils perdirent la moitié de leurs hommes, le sous-lieutenant Goudkov étant très grièvement blessé.

Le capitaine Sirotko a été grièvement blessé à la tête et au bras et, perdant connaissance, est tombé à la renverse en bas de la colline. Lorsqu'il reprit ses esprits, tous les hommes s'étaient de nouveau retirés dans la tranchée, qui était enveloppée de flammes sur son flanc gauche, là où se trouvait le téléphone anti-bombes. Tous les officiers étaient désormais *hors de combat* , sauf sur le flanc droit, où le lieutenant-colonel Pokrovski , qui avait remplacé le lieutenant-colonel Saifoolin , grièvement blessé alors qu'il commandait la colline, était toujours indemne. Deux autres attaques, l'une menée par le lieutenant-colonel Pokrovski , l'autre par le colonel Irman, échouèrent également et nous coûtèrent cher. Néanmoins, nos hommes restaient accrochés aux pentes arrière de la colline.

Vers minuit, alors que le capitaine Sirotko avait été soigné et quelque peu rétabli, le général Kondratenko, qui se trouvait au quartier général, lui envoya quatre aspirants et un enseigne par intérim du 27e régiment, sous lesquels une autre attaque contre les Japonais au-dessus pourrait être lancée. Mais à ce moment-là, l'ennemi avait réussi à traîner quelques mitrailleuses jusqu'au sommet de la colline, qui était désormais fermement tenue. Conscient de cela et du fait que d'énormes pertes seraient subies en cas de nouvelles attaques, le colonel Irman décida d'évacuer la colline et donna l'ordre d'une retraite générale.

Il est dommage que nous n'ayons pas adopté la tactique japonaise, consistant à écraser l'ennemi avec des tirs d'artillerie puis à s'emparer de la colline sans perte.

* * * * *

Au cours de ces combats, la 9e compagnie perdit tous ses officiers, soit 60 pour cent. de ses hommes ont été tués ou blessés. Du 6 septembre au 22 décembre, cette compagnie perdit 253 hommes tués et blessés, *soit* 60 %. au-delà de sa force de guerre réelle de 155 hommes. Elle avait accompli les tâches suivantes : couvrir la retraite de Namako Yama ; trois attaques à la baïonnette contre l'ennemi occupant les tranchées du flanc gauche d'Akasaka Yama, toutes réussies ; la repousse de nombreuses attaques sur le flanc gauche d'Akasaka Yama ; et les trois dernières tentatives vaillantes, bien qu'infructueuses, pour reprendre la colline de 203 mètres .

* * * * *

L'hôpital de la Croix-Rouge était abondamment approvisionné en tout ce qui était nécessaire pour une telle institution dans une forteresse assiégée.

Grâce au nombre d'infirmières et aux soins attentifs qu'elles prodiguaient aux blessés, l'hôpital était plus ou moins comme sa propre maison, et les patients s'y sentaient très à l'aise après leur vie dans les tranchées.

Dans la soirée, de nombreux officiers arrivèrent des lignes de combat pour faire panser leurs blessures et ils avaient des nouvelles très intéressantes à nous annoncer. Les récits que j'entendis d'eux et de ceux qui gisaient là, blessés, étaient si intéressants et si détaillés, que s'il avait été possible de les écrire, j'aurais pu dresser un récit complet et instructif de tout le siège. Mais, dans l'état actuel des choses, j'étais trop faible pour tenter cette tâche.


Ce qui me déprimait, ainsi que tout le monde , c'était l'idée que nous étions battus sans pouvoir nous défendre.

Compte tenu de l'énorme supériorité de l'ennemi en canons et du scorbut qui sévissait dans la forteresse, on pouvait presque avec certitude fixer le délai dans lequel la position finale devait être prise. Dans mon esprit, j'ai accordé environ deux mois. Les nouvelles de l'armée mandchoue étaient loin d'être rassurantes et ne nous laissaient aucun espoir de soulagement.

Pendant trois jours après la chute de la colline 203 mètres, les Japonais ont bombardé nos navires. Les marins qui arrivèrent dirent que la flotte était désormais condamnée. Elle serait bientôt au fond de la mer, et sans elle, l'escadre venant de chez elle serait inutile, compte tenu de la force de l'ennemi.

Je ne comprends pas comment chacun d'entre nous aurait pu se réjouir de l'espoir que notre flotte d'Extrême-Orient soit à la hauteur des Japonais.

Était-il en effet impossible de prévoir qu'ils protégeraient tôt ou tard leurs propres intérêts ? Si nous avions pris conscience de la situation et envoyé trois ou quatre cuirassés supplémentaires [123] en Extrême-Orient, il n'y aurait pas eu de guerre et surtout pas de triomphe pour les Japonais.

VUE GÉNÉRALE VUE AU SUD DEPUIS UNE COLLINE DE 203 MÈTRES, MONTRANT LA NOUVELLE VILLE ET LE PORT.

valeur de l'ennemi , que j'attribue notre *débâcle* . Lorsque nous aurons comblé nos lacunes, la victoire sera nôtre. J'en suis assuré, car je connais les caractéristiques des Japonais, je connais leur armée et je connais leurs hommes.

Je n'ai remarqué aucun découragement parmi nos officiers, mais les bons se faisaient rares.

Un officier du fort Chikuan nous dit que les Japonais étaient depuis quelque temps maîtres du fossé, mais que, craignant de nous attaquer, ils restaient de ce côté du parapet.

Nos hommes roulaient 10 livres. des mines navales dans le fossé, et j'imagine l'effet de l'explosion de ces instruments de destruction. Les Japonais ont tenté de nous chasser de la caponnière de ce fort en y brûlant des matériaux imbibés d'arsenic. Nos hommes étaient étouffés par les fumées et les sentinelles des casemates devaient être relevées toutes les quelques minutes. Le Fort Erh -lung était dans une situation similaire.

Le 16 décembre au soir , la nouvelle nous parvint que le général Kondratenko avait été tué. J'ai refusé de le croire, mais quelques minutes après, des témoins oculaires blessés ont été amenés — un jeune officier d'artillerie et un enseigne d'une compagnie du génie de réserve, nommé Schmidt — qui ont vérifié la rumeur .

Il semble que le 15 vers 20 heures, le général Kondratenko se soit rendu au fort Chikuan , presque tous les officiers supérieurs de cette section de la défense étant déjà là, entre autres le lieutenant-colonel Rashevski , le major

Zedginidzi et le lieutenant-colonel Naoomenko . Ils avaient été convoqués à ce moment-là pour discuter de la question de mesures défensives supplémentaires, car les défenseurs étaient dans une situation désespérée à cause des gaz toxiques qu'ils avaient rencontrés lors des opérations minières.


La casemate où avait lieu la conférence ayant été touchée plus d'une fois par des obus de 11 pouces, la partie en ruine avait été fermée par une solide cloison faite de palissades, et un trou, fait par un obus, dans la voûte avait été comblé. constitué de pierres détachées, reposant sur un amas de mortier et de lourds fragments de poutres, dont l'intérieur de la casemate était jonché. C'est ce que j'avais moi-même remarqué lors de visites occasionnelles dans ce fort de mauvais augure.

Le général Kondratenko était assis à table, dos à la cloison, tandis que d'autres officiers étaient assis sur des formulaires. Les autres se tenaient près de l'entrée de la casemate. Soudain, il y eut une terrible explosion, et ces derniers, qui étaient les seuls à s'en sortir vivants, furent projetés à travers l'entrée, tandis que tout l'intérieur s'effondrait. Lorsqu'ils reprirent leurs esprits, les soldats étaient déjà dans la casemate en train d'enlever les morts. . Avec le général périt la fleur des officiers de cette section. [124]

La mort du général Kondratenko fit une impression durable sur la garnison ; tout le monde se décourageait, car nous savions que personne ne pouvait prendre sa place.

Quelques jours après, notre flotte cessa d'exister, et quoique les équipages allèrent grossir nos réserves, à partir de ce moment le malheur nous poursuivit.

Le 18 décembre, les Japonais font exploser une mine sous le parapet du fort Chikuan . Elle ne fit pas une brèche très grande, et la garnison se retira du parapet vers le retranchement derrière, et empêcha ainsi l'ennemi de s'emparer de la première ; mais malgré cela, à 23 heures, nous avons évacué le fort. Le capitaine Kvatz , le commandant, m'a dit à son arrivée à l'hôpital qu'il avait retiré ses hommes conformément aux ordres du général Fock et qu'il considérait lui-même qu'une résistance supplémentaire n'était pas justifiée. Même si, selon lui, 100 vies étaient sacrifiées chaque jour pour conserver cette position, je ne pouvais néanmoins pas accepter sa conclusion, car il restait encore une casemate dans le fort qui était absolument intacte. Cependant la perte de ce fort n'était pas si grave, car il était situé sur un terrain très bas, et derrière et au-dessus se trouvait la muraille de Chine, qui nous avait déjà rendu de grands services lors d'innombrables attaques.

Le 24 décembre, j'étais complètement rétabli et mon œil ne me faisait plus mal. Le Dr Mirotvoretz m'a opéré avec succès et m'a retiré une écharde du cou.

Tout avait été calme dans ma section pendant ma maladie, car les Japonais se concentraient contre le front de l'Est et ne prenaient plus aucune mesure contre nous.

Je sortis de l'hôpital le 25 décembre. En arrivant dans ma section, je constatai que l'état-major avait été déplacé et se trouvait désormais derrière la crête d'une colline, près de la batterie n° 4, où il était complètement protégé. Avec l'état-major du colonel Irman, je rencontrai de nombreux fonctionnaires de la ville, parmi lesquels le colonel Vershinin, chef du district de la péninsule de Kouan-toung. Des repas avaient été organisés et il y avait de tout en abondance, mais comme les tarifs étaient excessivement élevés, nos officiers préférèrent dîner séparément. Je me suis senti très bien dans la soirée, mais la blessure au cou est devenue si douloureuse cette nuit-là que le matin j'ai eu de la fièvre et j'ai dû retourner à l'hôpital pendant trois jours.

Après avoir désinfecté ma blessure, je rejoignis de nouveau mon régiment.

Pendant ce temps, les Japonais avaient attaqué Interval Hill, où étaient postées nos 2e et 3e compagnies, sous les ordres du lieutenant Ivanov. Les attaques commencèrent à 2 heures du matin le 25 décembre, mais elles furent toutes repoussées par nos tirs depuis les tranchées et depuis une lunette occupée par la 7e Compagnie. Cependant, une dizaine d'ennemis réussirent à gravir une colline quelque part à l'arrière, où ils se retranchèrent. Le lieutenant Ivanov en informa le colonel Irman et lui dit qu'il les chasserait. C'était tout à fait inutile, car ils se seraient probablement retirés plus tard de leur propre gré ; néanmoins, le colonel Irman ordonna aux compagnies de quitter Interval Hill et de prendre position derrière notre ligne, en contact avec notre 11e compagnie.

Le 26 décembre, nous avons évacué la colline Solovev, près de Pigeon Bay.

Le 5e Régiment était désormais concentré sur notre principale position intérieure et occupait l'espace entre deux forts permanents, présentant un front considérablement plus fort qu'auparavant ; il a également été repris, pour la troisième fois, dans son intégralité. Les Japonais étaient désormais confrontés à un problème similaire à celui présenté précédemment par la colline des 174 mètres , mais rendu encore plus difficile par l'existence de fortifications permanentes.

LUNETTE DE KUROPATKIN.

Ils décidèrent sagement de ne pas répéter les attaques téméraires du passé et se contentèrent de rester dans les positions qu'ils avaient occupées. Tout était donc assez paisible, et je profitais pleinement de cet intervalle de calme, estimant qu'il était possible de quitter de temps en temps l'état-major en toute sécurité.

Tout d'abord, je suis allé voir le colonel Grigorenko, mais, ne parvenant pas à retrouver sa maison, je me suis rendu chez le commandant. Là, j'ai rencontré le colonel Khvostov , qui venait d'arriver avec un rapport. Nous avons longuement parlé de la situation et j'ai emporté avec moi l'impression qu'aucun désastre ne nous menaçait avant longtemps.

* * * * *

Il semblait qu'en cas de prise du fort Erh -lung, le commandant disposait d'une deuxième ligne de défense , que l'on pouvait espérer tenir contre l'ennemi pendant un temps considérable.

On aurait pu penser que le sol rocheux aurait empêché l'ennemi d'exploiter sous les forts Erh -lung et Sung- shu , mais néanmoins ils y faisaient désormais des progrès rapides. Nous ne pouvions pas opposer une résistance très obstinée sur ces points, car nous n'avions pas de mineurs et, par conséquent, aucun système de contre-exploitation minière. Les galeries de la contrescarpe furent simplement obstruées avec des pierres et du ciment, qui devinrent si solides qu'il aurait fallu environ trois jours pour les détruire, comme ce fut le cas au fort Chikuan .

Quelque temps auparavant, le général Kondratenko m'avait demandé de venir faire une enquête. Une nuit (je ne me souviens plus de la date), je me rendis avec le colonel Grigorenko au fort Erh -lung, où je trouvai le général Kondratenko dans la galerie de la contrescarpe. Après avoir écouté attentivement les Japonais travaillant de l'autre côté, nous sommes arrivés à la conclusion qu'ils creusaient des tunnels dans trois parties distinctes du mur extérieur de la galerie. Ils voulaient évidemment faire des brèches dans ce mur en faisant exploser plusieurs petites charges, et pénétrer ainsi dans la galerie. Comme nous ne pouvions offrir qu'une résistance passive, nous décidâmes de bloquer la galerie avec un gros rocher et de la cimenter fermement contre les parties du mur où travaillaient les Japonais. Ce plan fut immédiatement mis à exécution.

Tout cela s'était passé quelque temps auparavant, et l'ennemi se trouvait maintenant juste sous les parapets du fort et prêt à faire exploser plusieurs charges. En prévision de cela, le fort fut évacué à l'exception des sentinelles sur les parapets. Imaginez l'état d'esprit d'une sentinelle qui sait qu'à tout moment elle peut être réduite en atomes ! Le commandant, ayant pris des dispositions pour renforcer la résistance en cas de destruction du fort et d'attaque japonaise ultérieure, attendait tranquillement les événements.

* * * * *

Après avoir déjeuné avec le commandant et entendu un compte rendu complet de l'état de nos défenses , je retournai au quartier général du régiment. Les Japonais dirigeaient un feu assez intense vers la route longeant le rivage, mais la plupart des obus tombèrent dans l'eau au-delà.

LUNETTE DE KUROPATKIN.

Le 28 décembre, je reviens à cheval en ville. En traversant le pont sur le Lun-ho, j'ai senti la terre trembler légèrement puis j'ai entendu un fort grondement au loin. En levant les yeux, j'ai aperçu une énorme colonne de fumée noire suspendue au-dessus du Fort Erh -lung. "Eh bien", me suis-je dit, "le fort a explosé, et peut-être pris, mais il n'y a pas beaucoup de mal, car le mur de Chine est derrière lui."

Lorsque je suis arrivé au personnel, tous les détails étaient connus. Il s'est avéré que l'explosion n'avait pas été entièrement réussie, car nous étions encore maîtres du retranchement, mais nous avions perdu beaucoup à cause de la pluie d'obus sur le fort. La rumeur disait que les Japonais eux-mêmes avaient subi de lourdes pertes par l'explosion, que toute la tranchée la plus proche du fort avait été détruite et que les hommes de l'attaquant, qui y attendaient, avaient péri dans les ruines. [125]

Dans ma section, tout était calme et nous passâmes la soirée assez joyeusement, nous félicitant que les Japonais n'aient pas brisé les défenses du fort, ce qu'ils auraient pu faire s'ils avaient fait exploser leurs 150 livres. des charges de pyroxyline sous les parapets.

Mais notre joie était prématurée. Le lendemain, nous apprîmes que le fort Ehr-lung avait été évacué dans la nuit ; tout *le matériel* , les cartouches et les obus avaient été préalablement retirés. Outre le fort, nous avions également abandonné la partie de la muraille de Chine qui s'étendait directement vers l'arrière des deux flancs, et avions occupé une position sur une ligne de crête rocheuse en arrière et sur une hauteur à gauche de celle-ci.


Notre situation périlleuse au centre de la ligne, les tirs d'artillerie meurtriers, les attaques constamment répétées et la veille interminable ont épuisé nos hommes et leur moral a commencé à faiblir à un degré marqué.

Dans une grande bataille, les soldats peuvent mener un combat acharné, surtout si la victoire peut encore être remportée ou si un grand prix est remporté pour la patrie. Mais si après des combats constants il n'y a aucun gain apparent ; s'ils sont, à chaque instant, exposés à un péril mortel ; si l'on exige de chaque individu un effort héroïque, non pas pour un moment d'émotion seulement, mais sans cesse, avec pour seule récompense une mort certaine, il est pardonnable si les cœurs s'affaiblissent, si les hommes se trouvent parfois manquant d'énergie et lents à mener à bien leurs efforts. sur les commandes.

Alors vient le temps des relèves ; mais pour nous, il n'y en avait pas de disponible.

Le scorbut, d'ailleurs, faisait ses victimes, entraînant avec lui souffrance et faiblesse. Une alimentation nourrissante était nécessaire, et je ne sais pourquoi nous avons épargné les chevaux d'artillerie. Il y a longtemps que nous avions perdu tout espoir d'une action offensive, et avant cela, les chevaux de canon auraient très bien pu fournir de la viande aux hommes une fois par jour. Peut-être ont-ils été utilisés d'une autre manière, mais il n'en demeure pas moins que, par ce moyen, nous aurions pu garder, en bonne forme et en bonne santé dans les tranchées, plus d'un millier d'hommes supplémentaires !

Le 30 décembre, nous dînions paisiblement, quand soudain des tirs formidables éclatèrent de toutes nos batteries, et le bruit des mousquetaires le long du front nous apprit que les Japonais lançaient une attaque résolue.

PISTOLET DANS LA LUNETTE DE KUROPATKIN.

Nous nous sommes tous précipités sur la colline, mais rien n'était visible à part la fumée de nos propres batteries et des éclats d'obus. Tous nos forts étaient étouffés par les obus, mais nous ne pouvions pas voir l'infanterie ennemie. J'ai essayé d'avoir des nouvelles par téléphone, mais il était déjà surchargé et continuellement utilisé.

Ce n'est que dans la soirée que nous avons appris que les Japonais avaient lancé une attaque féroce contre le mur de Chine et la crête navale au-delà. Cette attaque avait été repoussée avec d'énormes pertes pour l'ennemi, qui avait cependant réussi à se fortifier au pied de la crête navale et à enfiler ainsi la muraille de Chine. Pourtant, même cela n'était pas d'une importance capitale, puisque le mur de Chine était doté d'un certain nombre de traverses et de pare-éclats.

Dans ma section, tout était calme. Nous n'avions pas un seul homme en réserve, mais nous croyions néanmoins pouvoir repousser toutes les attaques. Ce n'était cependant pas le cas à Laotieh Shan , où le major Romanovski ne disposait pratiquement que de nos détachements de scouts à cheval. L'ennemi les attaqua constamment et s'empara d'une autre colline près de Pigeon Bay. C'était décidément grave, car désormais les Japonais n'avaient plus que ces éclaireurs entre eux et l'autre moitié du front occidental, où il ne restait qu'un reste du 27e régiment, dont la majeure partie était nécessaire sur le front attaqué, qui était détenu par seulement quelques hommes.

Heureusement, les Japonais semblaient satisfaits du succès déjà remporté et s'installèrent pour leur long repos habituel, ou, peut-être, leurs hommes furent également appelés sur le front d'attaque.

Le 31 décembre, après le thé, nous avons reçu la nouvelle d'un nouveau désastre. Pourtant, une fois de plus, dans cette guerre désastreuse, la fortune favorisa les Japonais. Le fort Sungshu avait explosé et, ce qui était pire, d'un seul coup toute la garnison avait été anéantie. Voici ce qui s'est passé : environ un millier de grenades à main avaient été stockées dans une fouille qui servait également d'abri à la garnison. Un obus japonais éclata, faisant exploser ces grenades, et toute la place s'effondra sur la garnison. Ce fut pour nous un coup terrible, et nous déplorâmes profondément la mort de nos vaillants camarades et de leur commandant. [126]

Le destin nous avait en effet joué un triste tour !

Nous étions tous déprimés et rares étaient ceux qui voulaient dîner ce soir-là.

Le 31 au soir, nous avons évacué la muraille de Chine [127] et pris position à Wang-tai et sur les collines Mitrofanievski , Vladimirski et Laperovski . [128] Il nous devenait alors très difficile de tenir sur le front exposé aux attaques. Nous aurions dû commencer à fortifier la Nouvelle Ville du côté de la Vieille Ville, mais aucun ordre n'a été reçu en ce sens. Que faisaient nos commandants ?

COQUE ÉCLATÉE DANS LA LUNETTE DE KUROPATKIN.

Cette nuit-là, nous étions tous très déprimés. Tout le monde discutait des projets visant à poursuivre la défense , ne serait-ce que jusqu'à la nouvelle année. [129] C'était le souhait universel et aurait certainement pu être réalisé. Nous nous sommes dispersés tard pour être réveillés le matin par des tirs nourris. En gravissant la colline, nous vîmes Wang-tai littéralement balayé par les obus, et tellement couvert de fumée qu'il était impossible d'en apercevoir le sommet. Les bombardements durent longtemps. Nous n'avons pas pu suivre exactement ce qui se passait, mais avons appris dans la soirée que les Japonais s'en étaient emparés. Nos réserves avaient d'abord repoussé rapidement l'ennemi, puis repoussé cinq autres attaques, mais vers le soir, alors qu'il ne restait plus que trois ou quatre défenseurs, le sixième assaut réussit.

Ce soir-là, sur ordre du général Fock, tout notre front, depuis Wang-tai jusqu'à la batterie Chikuan, fut évacué.

La même nuit, les Japonais attaquèrent Signal Hill, près de la baie de Takhe , mais furent repoussés.

Le 2 janvier 1905, la majorité des officiers sont rassemblés à l'état-major pour entendre les derniers rapports. Soudain, un officier sortit au galop de la ville et nous informa qu'il avait lui-même vu deux officiers chevauchant au-delà de nos lignes avec un drapeau blanc.

Mon cœur se figea à cette nouvelle. Nous restâmes tous silencieux pendant un certain temps, cherchant à cacher notre déconvenue.

« Cela peut-il signifier se rendre ? » dit enfin quelqu'un .

« Sans doute », répondit un autre.

Après une bonne minute de silence, une conversation éclata bruyamment de toutes parts. Tout le monde demandait ce qu'il fallait faire dans ces circonstances, et comme ils parlaient tous en même temps, il était impossible de rien comprendre. Mais l'indignation générale contre le général Fock était apparente, et toutes sortes d'accusations étaient portées contre lui. Je ne me souviens pas combien de temps cela a duré, mais je sais que nous n'étions pas encore assis pour dîner, lorsque nous avons reçu par téléphone la nouvelle fatidique : « Arthur s'est rendu. Les officiers sont autorisés à garder leurs épées et à retourner en Russie après avoir donné leur parole pour ne plus participer à la guerre actuelle.»

Il y eut une immense émotion à la réception de cette nouvelle. La majorité ne souhaitait pas se rendre et attaqua avec véhémence nos supérieurs pour avoir rendu la forteresse sans le consentement de tous les officiers. Certains d'entre eux voulaient partir immédiatement vers Laotieh Shan et y poursuivre la défense ; d'autres proposèrent d'embaucher des jonques chinoises et de quitter la forteresse, pour ne pas devenir prisonniers de guerre ; seuls quelques-uns décidèrent de se plier à la volonté de leurs commandants. Comme chacun insistait pour que son opinion soit acceptée, la discussion devint bientôt très vive et on risquait d'aboutir à des résultats fâcheux.

Finalement, ceux qui voulaient se défendre sur Laotieh Shan abandonnèrent l'idée, car en raison du manque d'eau et de fortifications d'aucune sorte, il serait impossible de maintenir cette position. Ceux qui avaient pensé s'enfuir dans des jonques ne purent le faire, à cause des vents contraires.

Combien de temps dura cette scène orageuse, je ne me souviens pas, mais au plus fort de cette scène, quelqu'un arriva et nous dit que les officiers supérieurs avaient envoyé un télégramme au tsar pour lui demander si les exemptions obtenues par les autorités pour les officiers devaient être acceptées ou non. pas. Cette nouvelle parut avoir un effet apaisant, mais d'un commun accord chacun résolut d'exprimer sa désapprobation de l'action des autorités par un refus absolu de toutes les exemptions qui avaient été accordées comme prix de la capitulation de la forteresse. Tous étaient résolus à partager le sort de ces hommes et à endurer avec eux l'humiliation de devenir prisonniers de guerre. C'était une décision louable et j'ai exprimé mon approbation, mais en même temps plusieurs arguments contre elle se sont présentés. Beaucoup d'entre eux n'ont pas été entendus, car les discussions étaient très bruyantes. Les deux principaux points avancés étaient les suivants :

(1) En tant que prisonniers de guerre, les soldats seraient séparés de leurs officiers et répartis dans divers endroits à travers le Japon, par conséquent la

présence de ces derniers ne leur serait d'aucune utilité et n'atténuerait pas leurs difficultés.

(2) Comme un nombre énorme d'officiers avaient été retirés de Russie pour compenser les pertes subies en Mandchourie, le besoin d'en disposer dans le pays était très urgent, et dans le cas d'une guerre au Turkestan, qui était plus que Il est probable que nous nous trouverions dans une position des plus critiques. Même sans guerre, le manque d'officiers mettrait en péril l'efficacité des régiments et des bataillons de réserve qui restaient. Il s'agissait d'environ 500 officiers qui, dans les prisons japonaises, ne pouvaient rendre aucun service à leur pays au moment où elle en avait besoin.

En plus de tout cela, j'ai ajouté : « Messieurs, les gens en Russie pourraient penser que nous, officiers, sommes devenus prisonniers de guerre pour passer un moment agréable dans le beau Japon, libres de tout devoir et de toute épreuve, à une époque où des troubles ont lieu dans le centre. de notre propre pays, et elle a grand besoin de tous ceux qui se soucient de son bien-être.

Les officiers de mon régiment furent d'accord avec moi et décidèrent de retourner en Russie, et je peux ajouter maintenant qu'ils étaient loin d'être d'une utilité ici chez nous, car les régiments du sud étaient presque sans officiers, carence qui conduisit, comme on le sait, de graves désordres dans les bataillons de réserve ; afin que leur arrivée soit la plus opportune.

Lorsque la capitulation de Port-Arthur fut reconnue, nous éprouvâmes de grandes difficultés à maintenir l'ordre dans la forteresse.

Les soldats avaient le sentiment que quelque chose d'incroyable s'était produit, quelque chose qui avait un goût de honte pour la courageuse armée russe et pour l'Empire russe dans son ensemble.

« Devons-nous nous rendre, monsieur ? s'écrièrent mes hommes lorsque j'inspectai les compagnies pour la dernière fois.

"Oui, mes gars," répondis-je. « On nous a ordonné de nous rendre ; mais aucun blâme ne peut être imputé au 5e Régiment, et vous pouvez en toute bonne conscience dire à chacun que le 5e Régiment a toujours regardé la mort courageusement en face et qu'il était prêt à mourir sans poser de questions pour son tsar et son pays. Tout le monde le sait, et personne n'osera vous adresser un mot de reproche. Comme vous l'avez toujours été, vous restez de véritables héros, connus des Japonais, de notre grande et chère Patrie et du monde entier. Votre conscience est aussi claire que le ciel au-dessus de vous.

Beaucoup d'entre eux fondaient en larmes et je pouvais à peine parler à cause des sanglots qui m'étouffaient.

Un vieillard ridé qui se tenait près de moi et qui était le seul témoin de notre émotion, ôta sa casquette de sa tête et, l'agitant triomphalement en l'air, cria

: « À l' honneur du 5e régiment, hourra ! Mais il n'y avait personne pour suivre son exemple.

Aujourd'hui encore, je me sens bouleversé en me rappelant ces moments douloureux et je ne peux plus m'attarder sur une scène aussi déchirante.

# REMARQUES

N°1

ORGANISATION D'UN RÉGIMENT DE FUSILS DE SIBÉRIE ORIENTALE

Chaque régiment se compose nominalement de quatre bataillons.
Chaque bataillon se compose de quatre compagnies, dont la force de guerre de chacune est de 240 sous-officiers et hommes. La force de guerre d'un régiment de fusiliers de quatre bataillons est :

Officiers                                        79

Fonctionnaires                                    7

Sous-officiers et hommes (combattants) 3 855

Non-combattants                                 442

———

Total                                    4 383 tous les grades.

———

N°2

RÉFÉRENCE GÉNÉRALE DES NOMS DES COMMANDANTS À LA BATAILLE DE NAN SHAN (pp. 41-61 )

Commandant du 5e Régiment : Colonel TRETIAKOV .
« 1er Bataillon : Lieut.-Col. SAIFOOLIN .
« 2e Bataillon : Lieut.-Col. BIELOZOR (tué) ; remplacé par le major STEMPNEVSKI (juin).
« 3e Bataillon : Lieut.-Col. DOUNIN .


*Commandants de compagnie*

Numéro 4. Capitaine SHASTIN .
« 6. Major GOMSIAKOV (tué) ; Capitaine SICHEV (remplacé); Lieut. POPOV .
"7. Major STEMPNEVSKI (jun.).
« 8. Capitaine MAKOVEIEV (tué) ; Capitaine SAKAROV .
« 9. Major SOKOLOV .
"dix. Major GOOSSOV ; Demi-compagnie, sous-lieutenant. MERKOULEV .
« 11. Capitaine BOOCHATSKI .

*Détachements de scouts*

N° 1. Lieut. VASEELIEV .
« 3. Le capitaine KOUDRIAVTSEV et le lieutenant. CHOULKOV .
Détachement à cheval : Capitaine ANDREIEVSKI et Lieut. SIETCHKO .

*Armes à feu*

Batteries de campagne : Lieut.-Cols. ROMANOVSKI et PETROV .
Mitrailleuses : sous-lieutenant. LOBYREV .
Canons navals : aspirants SHIMANSKI et DOUDKIN .
Canons de montagne : lieutenant. NAOOMOV .
Batterie Bullock : Sous-lieutenant. SADYKOV .

*13ème Régiment*

1 Compagnie (non numérotée) : Capitaine LUBEEMOV ; Capitaine
TEEMOSHENKO .
Compagnie n°2 : Capitaine ROTAISKI .
Détachement de scouts : lieut. BANDALETOV .

*14e Régiment*

Compagnie n°3 : Capitaine OUCHAKOV .
1 Compagnie (non numérotée) : Capitaine KOUSMIN .
Détachement de scouts : lieut. ROOSOI .

n ° 3

Selon notre Histoire officielle, aucune des divisions japonaises n'a débarqué près de Terminal Point lui-même, mais a utilisé en premier lieu Pi-tzu-wo et Hou-ta-shih, puis Dalny . Il y a deux rivières Tascha , distantes de 15 milles, la plus au nord étant celle indiquée dans le texte.


Numéro 4

Les Japonais descendirent dans l'eau sur le flanc droit alors que la marée se retirait et restèrent assis ou allongés là jusqu'à ce qu'ils soient prêts pour leur attaque finale. Leurs adversaires les croyaient apparemment morts et furent plus tard surpris par une attaque venant de ce côté.

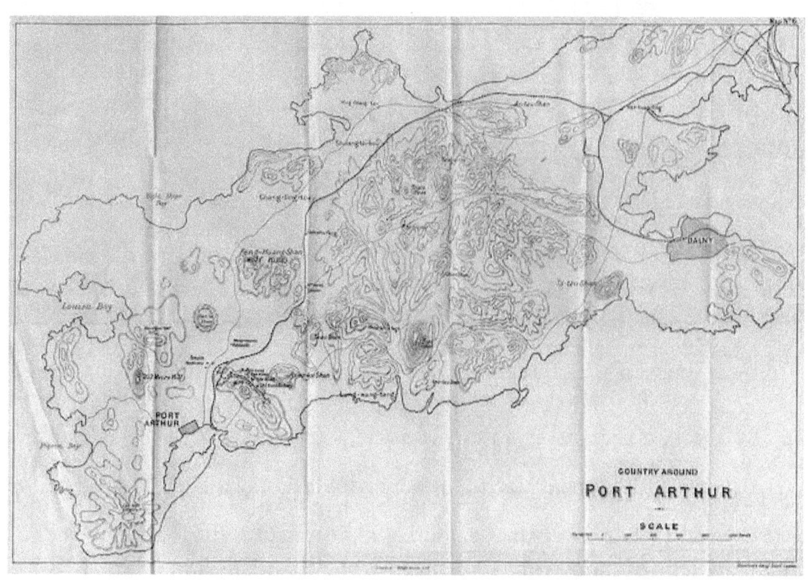


PAYS AUTOUR DE PORT ARTHUR Carte N º. 6.

Londres : Hugh Rees, Ltd.

*Geog<sup>l</sup> de Stanford . Estab<sup>t</sup>., Londres.*

# NOTES DE BAS DE PAGE

[1] Un peu moins de 8 £ au taux de change de 9,5 roubles pour une livre sterling.

[2] Le terme « détachement d'éclaireurs » est utilisé dans tous les récits officiels, et sera utilisé tout au long de cet ouvrage, pour désigner un détachement, à cheval ou à pied, composé de volontaires (« okhotnik ») et rattaché à divers régiments. Tous les volontaires russes étaient ainsi organisés.

[3] Les récits reçus sur la position de Nan Shan étaient probablement grandement exagérés, car une sorte de panique s'ensuivit lors de la première attaque à la torpille japonaise (voir Histoire officielle, partie III., pp. 10 *et suivantes* ). Deux cuirassés et un croiseur ont été blessés lors de cette attaque.

[4] Cette compagnie faisait partie de la garde de la légation à Pékin.

[5] Un « Insigne par intérim » est un sous-officier supérieur qui a fait son service sous les couleurs , qui se classe à côté d'un Enseigne dans la Réserve et qui, comme lui, porte l'uniforme d'officier.

[6] Bien que le grade de major n'existe pas dans l'armée russe, il est utilisé dans cette traduction pour désigner le capitaine commandant une batterie, une compagnie ou un escadron, par opposition au capitaine, terme qui doit être compris comme s'appliquant à un militaire russe. Capitaine d'état-major, grade correspondant au grade de Second-Captain existant autrefois dans la Royal Artillery britannique.

[7] Soixante verstes font environ quarante milles, une verste étant égale à 1 166 mètres.

[8] Cela fait référence au soulèvement des Boxers (voir Histoire officielle, partie II., p. 16).

[9] Cela semble sous-estimé, puisque l'Histoire officielle donne 4 400 yards comme largeur de la position. L'auteur veut évidemment dire qu'à marée basse, la largeur *totale* de la péninsule était de 8 verstes, ce qui concorde avec d'autres récits.

[10] Sur la route Pi-tzu-wo, mais non indiqué sur la carte.

[11] Les comptes officiels indiquent que jusqu'à 5 000 coolies chinois étaient employés.

[12] En fait, le blindage des navires japonais construits en Angleterre était aussi bon que celui de son époque, le tout étant durci conformément aux procédés modernes.

[13] Le général Tretiakov avait évidemment encore l'impression que trois cuirassés russes avaient *explosé* . Les Russes disposaient en réalité de quatre cuirassés de première classe encore indemnes : *Petropavlovsk* , *Pobieda* , *Poltava* et *Peresviet* .

[14] Les 13e, 14e et 15e régiments étaient en fait postés à l'arrière du 5e pendant la bataille, mais ne faisaient pas grand-chose pour le soutenir.

[15] Voir note 3 à la fin du livre.

[16] Voir Histoire officielle, partie II., p. 11. Cette nouvelle doit provenir de certains des collaborateurs du colonel Rantsov. cosaques .

[17] Il semble peu probable qu'une de ces bandes de maraudeurs ait aidé les Japonais. Il ne faut pas oublier que les Russes n'avaient pas de bons mots pour les Japonais à cette époque.

[18] Les soldats russes chantent invariablement pendant la marche, quand l'orchestre ne joue pas.

[19] La batterie n° 13 est située à l'arrière du centre de la position Nan Shan.

[20] Dans notre Histoire officielle (Partie II.), cette action est brièvement décrite comme un engagement avec l'arrière-garde du général Nadyein , mais il est évident que deux reconnaissances distinctes ont été effectuées respectivement les 8 et 16 mai, et qu'aucune arrière-garde n'a été laissée comme indiqué. dans ce rapport.

[21] Dans la deuxième partie. de l'Histoire officielle (p. 43, par. 2), les pertes estimées étaient de 150 officiers et hommes tués et blessés. Pour l'estimation russe, voir page suivante.

[22] L'Histoire officielle donne le général Nadyein comme commandant pendant la bataille, mais le général Fock lui-même a mené l'action, le général Nadyein commandant le flanc gauche.

[23] L'attaque de Chin-chou mentionnée ici comme ayant eu lieu le 22 mai n'est mentionnée dans aucun des récits officiels, la première mentionnée étant celle du 25 mai, qui est *également* décrite ici. Il se peut cependant que ces deux éléments ne soient qu'une seule et même personne, en raison d'une confusion de dates.

[24] Voir l'Histoire officielle (Partie II., p. 20).

[25] Voir carte I.

[26] Une note de bas de page dans l'Histoire officielle indique que la moitié de la 10e Compagnie a été coupée par les Japonais, mais ce n'était évidemment pas le cas.

[27] Voir note n°4 en fin d'ouvrage.

[28] Forme habituelle d'adresse aux morts.

[29] Il n'est pas précisé ce qui est arrivé à l'autre compagnie du 13e Régiment, qui était en réserve. Une référence à l'Histoire Officielle montrera qu'une seule entreprise sur ces deux y est également mentionnée.

[30] A cette époque, les Japonais étaient vêtus de kaki.

[31] Le général Tretiakov semble avoir eu l'impression que les Japonais ne faisaient aucun quartier.

[32] Voir Cartes II. et VI.

[33] 1 poud = 38 lb.

[34] Les habitants de Dalny reçurent la nouvelle de la bataille de Nan Shan dans la soirée du 26 et reçurent l'ordre de se rendre à Port Arthur à onze heures du soir (voir Histoire officielle, partie III, p. 12).

[35] Celui entre Triple Peak et An-tzu Ling (voir Carte VI. ).

[36] Mieux connu sous le nom d'Orphan Hill; indiqué sur les cartes officielles britanniques sous le nom de Kan-ta Shan, c'est son nom chinois.

[37] Appelées par les Russes les Collines Vertes.

[38] Connu par les Russes sous le nom de Wolf Hills.

[39] Le nom russe est Bokovi (Side) Hill.

[40] Près de Lieh - shu -fang.

[41] Comme son nom l'indique, la station est à 11 verstes de Port Arthur.

[42] Notre Histoire officielle indique que seules trois compagnies du 5e régiment furent affectées à cette section, mais ajoute plus tard que les 5e et 6e compagnies furent mobilisées et absorbées dans la ligne de combat. Ils sont ici donnés comme étant en réserve.

[43] Un village à 1½ milles au nord-est de Hou-chia-tun.

[44] Ta-po Shan avait en fait été capturé par les Japonais la veille au soir vers dix heures, deux contre-attaques échouant par la suite.

[45] À ne pas confondre avec une colline du même nom sur le front occidental des défenses de Port Arthur .

[46] Probablement une colline entre Vodymin et Hou-chia-tun.

[47] Un village à mi-chemin entre Vodymin et la station 11e Verst.

[48] Voir note de bas de page , page 232.

[49] Millet.

[50] « Plus la trajectoire est plate, mieux c'est. »

[51] Ces deux forts se trouvaient sur le *front de l'Est* . L'auteur y fait probablement référence ici comme étant les deux seuls points d' *avance* sur la principale ligne défensive qui restent désormais aux mains des Russes.

[52] Un exemple frappant des conséquences d'un ordre mal rédigé.

[53] Située à l'extrême flanc gauche de la « Position des Cols ».

[54] Ce plaidoyer de prostration totale suite à des combats constants semble être une piètre excuse pour la capture des forts par les Japonais. La résistance fut en réalité *des plus* tenaces.

[55] On peut remarquer que le général Tretiakov ne fait aucune mention de la sortie désastreuse effectuée par la flotte russe le 10 août.

[56] Le nom russe d'une butte à l'extrémité nord de Head Quarter Hill. La référence ultérieure portera le nom de Advanced Hill.

[57] Supérieur immédiat du général Tretiakov.

[58] Notre Histoire officielle (partie III.) déclare que le quartier général de Hill a été capturé le 13 et la hauteur 426 ( Bokovy ) le 15. D'après ce récit, il est évident que le premier ne fut également occupé que le 15.

[59] Le nom russe de Head Quarter Hill.

[60] Le nom russe de la hauteur 426.

[61] Commandant de l'artillerie de la forteresse.

[62] Notre Histoire officielle déclare que « la brume et la pluie ont empêché un bombardement efficace ce jour-là » et qu'aucun véritable assaut n'a eu lieu. Le bombardement de la colline de 174 mètres le 15 n'a évidemment été fait que pour couvrir l'attaque de la hauteur 426 (décrite dans le dernier chapitre), puisqu'aucune attaque sérieuse n'a été menée sur la colline de 174 mètres avant le 19.

[63] Cette compagnie se trouvait sur Connecting Ridge et avait été envoyée pour renforcer les 5e et 9e compagnies sur 174 Meter Hill.

[64] Signifiant « Volcan éteint » ; situé à peu près à mi-chemin entre 174 Meter et Division Hills.

[65] Un blindage est une tranchée couverte avec un toit au moins suffisamment solide pour offrir une protection contre les balles de fusil et d'obus.

[66] Envoyé de Namako Yama pour renforcer la colline de 174 mètres .

[67] Les fonctionnaires employés par le gouvernement en Russie ont un « grade » civil, tout comme les officiers de l'armée ont un grade militaire. D'où le terme « général » ici.

[68] Composé de 101 hommes.

[69] Ces obus devaient provenir soit de la batterie de Golden Hill, soit de la batterie n°7 de la péninsule du Tigre, chacune d'entre elles étant équipée *d'obusiers de 11 pouces* . (Voir la carte III. )

[70] Le soldat russe moyen de l'infanterie de ligne, avec sa veste ample, ses culottes amples, sa casquette à visière cabossée et son invariable affaissement, n'a pas l'air de ce que nous appelons intelligent, et c'est probablement à cela que fait référence le général Tretiakov.

[71] Signifiant Colline Rouge ; situé juste à l'arrière de 203 Meter Hill.

[72] Comparez avec l'Histoire officielle, Partie III., p. 31.

[73] Signifiant False Hill (au sud-est et étroitement adjacent à la colline de 203 mètres ).

[74] Il s'agit de la section nord-est de la défense . Les Japonais capturèrent les redoutes Est et Ouest de Pan-lung, mais n'obtinrent aucun autre avantage pour une perte totale de 15 000 hommes. D'où le terme « défendu avec succès ». (Voir la carte III. )

[75] Partie arrière de l'ouvrage.

[76] Un sagène mesure environ 7 pieds.

[77] Principalement dirigé contre les redoutes Pan-lung est et ouest. (Voir la carte III. )

[78] Ces canons provenaient des navires de la flotte et étaient pilotés par des artilleurs navals.

[79] Voir p. 136 .

[80] Namako Yama était défendue par deux niveaux de tranchées, un supérieur et un inférieur, et cela faisait partie de la ligne inférieure qui avait été capturée (voir p. 174 , où le niveau supérieur est mentionné).

[81] L'auteur veut probablement dire que pour effectuer quoi que ce soit, un assaut serait nécessaire, car les défenseurs, installés en toute sécurité dans leurs tranchées désormais bien construites, n'avaient rien à craindre d'un simple bombardement.

[82] Dans les références futures, le terme « Saddle Hill » sera utilisé. Cette position est la selle joignant l'extrémité sud de la colline des 203 mètres à Connecting Ridge.

[83] Aucune mention d'une quelconque *attaque* n'est faite à cette date (le 19) dans notre Histoire officielle ; il s'agissait probablement d'un mouvement préliminaire à l'assaut principal fixé pour le lendemain.

[84] Les chiffres donnés ici diffèrent encore une fois considérablement de ceux donnés dans notre Histoire officielle. Ici, 500 est à peu près le total, et l'Histoire officielle donne 1 500 (Histoire officielle, partie III, p. 61), soit une différence considérable. Notez les numéros à la p. 181 . En supposant que les compagnies ne comptaient à cette époque qu'environ 140 hommes, le total de ces cinq s'élève à 714 (700 + 2 + 6 + 6), ce qui, avec les artilleurs, donne un total de 764.

[85] Tous ces combats préliminaires ne sont pas décrits dans notre Histoire officielle, mais le dépôt effectué par les Japonais le 20 dans le bâtiment anti-bombes russe est mentionné.

[86] Voir p. 180 .

[87] Il n'avait apparemment pas tenu sa promesse précédente (voir par. 2, p. 181 ).

[88] Officier d'état-major du colonel Irman.

[89] Officier d'ordonnance du colonel Tretiakov.

[90] Cela fait référence aux attaques japonaises et à la capture des ouvrages hydrauliques et des redoutes du temple. (Voir la carte III. )

[91] L'Histoire officielle affirme que cela a été fait avec 15 livres. mais, selon notre récit, les charges les plus lourdes échouèrent.

[92] Les pertes japonaises s'élèvent à environ 2 500 personnes.

[93] L'auteur fait référence aux hommes de son propre régiment, dont deux compagnies faisaient partie de la garnison du 203 Meter Hill.

[94] La section nord-est. Cela fait référence aux mouvements préliminaires des Japonais contre les forts Erh -lung et Sung- shu . (Voir la carte III. )

[95] Urnes à thé.

[96] La « trace » ou le « contour » d'une œuvre est sa forme générale en plan.

[97] La vitesse habituelle d'avancement d'une sève est de 2 à 4 pieds par heure, selon la nature du sol et la quantité d'excavation nécessaire. Cette dernière dépend bien entendu de la couverture adéquate de la partie assurée. L'Histoire officielle indique que des parapets, ou, plus exactement, des « parapets », devaient être construits, de 5 pieds de haut et 4 pieds d'épaisseur, avec des sacs de sable, car le creusement ordinaire était impossible dans la formation rocheuse de la colline des 203 mètres . Cela explique la lenteur des

progrès. Bien que cela ne ressorte pas clairement du récit, le type de sève était probablement celui connu sous le nom de « double ».

[98] On se souviendra que des pinces à fusil ordinaires étaient utilisées pendant la guerre d'Afrique du Sud pour tirer la nuit.

[99] La linia est une unité de mesure russe et équivaut à 1/10 de pouce ; le calibre du canon était donc de 4,2 pouces.

[100] Le général Fock a écrit un certain nombre de « Notes » pendant le siège, qui ont été publiées de temps à autre et distribuées dans toute la garnison. Comme beaucoup d'entre eux contenaient des critiques sévères à l'égard des commandants de régiments (qui étaient lues par des officiers subalternes), le général Fock fut accusé devant la cour martiale, tenue à Saint-Pétersbourg, en 1908, de conduite préjudiciable à la discipline militaire, et le général Stessel a également été accusé d'avoir autorisé leur publication. Comparez l'Histoire officielle, partie III., p. 144 (3).

[101] Voir carte V.

[102] Cela fait référence à la repoussée du deuxième assaut général japonais (26-31 octobre).

[103] La dernière attaque directe contre ce fort avait été repoussée le 31 octobre, date à laquelle les opérations minières s'étaient poursuivies.

[104] Commander les ingénieurs.

[105] Seulement 40 mètres séparaient désormais les assaillants (voir Histoire officielle, chap. XIX., p. 81).

[106] Environ 30 £.

[107] Le troisième assaut général japonais, principalement dirigé contre les forts de Chikuan , Ehr-lung et Sung- shu . (Voir la carte III. )

[108] Cela doit faire référence aux missiles des mortiers en bois utilisés par les Japonais. Ces mortiers japonais en bois de 5 pouces et 7 pouces lançaient des « mines » (de très grosses grenades à main), pesant respectivement 4½ et 16½ livres.

[109] Il y a dans chaque régiment un certain nombre d'hommes non armés de fusils, conducteurs de transports, menuisiers, charpentiers, commis, bourreliers, rouleurs et forgerons, et à ceux-ci s'ajoutent des aides-chirurgiens et des infirmiers d'hôpital sous médecins de bataillon et de régiment. La compagnie ainsi formée est commandée par l'Intendant régimentaire.

Aux fins d'inspection, ces hommes sont regroupés en une seule compagnie, mais en service, les commis et les assistants médicaux forment deux compagnies distinctes et agissent de manière indépendante, les premiers sous le commandement de l'adjudant, et les seconds sous celui de celui qui a passé le « Okolodok » ( *c'est-à-dire* le niveau le plus bas de l'École de Médecine d'Instruction), de sorte que le Quartier-Maître ait les chauffeurs de transport et les menuisiers, etc., laissés à sa charge.

Tous les hommes des compagnies non combattantes sont armés de revolvers, à l'exception des chauffeurs de transport, qui ne sont pas armés, mais doivent suivre un cours d'entraînement et d'instruction au tir au fusil.

[110] Les opérations décrites ici étaient évidemment préliminaires à l'assaut principal qui, selon notre Histoire officielle, s'est ouvert à 8h30 le 28 novembre.

[111] Le général Tretiakov parle de « redoutes », mais selon notre Histoire officielle, les travaux sur la colline du 203 mètres étaient en réalité de la nature la moins redoutable des « ouvrages de soutien », terme qui est donc substitué dans cette traduction.

[112] Notre Histoire officielle (Partie III., p. 96) déclare que les Japonais ont tenu le sommet (du pic sud) pendant un certain temps, mais ont été repoussés à 15 heures. D'après le présent récit, il est évident que certains au moins y resta jusqu'à la tombée de la nuit.

[113] Un officier russe s'adresse toujours à ses hommes lors d'un défilé en utilisant deux mots qui signifient « Bonjour, les hommes » ; et les hommes répondent tous ensemble en deux mots signifiant « Nous sommes heureux de pouvoir vous servir ».

[114] Les Japonais ont finalement fait tirer six batteries depuis le quartier de ce village sur les pentes arrière de la colline des 203 mètres et d'Akasaka Yama. (Voir la carte III. )

[115] Les grenades étaient fabriquées dans trois usines, capables d'en produire environ 1 000 par jour , travaillant aux heures habituelles, et environ 2 500, travaillant jour et nuit. (A. Bortnovski , *Voenny Sbornik* , janvier 1910.)

[116] 3 décembre.

[117] Ce nom a probablement été emprunté aux marins, qui appelaient les coques de 12 pouces des cuirassés japonais « portemanteaux ». (Voir la « Bataille de Tsu-Shima » de Semenov.)

[118] Notre Histoire officielle indique « environ 3 000 », mais l'auteur devrait être mieux placé pour donner le chiffre exact.

[119] Situé au centre du parapet droit. (Voir Carte. V. )

[120] Les Russes boivent toujours du thé dans des verres.

[121] D'Akasaka Yama.

[122] Cette compagnie avait été retirée dans la réserve à 14 heures le 4. Voir chapitre précédent .

[123] L'amiral Wirenius , avec un escadron composé d'un cuirassé et de deux croiseurs, était en route vers Port Arthur lorsque la guerre éclata.

[124] Sept ont été tués sur place et sept autres blessés.

[125] Cela s'est avéré être une exagération. Les groupes d'assaut étaient protégés par des toits de planches et de chants, et il n'y eut que quelques victimes (voir Histoire officielle, partie III, p. 116).

[126] La mention de cet incident est faite dans l'Histoire officielle (Partie III, p. 119), où il apparaît que les Japonais avaient en fait fait sauter leurs mines avant que cette explosion accidentelle n'ait lieu.

[127] Attaqué par la 6e brigade du général Ichinohe. (Voir la carte III. )

[128] Éminences flanquant la position Wang-tai, probablement du nom des officiers chargés de leur défense .

[129] La date russe correspondante était le 18 décembre.